中国出版家丛书
ZHONGGUO CHUBANJIA CONGSHU

国家出版基金项目
NATIONAL PUBLICATION FOUNDATION

中国出版家
陆费逵
Zhongguo Chubanjia
LuFei Kui

柳斌杰 主编　周其厚 著

人民出版社

出版说明

出版不仅仅是一个充满竞争的商业领域，同时，它也深深打上了"文化"和"思想"的印记。在这个文化场域中，交织着多种力量的动态关系，通过出版物的呈现和出版活动的开展，描绘了一个时代的文化风貌；而回旋折冲于其间者，则是那些幕后活跃、台前无闻的各类出版人。他们自喻"为他人做嫁衣裳"，事实上，却是国家文化传承和历史记录的主要担当者，有出版发展的参与人和见证者甚至称他们所起的作用为保存民族记忆的千秋大脑。虽然扼据出版要津之地，却少见自家行当的人物传记出版。本丛书是第一次规模化地为这个群体中的杰出者系列立传，从一个人到一群人的出版事功中，折射出近代以降出版业的俯仰变迁，同时也见证着出版参与时代文化思想缔构及其背后深广的社会历史内容。那些曾经彪炳于时的出版人，一方面安身于这个行业，以其敏锐犀利的时代洞察，在市场、经营与创意中躬行实践，标领乃至规划了这个行业的发展，并使之成为国民经济的一个重要门类；另一方面又在"安身"之外，显现出面向社会的公共性关怀与"立命"的超越性关怀，从职业而志业的追求中，服务于民族解放、思想启蒙与文化进步的社会性经营，书写了出版人生的风采、风骨与风流。

本丛书所传写的 50 余位出版人，均为活跃于 20 世纪并已过世的出版前辈。中国古代也曾涌现了陈起、毛晋等出版大家，只是未纳入本书的传主范围。丛书在体例上，有单人独传与多人合传之分，但这并不必然意味着对传主出版贡献及其历史地位的轻重判别，许多情况下的数人合传，乃困于传主史料的阙如而不得已的选择，某些重要出版人如大东书局总经理沈骏声、儿童书局创办人张一渠等，也囿于同样情形而未能列入本丛书的传主名单，殊觉憾事。虽说隐身不等于泯灭，但这个行业固有的幕后特征多少带来了出版人身份上的隐而不显、显而不彰。本丛书的出版，固然是想通过对前辈出版事迹的阐幽发微、立传入史，能让同样为人做嫁衣者的当今出版人不至于觉得气类太孤，内心获得温暖，并昭示后来者在人生目标上，在家国情怀上，在出版境界上，追步于前贤，自觉立起一面促人警醒自鉴的镜子；同时更希望通过一个个传主微历史的场景呈现，让更多的人认识到出版在产业之外，更是一项薪火相传的社会文化事业，它对时代文化的接引与外度，使其成为一种任何人都不可忽视的"势力"，在百余年来的社会发展进程中，发挥了不可替代的作用。

故此，我们推出这套"中国出版家丛书"，以展示中国文化创造者的风采，弘扬他们的优良传统和崇高的职业精神，发掘出版史史料，丰富出版史研究和编辑史研究。

"中国出版家丛书"编辑委员会

人民出版社编辑部

二〇一六年四月

目录

前　言

　　陆费逵（1886—1941），复姓陆费，字伯鸿，号少沧，浙江桐乡人。中华书局创办人，中国近代著名出版家、教育家和思想家。他生于陕西汉中，长于江西南昌，创办中华书局于上海，毕生致力于促进文化、扶助教育事业，对民族与社会进步作出了很大的贡献。陆费逵的主要著作有《实业家之修养》、《国民之修养》、《教育文存》、《妇女问题杂谈》、《青年修养杂谈》等。

　　陆费逵出生于 1886 年，先祖居住山东费县。据陆费逵自称，"陆费"姓氏由费姓而来。在明朝中叶，费氏家族迁到浙江桐乡，他的17 世祖出嗣舅父陆氏，便改姓陆。又隔数代以后，因费氏本支无人，便兼祧两家，复姓陆费。陆费逵算得上出身名门望族，他的太高祖陆费墀，曾在清乾隆朝时任《四库全书》馆总校官，官至礼部侍郎、《四库全书》副总裁。但时过境迁，到陆费逵父亲陆费炆（字芷沧）时，家道中落，其父率家游幕陕西汉中府，陆费逵就出生于此。母亲吴幼堂，原籍浙江，出生在山西大同，通情达理，自学经书。陆费逵排行老大，有弟二人，二弟陆费埕，字仲忻；三弟陆费执，字叔辰；有妹一人，早夭。

陆费逵从 5 岁开始读书，6 岁时随父南下，居江西南昌，17 岁在南昌与友人创办"正蒙学堂"，19 岁在武昌开办新学界书店，20 岁时接任《楚报》记者、主笔，因言论忤当局，报纸被查封而避走上海。其后，他相继任职于不同的出版机构，有昌明公司上海支店、文明书局、商务印书馆，后自行创立中华书局。期间，他曾加入日知会，任评议员；发起成立上海书业商会，并担任领导职务；又出任国民参政会参政员，提交多项议案。1941 年，陆费逵逝世于香港。

在 27 岁以前，有三个人对陆费逵影响最大。一是他的母亲吴幼堂，自小教他读书识字，她强调多读多看，不挖空心思做那些八股文章，奠定了他的道德品行和知识基础；二是近代"言论界之骄子"梁启超，陆费逵深受《时务报》、《清议报》上梁启超文章的吸引，自称"新思想"的获得，即得益于此；三是任职商务印书馆的高梦旦，佩服陆费逵的才识，将其延聘至商务印书馆。正是在这个书业大熔炉里的锤炼，造就了其近代出版家的素质。

从 1902 年开始，陆费逵开始步入社会，在以出版为业之前，他办过学、卖过书、主笔过报纸。其中的"《楚报》案"，对他的影响较大。1905 年夏，应汉口《楚报》馆之邀，陆费逵与张汉杰、冯特民接办该报。《楚报》为湖北革命党人的重要报纸，创办于 1905 年，以新闻、论说为主要栏目。陆费逵倾向革命，痛恨清政府的黑暗统治，发表了许多言辞激烈、脍炙人口的政论性文章，有《本报改良祝词》、《论币政》、《论日俄和议相持之非计》、《日俄和议告成感书》、《论日俄仍有密约》、《论道路》、《论群蠹》、《论改革当从社会始》、《论亡国罪魁》等。这些文章，对当时经济、政治和国际关系等问题，发表了自己的看法。尤其是揭露粤汉铁路借款密约一事，得到社会各界人士和留美、留日学生的积极响应，坚持要求废约。此举引起湖广总督张之洞的大为不满，以"鼓吹革命"为名，下令查封《楚报》，逮捕报纸主笔，陆费逵只好逃往上海。

在上海，堪称陆费逵人生道路的转折点，他跻身书业，终成一代出版家，与此关系甚大。上海为近代被迫开放的第一批通商口岸之一，以其优越的地理位置，便利的交通条件而成为贸易发达、商业繁荣的大都市。开放的上海成为西学传播，中西文化交流的中心。自晚清以来，上海汇聚了一批新型文化人群体，与传统士大夫相比，他们的知识结构中，渗透着更多的西学素养。同时，科举制的动摇和废除，使他们不再视读书做官为唯一价值取向，而是流动于报馆、学校、书局等文化机构。这里，书业集中、人才荟萃，加之相对宽松的政治环境，不仅是外国冒险家的乐园，而且是国内有识者接受新知识的窗口，施展才华的宝地。上海绚丽多彩的文化环境，使陆费逵眼界大开、如鱼得水。起初，他任职于昌明公司上海支店，为经理兼编辑员，并积极参与和发起成立"上海书业商会"，起草章程、主编《图书月报》（1906年创刊）。1906年，陆费逵任职文明书局，参与编写"文明教科书"，在教育界享有盛誉。1908年，他被招聘到商务印书馆，先在编译所，任国文部编辑。不久，又出任商务出版部长兼交通部长、师范讲义社主任。进入商务印书馆，对于陆费逵来说，至少有三个意义：一是他参与商务教科书的编写，主编《教育杂志》，提高了自己在教育界的声望。他的诸多教育主张和教育理念，就是在这个时期形成的。二是他结交了许多社会知名人士，如蔡元培、张元济、张謇等人，进一步加深了对社会问题的认识。三是商务印书馆为当时最具特色的出版机构，早在 1901 年就改组为股份有限公司，设编译所、发行所等，现代化企业的管理模式对年轻的陆费逵有深远的影响。

1911 年 10 月 10 日，湖北革命党人首举义旗，伟大的辛亥革命爆发。起义很快得到了南方各省的响应，清王朝的垮台已是指日可待。社会变革的气息冲击着教育界、出版界，而教学内容的更新，突出表现在教科书内容的变革。当时，商务印书馆的决策层对革命能否成功，尚没有十足的把握，因而在更新教科书的内容上，表现得犹豫不决，摇摆不定。这种局面，恰恰给胸怀远大抱负的陆费逵提供了机遇。陆费逵服务书业，早就有自办出版业的志向。更重要的是，他对革命怀有必胜的信心，并将教科书内容的更新与巩固革命的成果联系起来。认为教科书不革命，则不能灌输自由之真理、共和之大义、国家之学说。眼看清政府将要倒台，共和民国要建立，没有适用的教科书，革命的最后胜利不可得。凡事预则立，不预则废，陆费逵约集戴克敦、陈寅等人，决定组织中华书局。在陆费逵的率领下，他们一面秘密编纂适合共和政体的教科书，一面积极筹划建立书局的各项工作。1912 年 1 月 1 日，与中华民国诞生的同时，中华书局在上海宣告成立。

陆费逵对近代中国的主要贡献有：（一）他手创中华书局，献身出版事业。为了中华书局的发展，他殚精竭虑，呕心沥血。在他的主持下，中华书局出版大量著作、工具书、教科书、期刊杂志，成为我国近代第二大出版机构。陆费逵和中华书局对西方文化的传播，对传统文化的继承，对近代新文化的创造，作出了不可磨灭的贡献。（二）他关注教育问题，强调教育与国家富强、社会文明的关系。他认为，教育得道，则民智开、民德进、民体强，而国势隆盛；教育不得道，则民智塞、民德退、民体弱，而国势衰亡。陆费逵提出实利主义教育主张，指出国民教育、人才教育、职业教育并重，教育的本义在于培养国民人格，以发扬民国精神。当时，对于教育方针、学制、国语运动等问题，陆费逵提出许多独到的见解。这些思想主张，奠定了他的近代著名教育家的地位。（三）他融合中西的文化观念，具有重要的学术价值。陆费逵在《教育主义》一文中，着重分析了中西文化的优劣。认为中国文化的优点在于重心性而轻物质，劣点在无研究、无辨别。西方文化的优点，不在政治、经济、教育、实业，不在国富、兵强、器利，而在于科学及社会。科学的研究，社会的德性以及科学、社会的精神，是我国文化中所缺乏的。因此，他提出，以东方伦理的精神，立身治家，而祛陋俗、辟谬说；以西方科学的精神，治学问干事业，而除偏见，减物欲，从而确立社会之基础。（四）他的爱国思想、奋斗精神，为出版界树立了典范。在《新中华》的创刊号上，他发表《备战》一文，论述应对日本侵略战争的必要性和迫切性，并提出"一致对外""长期抗战""将整个的财力、人材准备作战"的主张。随后，他还发表考证文章，指出东三省、热河自古以来就是中国领土。陆费逵的创业精神，受到人们称赞。著名教育家俞庆棠把他和爱迪生、高尔基、叶澄衷、杨斯盛并提，称他们是"自己挣扎的模范"。

陆费逵是一个坚韧不拔、勇于进取的人。他没有受过正规的学校教育，而成长为有名的出版家和教育家，凭的是一股非凡的毅力。在自修学习期间，他订立计划，积极实施。不仅读古文、学史地，而且大量阅读反映时局变化、内容丰富多彩的报纸，并经常将心得写成笔记。1901—1903 年，随父在南昌的陆费逵，隔日前往一家阅报社。为节省时间，中午带饭吃，不回家。该社初时来阅者二三十人，到后来只剩他一人，并与管理员建立了良好的关系。这三年间，他把当时新出的书籍杂志，差不多完全看过，旧书也看了许多。遇到喜欢的字句，便抄在本子上；遇到不懂的内容，就马上做好标记，以便查阅书籍或请教别人。陆费逵学数学、外语等科目，同样发扬了不怕吃苦的精神。当他步入社会、服务书业时，自修读书的习惯一直保持了下来，数十年如一日，从书本中获取丰富的营养。这为其后来著书立说，发表对出版、教育和社会问题的看法，奠定了坚实的基础。

陆费逵吃苦耐劳、朴素清淡的精神，素来为人们所钦佩。他深有体会地说过，天下的事越大越复杂，盘根错节也越多。如果不能忍耐，难免会功亏一篑。事实也正是如此，吃不得苦，耐不住清贫，是人生之大忌。我们从他经营新学界书店时的经历，不难看到这种品质。当时，店屋朝西，夏天非常炎热。店后小屋一间，半间作经理室，办事睡眠都在这里；半间作厨房，满是煤灰和油味。店内没有厕所，白天在隔壁客栈便溺，晚上要走半里路转三个弯去上街厕。就是在这样的环境下，陆费逵都忍耐着，从不说一句苦。久之，他形成了俭朴的生活作风，"从不为生活所屈"，终其一生而不变。陆费逵曾说，我们穷国人，要学苏俄的刻苦经营，或许有出头的日子；若学那富国的舒适，便是自寻死路了。他以此来勉励自己，也常常以此来告诫身边的人们。

陆费逵处事敏捷，自信果断，认准的事情就全身心地投入其中，向着既定目标去追求。筹备中华书局之时，困苦万端，汉阳失守，大局未定，但他和同仁不为所动。更为重要的是，1917年，中华书局发生"民六危机"，财政枯竭，入不敷出。时任教育总长的范源廉邀其去教育部任职，但陆费逵认为，出版业于国家、社会关系巨大，决不半途而废。他的岳父邀其入外交部任职，也被其婉言谢绝。这说明，即使在身受打击，事业低谷的时候，陆费逵也是强毅而专一。用他自己的话说，就是"盖事无论常变，必有几条路可走。我既认定一条路，即当机立断。否则徘徊犹疑，在我则无从下手，在人则无所适从，所谓歧路亡羊是也"。他是这样说的，也是这样做的。

与一般的企业不同，出版业在追求经济利益的同时，还要追求社会效益，如何将二者有机地结合在一起，成为出版家需要认真对待的一个重要问题。民国年间，伴随着多元文化的交融，人们的价值观念、生活方式发生了变化，由此带来了阅读需求的变化。一些不良书商受利益的诱惑和驱使，将低级趣味的色情书、算命迷信书等印刷出版，推向市场。作为一家民营出版业，中华书局当然要追求利润，其出版物当然要考虑市场价值。但难能可贵的是，陆费逵对这个问题有着深刻的认识。他早就指出，书籍为最善之"无形感化物"，最精之"灭国无烟炮"。它们可以分为"善"和"非善"两类，那些好的书籍，可以涵养性情、培育人格、增长知识、营造舆论、消除祸乱、促使进化；那些不好的书籍，则足以淫荡人心、禁锢性灵、混淆是非、增加迷信、损失财产、导致死亡。出一部有价值的书籍贡献社会，人们读了此书之后，则在无形中所获得的收益会很多；反之，如以诲淫诲盗的书籍贡献社会，则比提刀杀人还要厉害。书业商的人格，可以说是最高尚的，也可以算是最卑鄙的。为此，陆费逵多次强调：出版家应具有社会责任，讲职业道德。在刊行一种书的时候，心地必须纯洁，思想必须高尚。我们希望国家社会进步，不能不希望教育进步；我们希望教育进步，不能不希望书业进步。书业虽然是较小的行业，但是与国家社会的关系却比任何行业要大。正是出于这种认识，在陆费逵的领导下，中华书局不愿迎合社会的弱点，作投机的生意。无论什么出版物，都经过慎重考虑。不唯利是图，于营业之中兼顾教育与文化，于发展教育与文化中维持营业，成为中华书局遵奉的经营方针。

对于学术界来说，人们关注商务印书馆和相关人物的研究，无论是商务馆史、商务与近代文化的关系，还是商务的夏瑞芳、张元济、王云五等人，均有一批著作、传记和论文问世。相对而言，对陆费逵、对中华书局的研究，还是远远不够的。近年来，随着近代出版史、文化史研究的深入，有些中华书局的老人写出对陆费逵的回忆文章，以及一批论述他的教育思想、经营管理的论文。但是，总体上来看，还有待进一步深入。现在的读书人，大都读过中华书局出版的书，而问及其创办者是谁，则鲜有能准确回答上来的人。更有甚者，长期以来，认为陆费逵是投机商人，是商务印书馆的"叛徒"，靠耍手腕起家，在一定程度上影响了对他的评价。迄今为止，还没有一本完整的陆费逵传记出版。一方面是囿于资料的缺乏，陆费逵忙于中华书局的事务，没有写日记的习惯；另一方面，他的许多信件、登载其文的报纸，或散逸民间，或无从查考。加之中华书局新中国成立前的档案资料，有许多仍然沉睡箱底，没有能够整理出来。这些，也在很大程度上制约了对陆费逵的研究。

陆费逵的事业在中华书局，他一心为了书局事业的发展，身无财物，家无巨资。在他身后，没有遗产留给后代，即使别人赠送的书画等物，也为书局所有。他待人谦和，对同仁的学习、生活总是挂记在心，予以适当的帮助。他性格鲜明，处事公正；他光明磊落，从不盛气凌人；他心怀坦荡，总是与人为善。在他的领导下，偌大一个书局，同仁相处和谐、愉悦，工作热情很高。因而历经坎坷的中华书局，能够在竞争激烈的形势下，立足市场、稳步推进，取得了令人瞩目的成就。今天的中华书局，仍以严谨求实的态度，扶助学术、促进文化，正是秉承了这种优秀的传统。

纵观陆费逵的一生，他服务社会近 40 年，经营出版业达 38 年，于我国教育、文化的发展贡献甚巨。他是一个爱国的出版家、教育家和思想家。

本书以陆费逵创办与经营中华书局为线索，从他步入社会开始，书业经历、编辑生涯奠定了他出版家的素养。随后，他创办中华书局，立足书业，遭遇"民六危机"磨难，但终于挺过来了。陆费逵在民国前后，形成了丰富的教育思想，并演变为出版理念与方针，中华版教科书、教育图书、国语图书等，都是其教育思想在出版实业上的反映。中华书局以一家民营出版业，在教育上的巨大贡献，与他的这种思想及出版理念有关。陆费逵重视发展综合业务，配合时代文化浪潮，策划并主持工具书、古籍与译作。同时，他非常重视印刷技术的引进与提高，取得了相当大的成功。上述成就的取得，得益于他的经营管理策略。中华书局经营中的"陆费风格"，独具特色，历久弥新。

第一章

历经书业的磨炼

1902 年，陆费逵年满 17 岁，开始任事于社会，从此与书业结下了不解之缘。当时的书业，指的是出版、印刷、报刊、书店、学校等事业。在这些机构里，集中了一批富有知识、学有专长的人。人们对职业的选择，在很大程度上与自身的生活阅历有关。陆费逵在服务书业的过程中，进一步增长了知识，开阔了眼界，广结了人脉。正是这些宝贵的经历，从中锻炼了他的出版才能，增长了他的社会阅历，为日后创办和经营中华书局，奠定了比较坚实的基础。

一、主持正蒙学堂

20世纪初的中国，八国联军入侵，内忧外患愈烈。《辛丑条约》的签订，暴露了清朝政府的腐败无能，其在民众中的威信降低到了最低点。时势的动荡，对身处那个时代的人们，不能不产生深刻的影响。

1902年，陆费逵已成长为17岁的青年。

当时，为挽救统治危机，清政府的"新政"运动渐次展开，与社会文化事业相关的主要是兴办教育。随父母在南昌的陆费逵，仍然以自修学习为主。他是一个热爱学习的人，嗜书如命的人，不会轻易让时间白白地流逝。同时，陆费逵也想到，自己已经17岁了，应当在社会上做一些有益的事情。从何入手呢？他与几位友人商量，经过一番讨论，决定开办一个小学校。他们几个人按照预定的计划，首先是集资23元作为办学的经费，其次是租赁房屋作为教室，最后是招收了一些学生。就这样，学校开办起来了，起名曰"正蒙学堂"。陆费逵任堂长和教员。

正蒙学堂招收小学生27名，收学费五六元，作为房租和一切开销的费用，其中有8名学生因为家境贫困，是全部免费的。陆费逵年轻气盛，很有干劲，为学堂付出了很多心血。作为一校之长，一方面他要加强管理，包括订立课程，招聘老师，编写教材，安排食宿，打扫卫生，维持教学秩序；另一方面他要担任教员，亲自上课，教学生识字，解读文章，算数学题，等等。起初，大家凭着一股热情，相互提携。后来，别的人不太过问了，学堂的事情，就只有陆费逵一人支撑。他不但不支薪水，而且回家吃饭。学堂里雇用一个校役，原来是陆费逵父亲的当差，因为积蓄有数十元，情愿不要工钱，免费为学堂打工。该差役是一个喜欢学习的人，作为交换条件，要求陆费逵每天给他讲一小时的书。他的文化水平，有二三年级的程度。陆费逵给他讲解梁启超的《饮冰室自由书》，因为自己早就读过梁氏的文章，所以讲起来驾轻就熟。陆费逵还给他讲解美国作家斯托夫人的《黑奴吁天录》（即《汤姆叔叔的小屋》）。这本书在世界上影响很大，1902 年由著名翻译家林纾和魏易合作，花了 66 天的时间译出的。这说明，陆费逵是该译作的第一批读者之一，也是最早的宣讲者之一。

当然，人们要干一番有益的事业，仅有热情和干劲是不够的，还应当具备物质基础和其他必要的条件。对于招生办学，培养人才的事业，尤其如此。在陆费逵的努力下，正蒙学堂总共办了八个月的时间，最终还是结束了。不过，"不但没有亏空，还剩四元几角"的结果也算差强人意。①

正蒙学堂是陆费逵走向社会后从事的第一项事业，虽然持续时间不长，没有能够继续办下去，但对于年轻的他来说，无疑是一种很好的人生磨炼。

二、开办新学界书店

开办新学界书店，是陆费逵职业生涯的第二站。

---

① 陆费逵：《陆费逵文选》，中华书局 2011 年版，第 419 页。

　　那是 1903 年春天，在南昌的陆费逵应日语老师吕星如的邀请，北上武昌。两人达成共识，白天，陆费逵教吕星如三个弟弟《国文》、《算术》；夜间，吕则教他日文，供其膳宿，彼此不出学费。这段时间虽然短暂，但对于陆费逵来说，颇有收获。一方面，他巩固了以前所学的知识，提高了日语水平。另一方面，在教书过程中，他每每遇到疑难字词，经常查找字典。渐渐地，他感到市面上字典非常缺乏，还存在着许多不足，就立下宏愿，将来要编一本新的字典。

　　到了 1904 年秋，年仅 19 岁的陆费逵与日文班的几个同学，想在武昌开一家书店。这源于一位同学的倡议，得到了包括陆费逵在内的几位同学的响应。据陆费逵回忆，开办这家书店，并不是几个人的心血来潮，而是出于爱好读书的缘故。读书，需要有钱买书，也需要有地方买书。这一年，"几个同志因为买书困难（一方是经济困难，一方是购觅不易），大家想开一家贩卖书籍的店，一面营业，一面有书可看。"[1] 他们都是一些 20 岁左右的年轻人，想法简单，性格也比较直率，说干就干。有一位叫黄石安的同学（曾任最高法院庭长）说："伯鸿干，我来股；伯鸿不干，我不来。"[2] 他们凑齐了 1500 元作为股本，在武昌横街租了几间旧房子，就开办起来了，起名为"新学界"，陆费逵任经理。新学界书店用度非常节省，量入为出。每月房租费用 10 元。陆费逵的薪水，在前半年每月 6 元，后半年每月 10 元。雇用一位账房先生，每月 5 元。伙计二人各 3 元，学徒二人各 200 文，伙夫一人 1000 文。伙食费用约 10 元，灯火、日用品和其他临时性的费用约 20 元。这样，一个月下来，维持书店的开支约 60 元。

---

[1]　陆费逵：《陆费逵文选》，中华书局 2011 年版，第 303 页。
[2]　陆费逵：《陆费逵文选》，中华书局 2011 年版，第 419 页。

世上的任何事情，都是说起来容易，做起来难。新学界书店开张后，条件异常艰苦，这是陆费逵等人没有想到的。但是，他们都年轻，干劲十足，投入了极大的热情。陆费逵聪明伶俐，点子多，为人和易，在同学中享有很高的威信。因此，在开始阶段，书店经营得有声有色，所售书籍的涉及面比较广泛。其中，有当时的一些进步书籍，如邹容的《革命军》，陈天华的《警世钟》、《猛回头》等。

在当时，这些书籍都是倾向革命的作品，单看书名就已可知。《革命军》的作者邹容，字尉丹，四川巴县人，生于1885年，比陆费逵年长一岁。他出身富商家庭，1902年留学日本，受到西方资产阶级政治学说的影响，参加革命团体青年会的活动，1903年出版《革命军》一书。全书共七章，约2万余字，以西方的自由、平等、天赋人权说为理论依据，热情讴歌革命，提出建立"中华共和国"的主张。因是书获罪，1905年病死狱中。陈天华，字星台，湖南新化人，1875年生。出身贫寒家庭，15岁入私塾读书，喜爱小说唱词。1903年留学日本，同年秋，他发表《猛回头》、《警世钟》。前者采用民众喜闻乐见的"十言唱本"体裁，全书共四章。后者以通俗的大众语言写成，全书约2万字。这两本小册子，表现了陈天华激昂的爱国情绪，描绘了西方列强瓜分中国的严峻形势，揭露它们在华的种种暴行，号召人们行动起来，恢复中华民族的独立与尊严。1905年他在日本蹈海而死。邹容、陈天华这些渗透着反清反帝、宣扬民主自由思想的著述，在当时为深有影响的畅销书，因此赢得了不少读者。

在新学界书店的合作经营中，陆费逵出力最大，付出的精力最多，他经常以店为家，吃、住都在店里。书店的房屋宽二丈、长四丈，前面是店堂，后面分为一小间，半间为经理室，办事、睡觉都在这里；另半间为厨房，煤气、油气往往充满其间，经常让人透不过气来。店屋朝西向，夏天十分炎热，里面的人常常汗流浃背。没有厕所，白天要到隔壁的客栈便溺。夜间要走半里路，转三个弯去上街厕。在大年正月里，特别是在元宵节以前，按照武昌的习俗，店里的同事在家里玩耍。这时候，就只有陆费逵一个人守店，一步也不能出门。有时候，一连数天，伙夫也不在，他只好自己煮饭吃。

开办新学界书店，陆费逵没有被吃苦受累所吓倒，而是利用经销书籍的机会，如饥似渴地读书，又增长不少知识。其实，对陆费逵来说，有书读，有事干，这已经实现了开办书店的初衷。一年到头下来，营业额达1万余元，去掉一切开销，还略有些盈余。更重要的是，他经受了锻炼，结交了朋友，特别是武昌的反清革命党人。陆费逵的思想不断倾向革命，与之不无关系。

由于都是一些年轻人，性格上难免有不成熟的地方，他们虽然干劲充足，但也容易冲动，遇有事情不顺的时候，就会闹一些矛盾，发生一些争吵，陆费逵为此徒增了不少烦恼。

大约一年后，陆费逵辞去了新学界书店经理的职务。

三、任职昌明公司上海支店

社会历史的发展，往往具有很大的偶然性。一个人的人生轨迹，又何尝不是如此。由于"《楚报》案"发，清政府缉捕之风甚紧，陆费逵无法在武汉立足，就与同事冯特民逃亡上海，先是寓居中新印书局。不久，冯特民返回武汉，从军后又远赴新疆。本来，陆费逵打算去日本留学，因故未能成行，于是就留在上海。

上海为近代对外开放的第一批通商口岸之一，以其优越的地理位置，便利的交通条件而成为贸易发达、商业繁荣的大都市。开放的上海也成为西学传播，中西文化碰撞与交流的中心。自晚清以来，上海汇聚了一大批的新型文化人群体，"与传统士大夫比起来，他们的共同特点是：有比较新的知识结构，主要是有较好的西学素养，不像传统士大夫那样，除了诗云子曰、孔孟程朱之外，对于天体地球、五洲万国、声光化电一无所知；有比较相近的价值观念，不再把传统的重义轻利视为不可动摇的准则；有比较相近的人生观，不再把读书做官视为实现人生价值的唯一取向，而往往凭借新的知识，服务于新式的报馆、书局、学校、图书馆、博物馆等文化机构。从而实现自己的人生价值"。① 这里，书业集中，人才荟萃，流动频繁，加之相对宽松的政治环境，不仅是外国冒险家的"乐园"，而且是国内有识之士接受新知的窗口，施展才华的宝地。

在上海，堪称陆费逵人生道路的转折点。上海绚丽多彩的文化环境，使本就容易接受新思想、新文化的陆费逵，眼界大开，如鱼得水。他跻身书业，最终成长为著名的出版家，与上海文化环境的熏陶，关系甚大。

起初，陆费逵就职于昌明公司上海支店。进入这家公司任职，对他来说并非偶然。昌明公司的成立，与科学补习所、日知会有关。清朝末年，留学运动兴起，日本是留学生聚集之地。湖北的留日学生比较多，其中的师范生原来大多就读于两湖、经心、江汉三个书院，相

---

① 熊月之：《略论晚清上海新型文化人的产生与汇聚》，《近代史研究》1999 年第 4 期。

互之间的联系就比较多。1903 年，湖北留日学生在上海发起创办昌明公司，秘密印刷一些宣传反清革命的报刊。公司购买一些幻灯片放映，宣传民主革命思想，吸引了很多的观众，有一定的社会影响。在日知会的会员中，有不少人参与放映幻灯片的工作。陆费逵是日知会中的骨干成员，自然与昌明公司发生了联系。后来，昌明公司股东会议决定将总公司移于汉口，而把在上海的公司改为支店。

1905 年秋，陆费逵到达上海后，昌明公司上海支店聘请他任经理。昌明公司的总经理马刚侯，与陆费逵协商任职一事。开始的时候，陆费逵不是很想答应。马刚侯与朋友亲自登门拜访，极尽劝说之能事。陆费逵转念一想，我国人口众多，随着教育的逐步发达，书业必定有光明的前途。而如此有前途的行业，却没有引起国人的太多重视。昌明公司虽然不算是什么大的公司，但毕竟属于书业中的一家。因此，陆费逵答应任职，为期一年。

陆费逵任职昌明公司上海支店，在经营业务之余，也投入相当大的精力，研究我国书业的状况以及未来的发展走向，并写成《中国书业发达预算表》一文。他认为，书业与教育互为表里，今日书业不发达的原因，是由于教育不发达，因此要发展书业，首先应当发展教育。在他所绘制的"预算表"中，以日本和中国的小学、高等小学、中学校及师范学校、高等女学及师范学校、中等专门学校及其他、高等专门学校、陆海军学校、帝国大学、教员、卒业及工商官中诸职员为例，根据日本"现有人数"，中国"应有人数"，每人每年的教育用品费，计算出中国应有教育用品费数额。他指出，这是一笔令人惊讶的巨款，假如不重视这一利源，为外国人所倾销他们的书籍、器具，且不说是否适用，即使适用，而利益尽失，财政枯竭，致亡国而未可知。何况，外人正虎视眈眈，盯着这一块肥肉呢！所以，他不无沉痛地说："吾业之前途发达既如是之盛，然以现状而论，则又有令我不能已于言者。今海上书业，不下百家，贸迁之盛，固甲全国矣。然细审此百家中，其资本出诸外人者若干家，其资本虽非出之外人，而物品、纸张、模字来自外洋者若干家，其资本微末者，且重贩于此若干家之手，更无论矣。以堂堂大中国，竟无一完全自立之书籍商。呜呼！何其怪也，何其怪也！吾恐衡其得失，不如不兴教育之为愈矣。"[①]不难发现，陆费逵之所以献身出版业，之所以重视教育的原因。

由此，陆费逵利用这个平台，与出版界、教育界的人士广泛接触。他积极发起成立上海书业商会，长期在该商会担任领导职务，在图书出版界产生了一定的影响。

四、进入文明书局

1906 年冬，陆费逵辞去昌明公司上海支店的职务，进入文明书局。

文明书局创办于 1902 年，创办者为廉泉、俞复、丁宝书等人，这是上海比较早的一家民营出版机构。文明书局先设在上海南京路，后迁至福州路，与商务印书馆邻近。

文明书局的创办缘于编辑出版教科书。1898 年，俞复、丁宝书、杜嗣程、吴稚晖等人，创办了无锡三等学堂。为了适应教学的需要，他们历经数年，编写了一套《蒙学课本》，被誉为我国自有教科书以

---

① 陆费逵：《陆费逵文选》，中华书局 2011 年版，第 35—36 页。

来最为完备者。《蒙学课本》的内容有七编，"前三编谓系就眼前浅理引起儿童读书之兴趣，间及史地、物理各科之大端，附入启示便函，逐课均图画精致，一览了然。第四编专重德育，用《论语》弟子章分纲提目，系以历史故事，每课示以旨归，以修身为本。第五编专重智育，采辑子部寓言，每课系以问答，可为伦理之阶引。第六编前半为修辞，写游戏习惯之事，为儿童读史汉之阶引；后半为达理，即以游戏命题，演为议论，为儿童作文秘诀。第七编选史汉最有兴会之文，暨诸子之篇，及名家论说，由浅及深。"① 这套教科书影响很大，陆费逵回忆说，俞复、丁宝书等人在无锡创办三等学堂，"他们因为无适用的书，就自己编辑起来，且因此创办文明书局。文明书局出版的《蒙学读本七编》，就是他们当时教学生的国文读本。前三本是初小国文体裁，第一课我还记得是：'天在上，地在下，人在地之上。'第四本是故事，颇像修身课本。第五本是古代寓言，多采自诸子。第六本是记事文，多半是新撰的，有一二十篇是选自《史记》、《通鉴》的（如赤壁之战、淝水之战等）。第七本是议论文，也是大半新撰小半选的。这本书写、画都好，文字简洁而有趣，在那时能有此种出品实在是难得。我曾用此书教过学生。那时我十七岁，到现在还不忘记。"② 不言而喻，文明书局的这套教科书，给陆费逵留下了很深刻的印象。

此后，文明书局又编写了多种教科书，均以"蒙学"冠之，因而被称为"蒙学教科书"。1903 年前后，文明书局陆续发行"蒙学教科书"，包括文法、经训、修身、中国历史、西洋历史、东洋历史、中

---

① 《教科书之发刊概况》，中华民国教育部编：《第一次中国教育年鉴》（戊编），第 115 页。

② 陆费逵：《陆费逵文选》，中华书局 2011 年版，第 353—354 页。

国地理、外国地理、笔算、心算、珠算、卫生、天文、地文、地质、格致、化学、动物、植物、矿物、体操和毛笔习画帖等 23 种。1906年，清政府学部第一次审定初等小学教科书暂用书目 102 册，其中由民营出版机构发行的有 85 册，为商务印书馆（最新初等小学国文教科书等，54 册）、文明书局（初级蒙学修身等，30 册）、时中书局（普通各科教授法，1 册）三家所包揽。① 可见，文明书局由编写教科书起家，并以"蒙学"教科书而闻名于世。

陆费逵进入文明书局后，主要担任编辑和承担其他事务，并兼任文明小学的校长。他与俞复、丁宝书等人，一起从事教科书的编写。由他直接编写的教科书，就有《新编初等小学修身教授书》、《初等小学修身教科书》、《算术新教科书》等。在大约一年半的时间里，陆费逵在"文明书局职务无名目，但编辑、印刷、发行件件都管，仿佛现在通行的襄理。每日工作常至十余小时，增加经验不少"。② 同时，他作为文明书局的代表，经常出席上海书业商会，结识出版界、教育界人士，对我国书业状况、发展前景，有了更加深刻的了解。

五、在商务印书馆

1908 年冬，陆费逵进入商务印书馆，凭自己的能力很快得到了重用。作为最大、最规范的近代出版机构，商务印书馆在很大程度上

---

① 李泽彰:《三十五年来中国之出版业》，张静庐辑注:《中国现代出版史料》（丁编）下卷，中华书局 1959 年版，第 384 页。

② 陆费逵:《陆费逵文选》，中华书局 2011 年版，第 419 页。

也培养了陆费逵，使他对出版与教育、出版与文化的关系，有了更加明晰的认识。他成长为著名的出版家，与在商务印书馆的这段经历有着密不可分的关系。

甲午战争以后，在翻译西书、倡导新学风气的影响下，1897年2月11日，商务印书馆成立于上海。创办者为夏瑞芳、鲍咸恩、鲍咸昌等人，初创时合股资本3750元。就是用这些资金，他们购置了两台手摇印刷机、三部脚踏圆盘机、三部扳压印机，在江西路德昌里租了几间旧房，除创办人及其家族成员外，还雇用了十几位工人，这个以"印书馆"命名的小小印刷作坊就这样成立了。其最初招揽的业务，主要是印刷一些票据、商务记录、收据、传单之类，大多与商务有关，故名"商务"。1901年，资本增至5万元，次年设立编译所、印刷所、发行所。1903年，吸收日商资金10万元，成立商务印书馆有限公司。1905年，资本增至100万元，成为清末最大的出版机构。

商务印书馆总经理夏瑞芳（1871—1914），字粹芳，上海青浦县人。1882年，夏瑞芳入上海基督教长老会所设清心堂之附属小学堂，后升入清心书院。在这里结识了鲍咸恩、鲍咸昌、鲍咸亨兄弟，后与鲍咸恩之妹结婚。夏瑞芳曾在英商《捷报》、《字林西报》馆，做过排字工人。他是一位有远见的企业家，"不是中国旧日的那种老书贾"。虽然文化水平不是很高，但他谦虚好学，不耻下问，从不鲁莽做事。当时，他看到了出版业的前途，但对于出何种书、不出何种书、市场状况怎样，总是三思而后行。"他的头脑灵敏，性情恳挚，能识人，能用人，实为一不可多得的人才。"[1] 其他几位创始元勋，鲍

① 包天笑:《钏影楼回忆录》，香港大华出版社1971年版，第230—237页。

咸昌（1865—1924），字仲言，浙江鄞县人。他"优于工艺，尤善支配，印刷所分七十余部，烦琐不可胜言，先生处之裕如，孰勤惰、孰优劣，了如指掌。苟有发明或改进方法，奖励备至"。高梦旦（1870—1936），福建长乐人，名凤谦。出身世家，以兴办教育为己任，"于自己手中财，漫不加察，而独于为公家作统计计算表等，则精核迅速。每成一稿，恒见其持片纸，逐项加以估计，未久即成一表，已知此书成本若干，定价若干，虽老于印刷者不及也"。①商务印书馆涉足教科书领域，首先以教会学校为突破口，1898 年出版《华英初阶》，这是它出版的第一本教材，汉英对照，深受中国学生欢迎，多次重印，获利丰厚。1902 年，张元济进入商务印书馆，更使之如虎添翼。张元济（1866—1959），字筱斋，号菊生，浙江海盐人。1892 年中进士，授翰林庶吉士，后授刑部主事、总理各国事务衙门章京。甲午战争失败，他受到很大的刺激，决心自强不息，学习有用之学。1897 年，在北京参与创办"通艺学堂"，介绍西学，传播新思想。他自己也学习英文，倾向变法，并受到光绪帝的接见。维新变法失败后，张元济遭"革职，永不叙用"，被逐出京城。随后，他携家眷南下，于 1899 年进入南洋公学，担任译书院院长，全力投入译书工作。在出版、印刷书籍中，他认识了夏瑞芳，并有了一定的交往。夏瑞芳为扩大馆内业务，设立编译所，想聘请张元济任所长。由于双方志趣相投，很快得以谈妥，他入馆担任编译所所长。张元济是一位学贯中西、思想维新的教育家和著名学者，他加入商务印书馆后，确立教科书的编辑方针，推出《最新教科书》，在当时产生了相当大的影响。自此，"商务

---

① 蒋维乔：《高梦旦传》，《商务印书馆九十五年》，商务印书馆 1992 年版，第 53 页。

印书馆一改面目，由以印刷业为主者，进而为出版事业。其成为我国历史最长之大出版家，实始于张（元济）君之加入。"①

陆费逵进入商务印书馆，是他本人的幸运，也是社会的幸运，因为正是从这家最大、最著名的出版机构里，走出来一位著名的出版家。

关于陆费逵的入馆经过，商务编辑蒋维乔曾撰文说："先是，约在民元前三年间，高梦旦常代表商务，出席于书业商会。屡于文明书局代表陆费伯鸿见面，谈论之下，大奇其才。盖经营书业者，有发行、印刷、编辑三大部分，互相联系，然能发行者未必知印刷，能印刷者未必知发行，能编辑者更不知发行与印刷。唯陆氏既能操笔编书，又于发行、印刷，头头是道，故梦旦佩服之。"商务由一家不起眼的印刷作坊而发展成长为出版重镇，认识、重视和招揽出版人才是其重要因素之一。对于陆费逵这样的人才，自然不肯轻易放过。高梦旦"归言于菊生，以为如此人才，文明竟不能识，屈居普通职员，商务应罗致之。于是以重金聘为出版部主任。梦旦欲坚其心，又以侄女妻之。"②

进入商务印书馆的陆费逵，实际上是先被招致编译所，担任国文部编辑。在当时总共 36 人的编辑中，其中以陆费逵年纪最轻，还不满 24 岁。陆费逵这么年轻，又被商务印书馆委以重任，在同行中确实是不多见的。他的出版才能，得到了商务决策者高梦旦、张元济的赏识。

---

① 王云五：《商务印书馆与新教育年谱》，台湾商务印书馆 1973 年版，第 3 页。
② 蒋维乔：《创办初期的商务印书馆与中华书局》，张静庐辑注《中国现代出版史料》（丁编）下卷，中华书局 1959 年版，第 397 页。

果然，陆费逵没有辜负高梦旦、张元济的厚望，充分发挥了自己的聪明才智，先后承担了多项重要的工作。在商务任职期间，陆费逵参与教科书的编写工作。计有《伦理学大意讲义》(1908 年出版)、《最新商业教科书》（高小用，第 1—3 册，1908 年出版)、《简明修身教科书》（全八册，1908—1911 年出版)、《修身讲义》（1910 年出版）等。半年后，陆费逵改任出版部长兼交通部长、师范讲义社主任。而特别重要的是，他主编的《教育杂志》，在教育界产生了很大的影响。

第二章

主持报刊的编辑

大凡一个有成就的出版家，总是在他职业
生涯的初期，就能崭露头角。出版是一项综合
性的业务，包括策划、编辑、印刷、发行等环
节。陆费逵步入社会后，凭着年轻人的兴趣和
爱好以及一股子闯劲，涉足书业领域。其中，
他主编报纸、刊物的经历，不仅锻炼了编辑才
能，而且奠定了他扎实的出版功底。

一、《楚报》主笔

陆费逵在新学界书店担任经理期间，曾是
日知会的组织者和参加者。1904 年 10 月，湖
北第一个革命团体科学补习所被清政府查禁。

随后，其中的骨干人物刘静庵、曹亚伯等人利用武昌美教堂圣公会设立的"日知会"阅览室为掩护，继续从事组织和宣传革命的工作。日知会在刘静庵等人主持下，利用教会的名义，从日本、上海订购大量书报，包括《猛回头》、《黄帝魂》、《民报》、《湖北学生界》等，提供给人们阅览；又定期安排一些演讲活动，使原科学补习所的人得以重聚，读者与日俱增，捐资作为经费，登记为会员的人不断增加。在这种情况下，刘静庵等人决定增设干事员、评议员等。日知会以联络同志，广交新军为目的，在青年学生和新军中产生了不小的影响，除湖北以外，波及江西、安徽、江苏、四川、新疆伊犁和东北等地。此后，湖北的革命组织，多由日知会派生而成。

在武昌的陆费逵，由于经营新学界书店的缘故，与革命党人产生了密切的联系。他不但成为日知会演讲会的听众之一，而且组织和参加了日知会的活动，成为日知会的评议员。陆费逵在回忆中提道："十八岁到湖北，便与党人往来。后来组织日知会，我是干部之一，会章便是我起草的。当时所开的小书铺，大卖其《警世钟》、《猛回头》、《革命军》等书。同志入狱，他人都不过问，我时时接济入狱的一点费用。"[1] 可见，新学界书店所销售的书籍，与日知会的志趣一致。抑或说，它又是日知会宣传革命的一个编外机构。陆费逵由新学界书店而与革命党人有了联系，并参与日知会的活动。

不久，陆费逵辞去新学界书店经理的职务，与日知会的几位同人一起，接办了《楚报》，成为该报的记者、主笔。

《楚报》原是一份英文报纸，名为 *The Central China Post*，于

---

[1] 陆费逵：《陆费逵文选》，中华书局 2011 年版，第 421 页。

1904 年创办于汉口。1905 年由富商刘歆生出面，开始推出中文版。为防止清政府的查禁，该报曾在香港注册，聘请英国人佑尼干担任社长，馆址设在英租界。这年，原主笔吴趼人与《楚报》的合同期满，不想再续约，报馆聘请陆费逵、冯特民、张汉杰等人接办，陆费逵的薪水为每月 50 元。

陆费逵等三人均为日知会的会员，思想倾向反清革命，因此，《楚报》在他们手里，面貌为之一新。1905 年 6 月 25 日，陆费逵发表《本报实行改良说》，指出本报要实行改良，在各个栏目中，"论说趋重实际，以诱国民之常识，以我国人所最缺者也。各省添设专电，新闻总期灵敏，报馆之天职则然也。增小说以博读者之兴味，且小说与社会亦有莫大之影响者也。加谭丛以邃读者理想，且以志思想之变迁也。录文苑以养文学高尚之风，且以保存国粹也。录杂组以记逸闻逸事，且扩充识见也。推之改良格式，夹大小字，厘清门类，精择事实，凡可启牖民智，输入学理，唤起国魂，振作民气者，皆精益求精，有者改良，无者增加，期于中国报界，特树一三色帜，固不独区区限于楚也。"他大声疾呼："报章之责任重，本报之责任尤重。言论之势力宏，本报言论之力尤宏。夫责任如是之重，势力如是之宏，则本报之改良愈有不容或缓者矣。"① 没过多久，即 7 月 1 日，陆费逵在《本报改良祝词》中明确指出："《楚报》之初，何而作也。予曰：有为而作也。夫武汉居天下之中，商战当剧烈之世，滔滔江水，天堑何雄？……况乎英狮俄鹫，虎视而鹰瞵；美雨欧风，飚驰而霆击。群雄以瓜分为戏，祖国有瓦解之悲。"处今之世，民族危机日甚，不可再

---

① 陆费逵：《陆费逵文选》，中华书局 2011 年版，第 3—4 页。

闭关自守，懵懵懂懂，浑然世界大势。"然则其改良奈何？曰：不出户庭而知天下者，其惟报章乎！夫公言聚讼，不免诡随；俳体为文，直同游戏。官蛙吠影，小燕窥人，仆病未能，致其笑矣。本报始基正大，中道回翔，凤德有朋，鸿文无范，犹且饷遗者弥月。斧藻群言，尽义务于同胞，进国民而大辅"。"千艘东指，惊沧海之横流；万马西来，感河山之蹂躏，民智初开操翰何心，择言自爱。只此尽匹夫之责，或不为大雅所诃。"①

就这样，《楚报》今日编新闻，布告中外大势；明日有论说，剖析国家社会。而且都是紧密联系当时的国内外大事件，特别是对中国产生巨大影响的一些事件。1904 年 2 月，日、俄为争夺中国东北而爆发日俄战争。腐败的清政府宣称"局外中立"，说什么"彼此均系友邦"，将辽河以东划为交战区。经过一年多的厮杀，俄国海陆军战败。1905 年 9 月，在美国的"调停"下，双方签订《朴茨茅斯和约》。在和约中，双方无视中国主权，沙俄将旅顺、大连租借地和长春到旅顺间的铁路（南满铁路），以及在这些范围内的一切权利转让给日本。12 月，日本强迫清政府签订《中日会议东三省事宜》正约及附约，除承认日本继承沙俄从中国所攫取的全部权利外，还增开了 16 处商埠，在营口、安东、沈阳等地划定日本租界，日本享有改建和经营安奉铁路并采伐鸭绿江右岸森林等权益。

在短短几个月的时间里，陆费逵连续在《楚报》上发表多篇论说，除上述两篇外，还有《论币政》、《论日俄和议相持之非计》、《日俄和议告成感书》、《论日俄仍有密约》、《论道路》、《论群蠹》、《论改革当

---

① 陆费逵：《陆费逵文选》，中华书局 2011 年版，第 11—12 页。

从社会始》、《论亡国罪魁》等，对当时的政治、经济、外交和国际局势，系统地阐述了自己的看法。

对于刚刚结束的日俄战争，陆费逵的措辞尤为激烈。他指出，这场战争"根之于地理，胎之于历史，迫之以辽东交涉，发之于民族之膨胀"。这场不义之战，无论是战是和，相持不决。对中国来说，"将何以自解也，党日乎？党俄乎？索赔偿乎？接收满洲乎？干预和局乎？抑割地以谢日乎？抑代俄赔兵费乎？虽事变千端，然其无益而有损，无荣而获辱，是固题中必有之义也。此役而无以善其后，中国其沦胥以亡乎。呜呼！沈沈长夜，问天帝其何言；寂寂江山，叹立足之无地。言念及斯，啜其泣矣。"日俄战争历时二年，虽和议告成，"然所可知者已有四端，则俄之野心未泯，日之军事将盛，美之势力益扩，而我之祸患方殷也"。列强在中国，"来去自由，如入无人之境；驱逐任意，俨然亡国之民。吾思之，吾重思之。甲午虽败，犹两国交绥也；庚子虽败，犹以一敌八也。其最羞辱最伤心者，莫如此役。战为人战，和亦人和，中国所得者，唯有土地不能守而已。其和约条款不我闻也，其土地分界不我问也。天下事因必有果，此役之结果，尚可问乎？"[①] 这些观点分析透彻，文笔犀利，持论激昂，反映了陆费逵文章的一贯风格，在当时引起了广大读者的关注。

与此同时，《楚报》对湖北时政多有批评，早就引起当政者不满，导火索是对"粤汉铁路借款"事件的报道。

1905 年 8 月，湖北、湖南和广东三省的绅商联合倡议，决定集资自办粤汉铁路。月底，中美双方签订《收回粤汉铁路美国合兴公司

---

① 陆费逵：《陆费逵文选》，中华书局 2011 年版，第 22—24 页。

售让合同》，中国以 675 万美元的巨额代价赎回粤汉铁路权。时任湖广总督的张之洞，对于三省绅民自筹款项修建铁路，缺乏信心，加之所认定的 300 万元集资款虚悬，而合兴公司的赎约款催要的又急。于是，他通过英国驻汉口总领事法磊的介绍，向港英当局借款 110 万英镑，以解燃眉之急。但是，英国借款的附加条件是，将来粤汉铁路修造之款，除中国自行筹集外，如需向外洋借款，应当先向英国寻商开价，如与他国所开出利息相同，则先由英国银行承办。实际上，这是赋予英国对粤汉铁路借款的优先权。张之洞的上述借款行为，是在十分秘密的情况下进行的，但第二天就被《楚报》披露了出来。据陆费逵称："九月一日，张之洞与英人签订粤汉铁路借款合同，内容极守秘密。次日，特民即设法觅得全文，竟一夜之力抄出，于四五两日披露报端，并为文攻之。"①

《楚报》对于上述事件的报道，得到社会各界及留美、留日学生的积极响应，引起了张之洞的强烈不满，并借机发难。先是，他派一名会审委员来到《楚报》馆，访问张汉杰。张汉杰喜欢交朋友，不知来人何意，就热情接待了他。他拿出名片访冯特民，恰巧冯特民外出购物不在。又持名片访陆费逵，陆费逵正赤着脚在盘辫子，就回答说，陆老爷不在。来人便把张汉杰骗走，随即软禁武昌府署。不久，冯特民回来了，陆费逵和他商量，一面托人照料张汉杰，一面撰写文章，发表在次日的报纸上，揭露张之洞的行径。随即，《楚报》被查禁，是为"《楚报》案"。

陆费逵和冯特民认为，情况紧急，随时都有被捕的危险。他们将

---

① 桐乡市政协文教卫体与文史委员会编：《陆费逵文选》，中华书局 2011 年版，第 219 页。

一些比较笨重的物品，还有一支勃朗宁手枪，赶紧丢弃于报馆后的水池内，两人乘渡轮逃亡上海。

二、《图书月报》主编

到了上海以后，陆费逵又参与编辑了一份期刊，这就是《图书月报》，这是我国出版界主办的第一份期刊。

1906 年 3 月，《图书月报》创刊，是为上海书业商会的机关刊物。1905 年，以出版机构为主体的上海书业商会成立，这是一家民间书业商业联合会。在颁布的《上海书业商会章程》中，指出该会以联络商情、维持公益为目的。其宗旨有三：（一）遵照著作权法律，以维持版权；（二）联络会内会外及他处同业；（三）谋同业之共同利益。1924 年，在修订的"章程"中，上海书业商会宗旨的范畴有所扩大，增加（四）设立陈列所，罗列同业出版图书以资来宾观览及教育家之参考；（五）编辑图书总目录及图书目录；（六）各会员以其商店或出版物向农商部、内务部注册或呈请教育部审定，本会均可代办，除应有费用外不另取费；（七）会员有交涉如系理直，本会当助其伸理，或需取保亦应随时代为设法，如果理由不充足，或事实上涉嫌疑，本会不便于闻者不在此例；（八）有人侵及入会各店之著作权，可由本会公同评判，如被告不服评判或其案情关系重大、非会员能了者，本会应帮助其处理。

上海书业商会的组织机构，设正会董一员、副会董二员、会计一员、书记二员、干事四员，都不支薪水。另外，雇佣司事、杂役若干人，酌情支付薪水。正会董行使全权，对内总管商会的全体事务，对外代表商会之行动。副会董协助正会董处理商会的对内、对外事务，如正会董有事不到，则副会董有代行之责。成立之初，书业商会的会董和负责人，基本上由上海出版业的负责人担任，如上海商务印书馆的夏瑞芳和文明书局的俞复，是这个时期的主要负责人。

到 1906 年，即上海书业商会成立的第二年，就有 22 家民营出版机构入会。它们分别是：商务印书馆、启文社、彪蒙书室、开明书店、新智社、时中书局、点石斋书局、会文学社、有正书局、文明书局、通社、小说林杂志、广智书局、新民支店、乐群书局、昌明公司、群学会、普及书局、中国教育器械馆、东亚公司新书店、鸿文书局、新世界小说社。

上海书业商会是上海书业特别是出版业发展的产物，抑或说，这是一个联合同业、维护权利的组织。1906 年 6 月，《时报》、《新闻报》刊载了商业部、学部、警察部共同制订的印刷法律，其中有一些不合理之处。7 月 8 日，上海书业商会召开特别研究会议，专门对此进行了讨论。把法律条文印出多份，发送各家书业，并提出各自的意见，在会上汇总逐一进行批驳。在书业界的反对下，该律文没有颁布实施。

其时，上海还有一家书业公所，主要由旧式出版业组成，而且与书业商会还讨论过联合问题。据《图书月报》创刊号说明："书业商会之设，入会者率皆新书局店，宗旨所在以组织版权会为第一。于石印局所本无关系也。今春旧书业亦有书业公所之设，举席君子佩、俞君仲还、夏君颂莱（皆商会会董），夏君辞谢不往，于是分合之问题以起，然赞成合并者不及十一，何（澄一）、陆（费逵）、夏（颂莱）三评议员持之尤力，遂决议暂分不合，盖新旧性质迥不相侔，分则两利，合则俱伤，且使业旧书者若编纂教科（书）是亦新矣。否则《三国》、《水浒》经史子集等本所谓版，亦即无取于组织版权会也。"① 直到 1930 年，两会才改组合一，成立上海书业公会，陆费逵当选为主席。

当时，任职昌明公司上海支店经理的陆费逵，对于上海书业商会的事务，多有参与，并起了很重要的组织作用。可以说，自此以后，他与该会密不可分。他不但参与起草了商会的章程，而且承担了商会的多种工作。他在《书业商会二十周年纪念册·序》中说："我于民国前九年，开始在社会上办事。过两年，到上海任昌明公司上海支店经理。那时书业商会正在发起筹备，我被推为章程起草员。正式成立之后，我任评议员兼书记，又任职业补习夜校主任和《图书月报》主任。自此以后，我和书业商会没有分离过。"他又提到，迄今为止，与自己相处最久的，除了自己的父亲、母亲和两位弟弟外，就是书业商会了。正是在这篇"序文"中，他回顾了二十多年来，书业和天灾斗，和祸乱斗，和物价斗，和货币斗，交通不便……和种种情形斗，正是在这种奋斗中，书业取得了长足的进步。也是在这篇文章中，他提出了令人永远不能忘记的名言："我们希望国家社会进步，不能不希望教育进步；我们希望教育进步，不能不希望书业进步。我书业虽然是较小的行业，但是与国家社会的关系，却比任何行业大些。"② 不难看出，只要与出版、与书业、与教育有关的事情，陆费逵都热心地参与。书业经历对于他的出版家素养的形成，至关重要。

---

① 原放：《从〈图书月报〉谈起》，《出版史料》1990 年第 4 期。
② 陆费逵：《陆费逵文选》，中华书局 2011 年版，第 335—336 页。

《图书月报》创刊后，按照各家的约定，第一期总编辑由陆费逵担任，以后由各同业轮流担任。但总共出版了三期，就停办了。主要原因是各家负责的稿件，不能按时交来，一再误期。尽管如此，这也是我国出版界推出的最早的一份期刊。从第一期的情形看，大32开，铅印本，正文44页、用白报纸，广告94页、用红绿纸，分为论说、出版界、杂俎、本会纪事、谭丛、教育界、小说、杂录等栏目。广告占了绝大部分版面，除了三家商号广告外，其余基本上是新书广告。上海近百家书店有14家登载了580多种教科书为主的广告。小说林社的广告，介绍的44种新书全部是中外小说。在有署名的8篇文章中，陆费逵就有3篇，其余的文章，也多半是翻译的外文。陆费逵的文章为《著作家之宗旨（上）》、《泰西谚语（关于书籍者）》、《中国书业发达预算表》，大都是他来到上海时的新作。

陆费逵在《著作家之宗旨（上）》中，提出"官吏、模仿、教会、殖民四主义"，并认为这四个主义，它们是鸩物、鸦片、砒霜，饮之立毙；又是利刃、后膛枪、绿弗炮，触之即伤。所以，不能依靠它们，要改变现状，还需要靠我们自己。靠我们著作家写好书，施行好的教育，培养好的国民，"书籍诚最善之无形感化物，最精之灭国无烟炮哉"。"社会之盛衰，国家之存亡，国民人格之高下，端于我著作家是赖，我著作家之责任，顾不重欤！"[①] 在《中国书业发达预算表》中，他也表达了同样的意思，认为我国的出版业，不能总是依赖外国人，而要奋起自救。

值得注意的是，有一篇《敬告书籍商》的文章，是译自美国出版

---

① 陆费逵：《陆费逵文选》，中华书局2011年版，第38、40页。

周报，主要论述了书籍商即出版者的责任、道德和在商业中的地位，以及出版者的资格等问题。其中谈道："盖以书籍者，为输入文明之利器，出版物之发达，即国民知识之进步。""有时不能仅以商业为目的也，故苟有一出版物，明知必为一般社会所欢迎，获利可以不赀，若仅以商业上言，利可操券，然或于道德上、品性上及国家治安上有所妨碍，则宁牺牲商业上之利益，此又书籍商应尽之义务"。"对出版物之背谬恶劣者，不可不严，盖此等出版物，足以贻害于学界，苟为公正之书籍商，匪特不当为之发行，为之出版，且将联络同业以禁绝之，良以出版物苟有腐败之称，内之则贻害于学者，外之且有玷夫国体也"。"书籍商者于商业上占最高尚之地位者也。故营是业者决非无学之人于此可占一席，今各国之为书籍商者，恒多文学家、哲学家、小说家"。"书籍商决不可与他商并论，他商仅需商业上之知识而已足，书籍商者于商业之知识而外，当别有学问也"。"为读者之引导，故必具有足以供人问难之学问。"这些语言与陆费逵的见解如出一辙。真是英雄所见略同，堪称知音。为此，他特加了一个"按语"，慨叹外国出版者的能力，值得我们很好地学习。他说："若我国书肆中人，仅则知名称及定价，询以著者、种类亦未必知，则美国书肆中人之程度，似高于我。"[1]

在上海书业商会初期，为维持其正常事务，陆费逵付出了很大的精力。但是仍然有许多不尽如人意之处，他说："当时所办的事业，夜校开了四年，后来因为学生太少停办。《图书月报》只出了三期，因为各家担任之稿不来，误期又误期，以致停刊。《图书总目录》因

---

① 原放：《从〈图书月报〉谈起》，《出版史料》1990 年第 4 期。

为各家意见不一，编印未成。同行的不良分子和非同业而出版的人，常常有害人误人的书刊行，更或利用报章告白和通信法骗人金钱。本会研究多次，没有方法取缔，这更是我们觉着遗憾的。"[1] 可见，出版业绝非是一块净土，而是鱼目混杂，泥沙俱下。对于那些假冒伪劣和投机取巧的情况，书业商会也是无能为力。

对陆费逵来说，在昌明公司上海支店、上海书业商会的经历，让他再也没有离开过书业。他结缘出版，终其一生，正是由此开端。在这段时间里，他对书业前途的研究，特别是以日本的状况来推算中国书业，认为"每年应该有三万万元之营业"，这确实是一个不小的数目，确实是一个有前途的行业。他说，那时的自己，"年轻气盛，野心勃勃，就决计献身于书业了"。[2] 果然，后来他没有离开过书业，即使有很多机会可以做其他商业，或者进入政界，他也始终不为所动。

编辑《图书月报》杂志，让陆费逵体会到了组织、做事之艰难。不过，事物都是两方面的。他由此认识到，任何事业都不是一帆风顺的，都需要具有忍耐、淡然和坚定之心。再者，利用期刊发表文章，登载广告，吸引读者，无疑是其中的一大功能。这对于他后来热心创办期刊，不无启迪作用。

三、《教育杂志》主编

在商务印书馆，陆费逵负责的一项重要工作，就是主编《教育杂志》。

---

[1]　陆费逵:《陆费逵文选》，中华书局 2011 年版，第 336 页。

[2]　陆费逵:《陆费逵自述》，安徽文艺出版社 2013 年版，第 27 页。

　　1909 年，商务印书馆创办《教育杂志》，这是我国最早的教育专题类刊物，陆费逵被委以总编辑的重任。《教育杂志》1909 年第 1 卷第 1 期中明确指出："本杂志以研究教育、改良学务为宗旨。"在本刊"简章"中介绍，共分为 20 个栏目，分别是：（1）图画，采集教育界人物，男女学校之照片及关于学校之种种图画，用铜版精印，每期插入两张以上；（2）主张，教育上应施设或主张之事，本社主张其必当如此者，以简直之文达之；（3）社说，有关系之文字，非为一事法者，隶此，选论来稿亦附焉；（4）学术，译述关于教育之新学理；（5）教育管理，或译西洋之新法，述实地教授之经验，期有裨于实用，教授案亦附焉；（6）教授资料，叙述可供教授上参考之学理事实，已为讲授之资料；（7）史传，关于教育之史事及著名教育家之传记；（8）教育人物，记述今关于教育人物之事实或更评论之；（9）教育法令，采录关于教育之上谕法规；（10）章程文牍，采录学务上之各种章程文牍；（11）纪事，分本国外国二部，记录关于教育之新闻；（12）调查，或为统计，或为报告，或为一事之本末，或为一处一隅之情形，或为各处物产风俗之调查；（13）评论，评论一事之是非得失；（14）文艺，或撰教育小说，或选录关于教育之诗词杂著，学校唱歌亦附焉；（15）谈话，撰译童话寓言等，以有兴味而合教育旨趣为主；（16）杂纂，纂录笔记格言杂文等；（17）质问答疑，教育界诸君如有疑难垂询，本社当酌夺详复，其有关余者，当刊入此门以与阅者互相商榷；（18）绍介批评，新出之书，当加以批评，绍介读者；（19）名家著述，译精要之著述，按期刊入；（20）附录，无可归类者附录卷末，本国外国中等以上之校招者问题，或检定教员考验之问题，亦择要采录。

《教育杂志》月出一期，每月 25 日发行，约五六万字，上述栏目虽不能同时具备，但至少在十几种以上。在陆费逵的主持下，《教育杂志》题材广泛，中外兼收，成为当时影响很大的教育刊物，对促进我国教育近代化进程，功不可没。

第一，倡导教育教学改革。在陆费逵的主持下，《教育杂志》发表了大量有关教育改革问题的文章，从其创刊后的前两年（1909—1910）来看，以"社说"栏目为例，就有许多关于教育教学改革的论文。如陆尔奎的《论普及教育宜先注重宣讲》、沈颐的《论小学校之教授国文》、庄俞的《论小学教育》、陆尔奎的《论简易识字宜先定为义务教育》、胡复来的《论今日宜注意于人才教育》等。陆费逵本人更是亲自执笔，针对现行教育的弊端，发表了一系列很有见地的论文。诸如《普通教育当采用俗体字》（1909 年第 1 期）、《论缩短在学年限》、《改用阳历》（1909 年第 2 期）、《学生与国民捐》（1909 年第 3 期）、《三种初等小学与高等小学衔接办法》、《省视学鄙视乡间子弟》、《中学以上学生之前途》（1909 年第 5 期）、《减少授课时间》（1909 年第 7 期）、《小学堂章程改正私议》（1909 年第 8 期）、《论今日学堂之通弊》、《柿州某君论师范风潮书》、《采用全日二部教授》（1910 年第 2 期）、《论各国教科书制度》（1910 年第 6 期）、《男女共学问题》（1910 年第 11 期）、《论中央教育会》（1911 年第 8 期）、《色欲与教育》、《呜呼韩国之学部》（1911 年第 9 期）、《敬告民国教育总长》（1911 年第 10 期）、《民国初通学制议》（1912 年第 1 期）。这些文章，既有论述学制的，又有论述教科书的，还有谈论俗体字的，体现了陆费逵的早期教育思想。

第二，传播新式教育思潮。在陆费逵的主持下，《教育杂志》刊载了教育界许多专家学者的文章，引进了西方先进的教育思潮，有力地推动了近代教育思想的形成与发展。诸如陆尔奎的《论普及教育宜先注重宣讲》（1909 年第 1 期），认为教育分为"人才教育"与"国民教育"两种，特别重视全体国民的教育，整体素质的提升教育，认为这是立国之根本。他说："国民教育，以本国立国之宗旨培养人民，而使之统同齐一，以为国民精神元气者也"，所以"国民教育视人才教育为重。"如此一来，就要特别注重贫民的教育，将教育推广及民间大众。李廷翰发表《贫民教育谈》一文，鲜明地提出："教育宜普及，舍贫民而不教育，普及云乎哉？教育宜平等，以其为贫民而不教育，平等云乎哉？王侯无种，将相亦无种，贫民之间，安知无豪杰？抑今日者，外权日扩，内势寝危，犹不群策群力以图强，即今日之富民，即为后日之贫民，固意中事，毋宁急行普及平等之主张，使今日之贫民，悉为后日之富民乎？"（1909 年第 1 期）实际上，陆费逵所发表的《普通教育当采用俗体字》一文，不仅是提出应用俗体字的第一人，而且是推广国民教育的重要方针。他"缩短在学年限"的主张，也是以此为出发点的。著名教育家庄俞发表了系列文章，如《论地方学务公款》（1909 年第 8 期）、《论各地方宜设教育会议》（1909 年第 11 期）、《论劝学所之职员》（1909 年第 12 期）、《敬告劝学所》、《敬告地方视学员》、《敬告客籍教员》、《敬告转学学生》、《论预备立宪第二年之教育》（1909 年第 13 期）、《论各省可不设存古学堂》（1911 年第 5 期）；蒋维乔的系列文章，如《论小学校以上教授国文》（1909 年第 3 期）、《论学堂轻视体育之非》（1909 年第 6 期）、《论教育与宗教不可混而为一》（1909 年第 10 期）、《初等小学勿用操衣》（1909 年第 8 期）、《临时考试之宜废》（1910 年第 3 期）、《论宣统二年之教育》（1911

年第 1 期）；沈颐的系列文章，如《论小学校之教授国文》（1909 年第
1 期）、《论女子之普通教育》（1909 年第 6 期）、《年假说》（1909 年
第 13 期）、《论宜樽节教育费以推广教育》（1910 年第 4 期）、《小学
校与家庭》（1910 年第 7 期）、《论劝学所不负筹款之责》（1910 年第
9 期）、《论改良私塾》（1910 年第 12 期）、《论缩短立宪年限与教育之
关系》（1911 年第 1 期）。以上述专家学者为代表，从多个方面、多
个角度探讨了中国教育所面临的问题，有针对性地提出一些解决问题
的措施。他们的教育主张，反映了当时教育界研究的最新成果。有些
观点与主张，与陆费逵的观点不谋而合，比如女子教育问题、宗教与
教育问题、预备立宪与教育问题。

　　第三，编辑体例的创新。在陆费逵的主持下，《教育杂志》在
1911 年改革编辑体例，由原来的 20 个栏目简化为 15 个栏目，在第
1 期上公布："本杂志发行之初，颇偏重于趣味一面，其后渐趋实际，
效果稍著。此后除言论外，当侧重学术、实验、教材、修养、调查
等门，以期我国教育日起有功，是则本社之私愿也。"与创刊号相比，
言论，凡有关教育之言论，或敷陈其事之设施方法，或评论其事之
是非得失；实验，"教授管理训练等，皆入此门"；教材，即教授材料；
修养，关于道德、习学、锻炼、卫生等，为教员学生所应知者；记
事，分大事记、学事一束二种，大事记专记有关吾国教育进行及世界
教育大改革之事，学事一束则杂记时事；名著，即名家著述；附录，
分事件、绍介新书、杂录三种。可以说，陆费逵对《教育杂志》栏目
设置的改革，更加适应了形势发展和读者的需求。

　　由于内容趋新，名人名家文章多，编辑体例合理，所以陆费逵主
持下的《教育杂志》在发行之初，就得到了读者的喜爱，发行遍及国

内外。在 1909 年第 10 期"本刊特别广告"中指出："本杂志发行以来，未及一载，同人才力短绌，缺点兹多。乃承读者不弃，销行之数业已逾万。南至叻埠（我国侨民称新加坡为石叻或叻埠），北抵蒙古，东经日韩已达西半球，西由陕甘而及新疆，此固同人始愿所不料，足征我国教育进步之速也。"当然，刊物发行量大，日益增多，一方面，说明学校增多，教育不断进步。另一方面，这与杂志的办刊水平，即切合读者的实际需要，更是有着密切的关系。

作为杂志的总编辑，将自己关于教育问题的亲身经历，写成文字介绍给广大读者，是陆费逵的一贯做法。1911 年 5 月，清政府学部在北京召开中央教育会，历时一个月的时间，目的在于"集思广益，补助教育行政"。会上通过了一系列的议案。陆费逵以《教育杂志》记者的身份，"幸得与旁听之列"。会后，他写成《论中央教育会》一文，把自己在会上的所见所闻，亲自悟出的体会，刊载在当年的《教育杂志》上。首先，他介绍了人们对这次会议的态度。他初到北京时，"人言啧啧"，"赞成兹会者有之，嘲笑兹会者亦有之，大概可分为三派。"这三派的意见，各持一端，"绝不相同"。其次，他提到了会议议决的各项议案。"本届议决各案，裨益于初等小学者最巨。若义务教育章程，若国库补助养成小学教员经费案，若变更初等教育方法案（列手工为必修科，不设读经讲经科目，男女同校），皆直接间接助初等教育发达者也。"在陆费逵看来，这些议案中，"尤以初小男女同校，关系尤大。盖不如是，则女子终不能受义务教育也。"再次，他谈到了人们对于初小"不设读经、讲经科"的争论，特别是军国民教育案，"争论亦极激烈，然皆有所蔽。"还有，关于是否统一国语的问题。最后，他表达了对整个会议的看法，认为："就议决各案观之，成绩卓然。第一次开会已能如是，实可喜之现象。惟今年之弊有三。一则朝野显分二派，时为无谓之竞争。一则各省会员，纷纷提议，深明教育之会员，不能以同一眼光，向同一之目的进行。（变通初等教育方法案，本为联合会议决案，各员合力进行，故结果独佳）一则会场房屋，不能聚音，常有误听之处。窃谓明年当于此三点注意，则成绩必更可观也。"①

对于参加会议的行程，陆费逵有过描述："辛亥之夏，中央教育会开会，我入都旁听。六月十日，乘招商局新丰轮船，十一（日）早发上海，余携眷行。因外舅宦京师，内子藉此以归宁也。同行者张君菊生、汪君美臣，舟中又遇陈君叔通、姚君作霖、杜君海生、项君兰生、邵君仲威父子等，故颇不寂寞。"轮船沿海北上，经烟台、大沽口、天津，然后转乘汽车，前往北京。到达北京时，"孙君伯恒等在车站相迓，外舅亦派马车来迎。乃令内子乘马车先行，余等到税关照料检视。粤事起后，检查倍严，见新式皮包，则尤注意，其心理可知矣。余等在税关一小时，方验毕放行。余即寓外舅处。……张君本住六国饭店，后以宾客往来，诸多不便，又以外舅坚邀，遂来同寓，以便朝夕过从焉。"②可见，中央教育会是汇集当时教育界、文化界名流的会议。通过这次会议，陆费逵遇到和结交了许多知名人士。

同年，中国教育会在北京成立，陆费逵起草了《中国教育会章程》。共分总纲、组织、会务、会议、评议会、经费六章。另外，附则、评议会细则、干事部细则。其中，在第一章的"总纲"中，堪称该会的总原则："第一条本会以谋全国教育之发达及其改良为宗旨。

---

① 陆费逵：《陆费逵文选》，中华书局 2011 年版，第 96—100 页。
② 吕达主编：《陆费逵教育论著选》，人民教育出版社 2000 年版，第 81—82 页。

其纲要如下：一、应世界之趋势，以定教育之方针。二、察社会之责状，以求教育之进步。第二条本会注意事项，列举如下：一、国民教育之普及。（男女无歧视）二、人才教育之设施。三、提倡男女补习教育及职业教育。四、为年长者设短期教育，以应社会之急需。五、提倡通俗教育。各种教育事业，皆以致用为目的，并养成勤俭勇信之学风。女学以养成贤母良妻为主。"在评议员的名单中，有许多教育界的专家和社会上的知名人士，如范源廉、沈恩孚、杨度、严复、姚汉章、黄炎培、孙雄、宋育仁、陈宝泉、傅增湘、谷钟秀，等等。在干事部细则中，分为编辑股、调查股、文牍股、会议股、庶务股，"以上各股，由会长将全体会员指定。每股若干人，于股员中互选一人为股长，一人得兼任二股以上。"① 陆费逵担任编辑股股长，并兼任调查股股员。编辑股的主要职责是编辑书报、议案章程的起草工作。

陆费逵主持《教育杂志》时，利用一切机会，广泛接触社会各界人士。出席中央教育会议，起草中国教育会章程，参观北京、天津的学堂，这些给他留下了极为深刻的印象，为日后事业发展奠定了基础。更为重要的是，陆费逵与蔡元培、范源廉、张元济、张謇、黄炎培等著名人士的交往，这些大师级的人物，都是饱读国学、学贯中西的学者，进一步加深了他对中国社会与教育问题的认识，尤其是教育与社会变革、教育与国家兴亡的关系，以及国民教育、教科书的编纂等，这对于他以出版服务教育，以教育促进社会发展的思想之形成，以致成为近代著名的出版家，均起到了十分重要的作用。

---

① 陆费逵：《陆费逵文选》，中华书局 2011 年版，第 101、105 页。

第三章

创办中华书局

任何人事业的成功，一方面得益于个人的努力，另一方面要靠社会提供的机遇。对从事出版事业的人来说，本身所具备的才学、出版经验和敏锐的预见能力，无疑是重要的。陆费逵以超乎常人的毅力，自学成才，服务社会后一直没有离开书业，这都是一些宝贵的经历，表明他已具备了自行创办出版机构的素质。1911 年辛亥革命爆发，政体的变更为他创办中华书局，提供了良好的机遇。

一、辛亥革命的爆发

陆费逵借辛亥革命的东风，筹备并创立了

中华书局。所以从某种意义讲，中华书局是辛亥革命的产物。

自鸦片战争以来，由于外国列强对中国侵略的日益加深，《南京条约》、《马关条约》等一系列不平等条约的签订，特别是庚子事变以后，丧权辱国的《辛丑条约》，使清政府沦为了"洋人的朝廷"，民族危机与社会危机空前严重。资产阶级革命党人站在时代的前列，认识到清政府腐败是招致外侮的根源，因而明确提出："欲思排外，则不得不先排满；欲先排满，则不得不出以革命。革命革命，我同胞今日之业，孰有大于此乎？"[①] 为实现抵御外侮、建立民主国家的理想，他们成立团体，发展革命势力；著书立说，大造革命舆论；不怕牺牲，发动武装起义，在全国各地产生了广泛的影响。这时候，大失人心的清政府已失去了往日的统治基础，处于一片风雨飘摇之中，就像"一座行将倒塌的房屋，整个结构已从根本上彻底地腐朽了"，"中国现正处在一次伟大的民族运动的前夕，只要是星星之火就能在政治上造成燎原之势"，"全国革命的时机，现已成熟。"[②]

1911 年 10 月 10 日，湖北革命党人首举义旗，伟大的辛亥革命爆发。起义很快得到了南方各省的纷纷响应，清王朝的垮台已是指日可待。随着武汉、长沙、上海、南京等地的光复，资产阶级共和国政府的成立，已提到了议事日程。

面对清廷所面临着"山雨欲来风满楼"的形势，各种不同利益集团分别做出了不同的反映。以孙中山为代表的资产阶级革命党人，以推翻清廷、建立民主共和国为己任，并为此抛头颅、洒热血，进行坚持不懈的努力。清政府对于燃烧起来的熊熊烈火，调兵遣将，企图全

---

① 吴樾：《暗杀时代》，《辛亥革命》（二），上海人民出版社 1957 年版，第 382 页。
② 《孙中山全集》第 1 卷，中华书局 1981 年版，第 254、255 页。

力镇压，幻想挽救行将倒塌的统治大厦，但"心有余而力不足"，已是无可奈何花落去。借此东山再起的袁世凯集团，试图在革命到来之时，趁机攫取更大的政治权力，以建立北洋集团的统治。他们得到帝国主义列强的支持，也受到资产阶级立宪派的拥护。尽管各阶层的人们因政治立场不一致，从而对革命的态度反应不一，但推翻帝制、建立民主共和制度，已形成一股不可逆转的潮流，这是人心所向，大势所趋。

武昌起义爆发以后，不到一个月的时间，南方大半个中国宣布独立，脱离清政府的统治。而直接面临的现实是，各省独立为政，缺乏一个统一政权的领导，对革命形势的发展极为不利。然而，国内各派政治力量相互纠缠，各抒主张，错综复杂。大批原属清廷的督抚、要员、将官等，也出于种种目的，或者倒向革命，或者参与组阁，或者坐等时变。所以，革命党人建立民主共和政府的任务就显得异常艰难。在革命阵营的内部，以湖北为代表的首义革命党人与南京、上海为代表的江浙革命党人，先后倡议各省选派代表，召开会议，商定成立共和政府大计。但就开会地点、代表人数以及组建政府规则等，发生了比较大的争议。同时，清政府任命袁世凯为内阁总理大臣，全面负责镇压南方革命。果真，北洋集团一上阵，不久就兵临汉口城下。但是，袁世凯出于捞取个人政治资本的目的，采取了武力威慑与谈判讲和两手并用的策略。历史进程往往就是这样，不会是一帆风顺的，总是在合力的作用下缓缓前行。1911 年 12 月 25 日，长期从事反清活动的孙中山抵达上海。29 日，南方 17 省代表选举孙中山为临时政府大总统。

1912 年 1 月 1 日，孙中山在南京宣誓就任临时大总统，中华

民国宣告成立。他在《临时大总统就职宣言》中指出，临时政府是
革命时代之政府。其任务是扫除专制之流毒，确定共和，以达革命
之宗旨。从次日起改用公历，1912 年为中华民国元年。从此，民
主共和制度取代了延续二千余年的封建帝制，中国历史揭开了新的
一页。

二、创办中华书局

陆费逵自步入社会以来，对中国教育问题有了切身体会和深刻
认识，特别是出版与文化与教育的关系。教育是培养人的一种社会活
动，是为一定社会的政治、经济服务的。每当社会发生变革或革命，
总会带来教育的革新。近代时期，随着西学东渐的深入，以科举教育
为主体的中国传统教育体制，不断受到有识之士的抨击，变通科举、
讲求实学的呼声一直不绝于耳。从魏源提出"师夷长技"、洋务时期
的学习西技，到清末时期的学习西政，直到科举制度的废除，都反映
了近代教育变革的大势所趋。

然而，任何事物的变革都有一个过程，外因总是通过内因而起作
用。就教育的变革而言，是一个庞大的系统工程，不可能一蹴而就，
它总是先从教学内容上的更新开始。而教学内容的更新，又集中体现
在教科书内容的变化上。清末以来，商务印书馆、文明书局等民营出
版业，成为供给各种新式学堂教科书的主力军，它们以教科书为主要
业务。有的学者指出："教育离开了教材是没有法子进行的，这就使
得教科书的编写与出版有了史所未有的广阔空间。比起纯粹的教育中

人来，出版家们更敏锐地感知春声与秋叶，捕捉到时代，也捕捉到商机，他们成为教科书革新的发动者，并在教科书的编写中发挥着主体作用。"① 教科书是反映时代与社会变化的指针，对处于近代变局中的出版家来说，谁最先觉察到了这一点，谁就能够掌握主动权，占据出版业的制高点。正因为如此，在教科书编纂上，其内容适合社会变化的需要，也往往成为新书局崛起的突破口。

武昌起义的爆发，革命形势的迅猛发展，政治格局的变化莫测，影响到社会生活的各个层面，对于以服务文化教育为职志的出版业来说，当然不能置之度外。作为当时最大的民营出版机构，商务印书馆的政治立场可以说举棋不定，左右为难。身为商务决策人之一的张元济在革命与立宪之间，寄希望清政府制定一部宪法，明确各部门的权限，来保证国家和社会的正常秩序。不言而喻，这时的张元济，对于武昌起义后革命最终是否能够成功，还是持一种观望的态度，甚至犹豫不决。1911 年 3 月 29 日，黄花岗起义发生后，商务印书馆影响颇大的刊物《东方杂志》载文述评，将起义的革命者称为"广州乱党"，说他们"以数十人攻扑督署，军械锐利，气势凶勇，殊为近年来所罕见。"并庆幸清政府有所防备，"迅速扑灭"了"乱党"。接着，希望清政府"正本清源"，顺从民意，"整理政务以慰民望，发达经济以厚民生。"还应当"采舆论以达民意，去厌制以洽民情为急，使四百州以内，不复再有此残杀之事"。② 对清政府起而振衰除弊，表现出了一定程度的焦虑和期待。固然，我们不能认为，作者的立场就是商务印书馆的立场，但刊物发表何种文章，表达一种什么样的倾向或信号，

---

① 王建辉：《近代出版与近代教育》，《编辑之友》2001 年第 6 期。
② 杜山桂：《广州乱事》，《东方杂志》第 8 卷第 4 号，1911 年 6 月 21 日。

与刊物的主办者不能不说有一定的关系。这种传达出来的信号，就是商务印书馆对清政府的垮台在即、行将就木，还缺乏十足的把握。

实际上，对于武昌起义爆发后的形势，商务印书馆并非没有一点预备，并非没有采取一点应对措施。就在武昌革命军起事后的第四天，商务编译所召开会议，做出决定："因武昌革命军起，商业大有影响，各部稿件有可缓排缓印者，均提议从缓。唯英文国文二部照旧从事。"又过了几天，张元济、高凤谦等人提出，把革命党人起义的事实，搜集材料编成书籍发行，如《广州革命纪事》、《革命党小传》、《革命纪》等。《东方杂志》也载文指出，人祸、天灾是导致革命的主要原因："下有鼓吹革命之党人，而上复有制造革命之官吏。立宪其名，专制其实。商路则收为国有，外债则任意大借，代表则递减回籍，内阁则专任亲贵。凡可以离民之心，解民之体者，行之唯恐不力。又值各省水灾，饥民遍地，天时人事，相逼而来。"于是，"革命军之旗帜，遂翘然高举于禹域之内矣"。① 随着革命浪潮的进一步发展，尤其是 1911 年 11 月上海革命军发动响应武昌起义，商务印书馆对革命的态度有所转变，曾捐献一些书款用来资助上海起义军，并出版了数种宣传革命的书籍。

只是，商务印书馆在变更教科书的内容方面，相对来说反应得还是迟钝了一些。商务印书馆的主要出版业务是教科书，政治立场的犹疑，求稳怕乱的心态，在一定程度上制约了它对时局的判断，这在出版适应政局变化之教科书内容的更新方面，表现得尤为明显。郑逸梅曾撰写《中华书局是怎样创始的》一文，这样描述当时商务印书馆

---

① 伧父：《革命战事纪》，《东方杂志》第 8 卷第 9 号，1911 年 1 月 15 日。

所面临着的抉择：1911 年，推翻清朝的革命潮流，奔腾澎湃，不可遏止。这时商务印书馆当局对于发行下学期的教科书大为踌躇。他们觉得，如果仍旧印那些"龙旗向日飘，皇帝万万岁"的课文，深恐革命成功，数量很多的封建陈腐的教科书，就将成为废纸，这不是一笔很大的损失吗！但又觉得，要是编印革命教科书，万一革命不成功，那就触犯清廷，如何得了。考虑再三，均无妥善之计。其实，面对"日增月盛"的"革命声势"，"商务同人有远见者，均劝菊生，应预备一套适用于革命后之教科书。"但向来精明强干、措施得当的张元济，"提及革命，总是摇首"，"以为革命不能成功，教科书不必改。"[①]。作为商务印书馆这艘出版业中最大航船的掌舵人，张元济在经营方针上不会轻易去冒风险，总是采取稳健或妥当的策略，这种求稳怕乱的心理也是可以理解的，正所谓大有大的难处。

商务印书馆在政局变化面前对教科书是否更改问题上的反应迟钝，或者说出于稳妥出版策略的考虑，恰恰给善于把握商机、果敢决断的陆费逵创办新式书局带来了良好的机遇。机会，总是光顾那些时刻努力而有所准备的人们，陆费逵早年受《革命军》、《警世钟》等书籍的影响，参加过日知会，思想上倾向反清革命。1911 年春，他帮助革命党人吕烈曜到广州，参加著名的黄花岗起义。起义失败后，吕烈曜负伤返回上海，陆费逵冒着风险，将其藏匿在自己的寓所。清政府的腐败无能，朝政日非，革命党人浴血奋战，陆费逵看在眼里，记在心里，由此对革命的成功抱有很大的信心，认为革命必定成功。与此同时，他想到了另一个更深的层面，就是把教科书内容的更新与巩

---

①　蒋维乔：《创办初期之商务印书馆与中华书局》，张静庐辑注：《中国现代出版史料》（丁编）下卷，中华书局 1959 年版，第 398 页。

固革命的成果联系了起来，产生了"教科书革命"的思想。他认为，
教科书不革命，则"自由真理、共和大义莫由灌输，即国家界说亦不
得明"，"民国成立，即在目前，非有适宜之教科书，则革命最后之胜
利仍不可得。"① 他决定未雨绸缪，另创书局专营出版事业。与陆费逵
有深交的庄泽宣回忆说，不久革命爆发，便知道他有意创办中华书
局，也许我是知道这件事最早者之一。可见，在武昌起义爆发之后，
尚在商务印书馆任职的陆费逵，就开始做着一些准备工作。这就是，
暗中编辑适应政局变化的教科书。他们都是商务印书馆的骨干人员，
从事着编辑、印刷、发行的业务，熟悉出版流程，亦熟悉教科书与教
育、社会变化的关系，具有敏锐的创业意识。中华书局成立后不久，
其创始人之一的陈寅曾回忆说："客岁革命起义全国响应，阴历九月
十三日（11 月 3 日），上海光复，而苏杭粤相继下。余于九月十六日
（11 月 6 日），与同志辈共议组织中华书局。良以政体改革，旧教科
书胥不适用，战争扰攘之际，未遑文事，势所必然。若以光复而令子
弟失教，珠非民国前途之福也。协商数日，遂定议，一面编辑课本，
一面经营印刷发行事宜。"事情并非如想象的那样顺利，遇到的困难
很多，他们志同道合，抱定宗旨，坚持信念。在袁世凯军队攻下汉阳
之时，虽"群起沮之"，但他们"不为动也"。② 就这样，陆费逵等人
从制订计划、筹集资金，到编写新的教科书等，一切都在有条不紊地
进行着，只是在等待合适的时机。这一天，终于在孙中山就任临时大
总统之时到来了。

　　1912 年 1 月 1 日，中华书局在上海成立，陆费逵被推举为局长。

---

① 陆费逵：《中华书局宣言书》，《申报》1912 年 2 月 23 日。

② 陈寅：《中华书局一年之回顾》，《中华教育界》1913 年 1 月号。

初创之时，为陆费逵、戴克敦、陈寅三人合资公司，股本为二万五千元。2月，加入沈颐、沈继方，为五人合资公司。10月以后，资本扩充至七万五千元，其中创办人占五万元，留出二万五千元，备局中办事人之无股本者及外间有关系者附入，股份开始向社会作有条件的开放。

第四章

顺应时势立基业

民国建立，一派新气象，新生的中华书局适逢其时。在大好机遇面前，陆费逵自然不会放过。他提倡"教科书革命"，推出"中华教科书"，广设分局，创刊杂志，中华书局初立基业。

一、"教科书革命"

陆费逵有备而来，在宣告中华书局成立之时，正是民国建立、面临教育改革的当务之急。民国教育变革的有利形势，成了他为中华书局开辟局面的契机。

1912 年 1 月 3 日，南京临时政府任命蔡元培为教育总长，9 日，民国教育部正式成立。在蔡元培的主持下，采取了一系列的改革措施，主要体现在《普通教育暂行办法》（14 条）和《普通教育暂行标准》，由陆费逵、蒋维乔等人起草。1 月 19 日，南京临时政府正式颁布。主要规定有：从前各项学堂，均改称为学校。监督、堂长应一律改称校长；各府州县小学校，应于 3 月 4 日（阴历壬子年正月十六日）一律开学；初等小学校可以男女同校；凡各种教科书，务合乎共和民国宗旨。清学部颁行之教科书，一律禁用；凡民间通行之教科书，其中如有尊崇满清朝廷及旧时官制、军制等课，并避讳、抬头字样应由各书局自行修改，呈送样本于本部及本省民政司、教育总会存查；小学读经科，一律废止；高等小学以上体操课，应注重兵式；初等小学算术科，自第三学期起兼课珠算；中学校为普通教育，文、实不必分科；旧时奖励出身，一律废止。初、高等小学毕业者，称初、高等小学毕业生。中学校、师范学校毕业者，称中学校、师范学校毕业生。在《普通教育暂行课程标准》中，规定了小学、中学、师范学校的课程设置及时数。小学设置修身、国文、地理、算术、体操等科目，高等小学则在此基础上增设外语、图画、手工、裁缝等课程，中学、师范学校在此基础上增设理化、音乐、家政等课程。[①] 除此之外，教育部还规定，《大清会典》、《大清律制》、《皇朝掌故》、《国朝事实》等一些不符合民主共和精神，以及其他所有不是学校应当讲授的科目，一律废止。至于清朝御批等书，一律禁止滥用。

刚刚成立的民国政府，对于教育改革的重点，主要表现在教学内容与课程标准的修正上。除了废除清朝原来规定的内容和标准外，还

---

① 陈学恂主编：《中国近代教育史教学参考资料》（中册），人民教育出版社 1987 年版，第 166—167、168—175 页。

把民国的一些新的价值观念加入教科书内容中，诸如公民道德、商业实业、社会教育、军国民教育等。对此，蒋维乔曾给予很高的评价。他说，《普通教育暂行办法》（14 条），"革除前清学制之弊，开新学制之纪元，于全国教育停顿、办法分歧之时，赖此通令，得以维持，其影响实非浅鲜。"《普通教育暂行课程标准》，"以后小学中学师范之课程，虽与此标准略有出入，然大体相类。直至十一年采取美国制，颁布新学制时，此标准始失其效力。"① 民初教育出现了新气象，战时关停的学校恢复上课，大批新式学校建立。1912 年，全国学校数达 87272 所，学生数达 2933387 人，与 1909 年相比，学堂数增加近28000 所，在校人数增加 130 万人。

正是在民国教育改革的新形势下，诸如教育内容的改革、学校秩序的恢复、新式学校的建立，毫无疑问，适合新要求的教科书的供应，更是成为当务之急。陆费逵手创中华书局，以新式教科书为突破口，揭起"教科书革命"的旗帜，恰逢其时。

1912 年 2 月，"中华教科书"开始出版，至 1913 年出齐。共有初等小学修身、国文、算术、习字帖、习字画 5 种 40 册，教授书 3种 24 册；高等小学修身、国文、算术、历史、地理、理科、英文、英文法 8 种 33 册，教授书 6 种 28 册；中学、师范用书共 27 种 50 册。这些教科书，不仅开创了清末以来教科书的新纪元，也是推翻了封建帝制，建立共和民国后的第一套教科书。

陆费逵撰写《中华书局宣言书》，刊登在《申报》上。他公开申明："立国根本，在乎教育，教育根本，实在教科书。教育不革命，

---

① 蒋维乔：《民元以来学制之改革》，《光华月刊》1936 年第 1 期。

国基终无由巩固；教科书不革命，教育目的终不能达也。往者，异族当国，政体专制，束缚压抑不遗余力，教科图书钤制弥甚，自由真理、共和大义莫由灌输，即国家界说亦不得明，最近史事亦忌直书。哀哉，未来之国民，究有何辜，而受此精神上之惨虐也。同人默察时局，眷怀宗国，隐痛在心，莫敢轻发，幸逢武汉起义，各省响应，知人心思汉，吾道不孤。民国成立，即在目前，非有适宜之教科书，则革命最后之胜利仍不可得。爰集同志，从事编辑，半载以来，稍有成就，小学用书业已蒇事，中学、师范正在进行。从此，民约之说，弥漫昌明；自由之花，橘皇灿烂。俾禹域日进于文明，华族获葆其幸福，是则同人所馨香祷祝者也。兹将本局宗旨四大纲列左：一、养成中华共和国国民；二、并采人道主义、政治主义、军国民主义；三、注重实际教育；四、融和国粹欧化。"[1] 其实，陆费逵创立中华书局，本身就是中华民国的产物，当然无须置疑，它出版的教科书，就是为民国政体服务的。以"中华教科书"《国文》（高等小学）"编辑大意"为例，"本书以养成中华共和国高等国民为宗旨，以独立、自尊、自由平等为经，以实业思想、军事思想为纬"。[2] 可见，"中华教科书"的编辑思想，与教育部颁行的《普通教育暂行办法》（14 条）和《普通教育暂行标准》及其教育方针是一致的，也反映了以陆费逵为首的创业者们顺应时势、敏锐开拓的精神。

1912 年 2 月 22 日（阴历正月初五），中华书局正式对外营业，地址在上海福州路东首巡捕房对门，租赁楼下店面三间。其时，有编辑、办事人员共十几个人。11 月，编辑增加至 40 多人，办事员 50

---

① 《申报》1912 年 2 月 23 日。
② 《中华教育界》1912 年 2 月第 1 号。

多人。中华书局迁至河南路 5 号，共有三层楼房，三楼为编辑所，二楼为营业所，楼下为发行所。开业第一天，售五元，第二天售百余元。从第三天开始批发，增至五六百元。不久，按照教育部规定的新课程标准，各初、高等小学春季用书，需求量较大，"中华教科书"深受欢迎，"开业之后，各省函电交驰，门前顾客坐索，供不应求，左支右绌，应付之难，机会之失，殆非言语所能形容，营业之基础立于是；然大势所迫，不容以小规模自画矣。"①

在这种情形下，陆费逵等人计议，应当扩大规模，增添资本，广设分局，自办印刷，走上了快速发展之路。

二、设立分局

陆费逵创办中华书局后，把设立分局的事宜提到议事日程。1912年，他安排专人分赴各地，或通过书信联络的方式，共建立了 9 个分局，分别是北京、天津、南昌、奉天、汉口、广州、杭州、南京、温州。起初，由于受人力财力所限，他确立设立分局的原则：（一）与当地的书店合作，主要是由它们代销中华版图书；（二）联络当地的士绅，由他们出面担任经理，利用其影响力，与之协商开办分局；（三）重要城市无人合办者，就自往开设；（四）在有的城市设特约经理处，挂"中华书局 × 记"招牌，称"挂牌分局"。总体来看，这种做法投资较少，见效比较快，但也有弊端，主要是权力分散，监督性

---

① 陆费逵：《陆费逵文选》，中华书局 2011 年版，第 386 页。

不强。当时，这也是迫不得已之举，抑或说是一种权宜之计。在陆费
逵看来，无论如何先把它们建立起来，至少要让社会上知道，有一个
新的出版业，重要的是中华书局的广告效应。

1913 年 1 月，长沙、汉口、太原、许昌、长春、保定等分局建
立。同时，陆费逵去广州视察分局。在年末的股东常会上，他报告
了设立分局的情况。他说："分局之设，始于南昌、天津，经理得人，
成绩颇著。去冬，余偕戴君劼哉往京、津、奉、汉，布置一切，阴历
岁暮，复往广东。各省销数，大概有分局者较佳，以供给足而呼应灵
也。今年更设湘、鄂、晋、豫及长春、保定等处，成绩皆可观。本年
三个月之贸易，已足抵客岁入年而有余。"① 随后，中华书局分局多有
建立。1914 年分局达到 27 处，1916 年增至 40 处，其中有香港、新
加坡分局（当时称"分店"）。以后，分局之增设，名称虽有不同或变
更，但总数基本维持在 40 余处。在陆费逵的指导下，确立各分局的
组织机构。在各地分局，设置分局长 1 人，或设副分局长 1 人，酌设
账务、营业、文书、调查等若干科。还有的分局(店) 设立支局(店)，
如杭州分店 1923 年在兰溪设立支店，张家口分局于 1925 年设立邢台
支局，广州分局于 1926 年设立梧州支局（第二年改为分局，不再受
广州分局管辖）。

陆费逵设立分局的做法，对于新生的中华书局起到了重要的宣
传作用，出版物发行销路日广，为公司带来了利润。以二十年代末
与三十年代初为例：1928 年 7 月至 1929 年 6 月，公司营业总额 283
万余元，其中分局 101 万，约占 17%。1929 年 7 月到 1930 年 6 月，

---

① 钱炳寰：《中华书局大事纪要（1912—1954)》，中华书局 2002 年版，第 8 页。

公司营业总额 335 万，其中分局 138 万，约占 41%。1931 年 7 月至 1932 年 6 月，公司营业总额 367 万，其中分局 164 万，约占 45%。 1932 年 7 月至 1933 年 6 月，公司营业总额 397 万，其中分局 168 万， 约占 42%。1933 年 7 月至 1934 年 6 月，公司营业总额 412 万，其中 分局 167 万，约占 40%。1934 年 7 月至 1935 年 6 月，公司营业总额 470 万，其中分局 189 万，约占 40%。

陆费逵对于分局的管理制度，特别是在用人和监督方面，以 1917 年为界，大致可分为前后两个阶段。

此前，他对于分局的开设，以追求数量为主，意在扩大影响，但 管理和监督制度不太健全，可以说比较松散。随之而带来的问题：一 是用人权。有些分局或支局，由于办得仓促，特别是以当地的士绅、 富商为经理，他们往往不顾大局，以私利为先，任人唯亲。不但营业 不景气，反而败坏了书局的声誉。二是收账权。有些分局特别是一些 特约经销店，或挂牌某记，往往总局提供的图书销售以后，难以收上 账来。他们或拖账，或赖账，使总局有本难还。这些分局，可以说有 分局之名，没有分局之实。"民六危机"发生的一个重要原因，就是 "进行无计划"，其中，"分局开设太滥，竟有未设分局之前年可批发 万元，一设分局反不过汇沪数千元者，其故由于僻地营业不易扩充， 分局开支又不节省。"既然建立起来了，对于营利不佳的分局，应当 关闭者，"因恐损体面而受影响，于是初则优容，继则跋扈，终且不 可收拾。"①

此后，他吸取教训，对分局的管理开始严格起来，特别是在用人

---

① 钱炳寰：《中华书局大事纪要（1912—1954）》，中华书局 2002 年版，第 33—34 页。

权、管理权上，予以整顿。其中，最重要的是收回自办。实际上，陆费逵早就预见到了"挂牌"分局的弊端，只是限于初始，由于人地关系不熟，任用他人是无奈之举。收回自办，是解决此一问题的根本之法。南京分局原由严馥葆于 1912 年包办为特约经理处，因亏耗甚巨，1915 年收回自办，任命李少华任经理。1919 年，陆费逵前往南京、济南、天津、北京、石家庄、太原等地视察分局。此后，分局收回自办的步伐加快。到 1937 年，自办分局 30 处，支局 6 处，均不许在外赊欠银货，与钱庄银行往来遵守总公司制订的规定。领牌之分局均加"记"以示区别，所有银钱往来及一切契约行为，均与总公司无关。另一方面，制订各分局管理办法，加强对各分局的管理。

1922 年，陆费逵召开各分局经理会议，议定各案 30 条，包括备货、添货、结账、推广、营业、统计、账目、代接印件、经营外版、文具等各项实施办法。1923 年，又重订分局同人分派花红办法：经理及副经理，用人在 12 人以下者，合得 50%，12—15 人者得 45%，15—20 人者得 40%。同人花红，除经理所得外，一半照薪水支配（告假 30 天以上者酌减），一半照特别支配。特别支配，包括会计、营业主任、薪小事繁者、全年不告假或不满 20 天者、有特别贡献者，一律报总局核定分发。

1926 年 6 月 21 日—7 月 3 日，陆费逵召开分局经理参加的第二次营业大会。其中的一项重要内容，对分局的员工人数作了定额限制。甲等分局 18—22 人，乙等 14—18 人，丙等 10—14 人，小支局至少 7 人。分局开支，除房租、运费、回佣外，以现并 10%—15% 为准。还提出，创办"巡回文库"，借中小学、图书馆、书报社等场所，巡回陈列宣传。

1932年，他又根据各分局的实际，重新规定用人标准，自次年元旦执行。（一）过去三年现并平均年届三万元以上为第五等分局，连经理准用八人，每加一万元准添一人，至十二人为限，薪水占4%—5%。（二）过去三年现并平均六万元以上为第四等分局，准用十二至十四人，每增一万元许增一人，至十八人为限。（三）过去三年现并平均十二万元以上为三等分局，至少十六人，随营业额可递增，以二十四人为限。（四）过去三年现并平均二十万元以上为二等分局，以二十人为准，不得超过二十八人。（五）过去三年现并平均三十万元以上为一等分局，可用二十八人，营业每增加三万元，加职员、学生各一人。薪水占现并2%，营业发展可加1%。（六）营业在四十万元以上者，副经理不得兼其他事务。同时，还特别强调，分局用人，经理同乡介绍者，考试录取额不得超过四分之一，须凭考卷照片经总局核准。经理绝对不得任用亲戚与族人。以前用同乡超过四分之一者，应加甄别酌量辞退。

陆费逵加强对各地分局的视察，实行视察员定期视察制度，即视察分局简章十四条。规定视察员前往分局视察时，分局供给食宿，应即住分局内。视察内容包括银钱存数、账欠、销号，抽查书刊存数四五十种，当地状况及营业情形、物价、开支等。视察以3—6星期为限，还要写出书面报告，必要时派上级职员复查。视察员于三年内不得去该分局任事，不得干涉其用人行政及营业等事。分局不得以礼物馈送视察员。视察员如有不规行动，分局经理应报告总局。

陆费逵通过不断建章立制，主要是各种用人标准、监督制度的建立，使得分局成为总公司的有机组成部分，同时也为公司带来了巨额利润。而且在时局动荡、变化不定的情形下，不少分局的经理勇于担当、调度得力，为中华书局的发展作出了贡献。

三、创刊杂志

陆费逵在服务书业，特别是在商务印书馆任职时，积累了丰富的经验。他深知，创办杂志，强化宣传与出版图书是相得益彰、相辅相成的关系。这对于一个新兴的出版业来说，至关重要。因此，他把创办杂志，作为中华书局出版业务的重要部分。

陆费逵创办中华书局是以教科书为突破口的，他的教育思想深刻地影响着其出版理念。所以，他在中华书局创办的第一份刊物，就是《中华教育界》。该刊创办于 1912 年 3 月 25 日，以此服务民国教育为宗旨，着力介绍新兴的学术思想，国内外教育新理论、新举措，以此作为我国教育改革的借鉴。许多西方教育理论、教育方法，《中华教育界》都作了不遗余力的介绍。比如，儿童中心主义、蒙特梭利法（旧译蒙铁梭利）、杜威实用主义教育哲学、孟禄教育方法改革、道尔顿制、设计教学法、文纳特卡制、葛雷制、德克乐利教学法等。对于国内的教育思潮，该刊也是极力推进。比如，实力主义教育、国民教育、国语教育、乡村教育、平民教育、国家主义教育、军国民教育、科学教育、生活教育、勤劳主义教育等。与此同时，在陆费逵的指导下，《中华教育界》服务整个营业，发挥了宣传中华版教科书、其他各类图书的重要作用。以此为媒介，与实际教育工作者加强联系，不仅邀请他们撰写文章，发表他们的新作，而且经常做问卷调查，了解各地区教育实际、使用教科书的情况；还联系中小学教员，撰写乡土教材，征求他们的意见，或提供有关教科书的选材，展开教育问题的讨论。《中华教育界》对于书局的业务拓展，起了积极作用。

陆费逵对于杂志的深刻认识，缘于对外国情形的了解，并有切身体会的结果。他说，美国有一种星期六周刊，每期销售三四百万份，每份每年售美金二元。封面广告每期五千美金。全年售报及广告收入，约一千五百至二千美金，合国币六千万至一万万元。一种杂志的营业额，等于我国印刷出版业全部的二至三倍。再看德国，有一种图书周刊，用四十五部卷筒机连接印刷，洋洋大观。一种杂志所用的机械，比我国印刷出版业全体还大几倍。1913 年，他率队第一次考察日本，主要是考察日本的印刷事业。在日本，他看到日本的一般人，包括佣人、车夫、苦力等，在有空闲的时候，不是读书，便是阅读日报、杂志。日本盛行的一种杂志名为 King 月刊，每期销售九十万至一百万册。普通杂志、妇女杂志、儿童杂志等，销售三五十万的很多。有一种专门的经济杂志，每期销售八万册，也有一部卷筒机。为此，他大为感慨。回国后，陆费逵增强了使命感，决定尽快创办杂志，并决心做大做强。他认为，杂志为文明国必需品。一国学术之盛衰，国民程度之高下，与其国家拥有的杂志是否发达有关。所以，他坚信，杂志愈多，学术愈进步，国民程度亦高。而学术愈进步，国民程度愈高，则杂志之出版亦进步。在陆费逵的领导下，中华书局把创办杂志提到了很重要的位置，竭尽全力为之，并投入大量资本、人力，作为重要的经营业务。

1914 年，中华书局创刊的杂志有：（一）《中华小说界》，月刊，旨在转移风俗，针砭社会。分言情、侦探、滑稽、社会、寓言、科学、历史等小说十余类，附有新剧、传奇、笔记、文苑丛谈等。卷首精印中外名胜、名画插图。（二）《中华实业界》，月刊，以振兴实业为宗旨，内容包括工商业者应备之知识道德，商店工场之建筑管理、小资本家之营业法、中外大实业家传记、有关实业之法令文件暨广告等。陆费逵撰写《中华实业界》宣言书，叙述了自己出访日本，看到日本的实业发达，"实业杂志之流行，心中怦然，知实业杂志为振兴实业之不二法门。归国之后，漫游各省，见吾国实业种种败象，尤不胜其感慨。"① 出于这种考虑，《中华实业界》创刊，其方针是帮助政府研究实业政策，以期其善而福国民，纠其不善而免祸国民；养成国民实业道德，期信用之日隆，精力之发挥；启迪国民实业常识，以免因昏昧实丧失利权；研究实地营业方法，以冀业务之改良，利益之增殖；调查本国外国实业状况，庶知己知彼，进可以扩充销路，退可以保守销路；编译中外实业家传记，以作国民模范，而振起企业之心；搜集种种摄彩，或以供研究，或以资表彰，或以裨见闻；绍介名人学说及各国制度，以资取法。（三）《中华童子界》，月刊，专供小学生阅读，有故事、游戏、科学、小说、图画等，寓训诫于游戏，陶冶性情，启迪知识。（四）《中华儿童画报》，月刊，图画力求用意深刻，富有兴味，配以简单说明文字，使渐知联字造句之法，词意要求明显，设想纯正，用以陶养性情，培植道德。

　　1915 年创刊的杂志有：（一）《大中华》，月刊，聘梁启超为主任撰述。陆费逵亲自撰写《大中华》杂志创刊宣言书，指出该刊之目的

---

　　① 陆费逵：《陆费逵文选》，中华书局 2011 年版，第 177 页。

有三,一是养成世界智识,二是增进国民人格,三是研究事理真相,以为朝野上下之南针。他强调说:"欲达成第一项目的,故多论述各国大势,绍介最新之学术。欲达第二项目的,故多叙述个人修养之方法及关于道德之学说。欲达第三项目的,故研究国家政策与社会事业之方针。不拘乎成见,不限于一家之言,一以研究为宗。即有抵触冲突之言论,亦并存之。"① 梁启超在题为《中国之前途,国民之自觉心,本报之天职》的发刊辞中指出,该刊"以注重社会教育,使读者能自求得立身之道与治生之方,并了然于中国与世界之关系,以免陷于绝望苦闷之域;次则论述世界之大势,战争之因果及吾国将来之地位,与夫国民之天职,以为国民之指导。"②《大中华》杂志属于综合性的学术期刊,刊登相当数量的论文,探讨各种学术问题,如文化通论、中外哲学、宗教、历史、经济史、文学史、社会学、教育学、卫生学、小说、散文、诗词、笔记、戏曲等。(二)《中华妇女界》,月刊,仿照东西洋家庭杂志、妇女杂志办法,为女学生、家庭妇女增进知识,培养性灵。而立身处世之道,裁缝烹饪之法,教养儿童之方,以及中外妇女之技术职业情形,悉为搜辑,以为模范而资研究。(三)《中华学生界》,月刊,其宗旨为涵濡道德,增进常识,发扬国粹,奖励尚武,阐明新理,纂述学识,扩充见闻,辅助修养,注重生活。

在陆费逵的主持下,各种杂志创刊后,深受读者欢迎,号称"八大杂志",风行一时。1917年"民六危机"时,由于经济困难,除《中华教育界》外,余皆停刊。按照陆费逵的指示,有五种改为"丛书"

① 陆费逵:《陆费逵文选》,中华书局2011年版,第193页。
② 《大中华》,1915年第1卷第1期。

出版：《大中华》改为"大中华丛书"，《中华学生界》改为"学生丛书"，《中华妇女界》改为"妇女丛书"，《中华小说界》改为"新小说界丛书"，《中华实业界》改为"实业丛书"。

但是，因为杂志的巨大效应，无论是于公于私，陆费逵都不会轻言放弃。于"公"来讲，杂志起着传播时代文化和专门知识的作用；于"私"来讲，可以介绍中华版图书、赢得读者，产生很好的社会影响。因此，在"民六危机"以后，中华书局陆续创办期刊杂志，较为著名的有：（一）《小朋友》，1922年创刊，周刊。其实，在此之前，陆费逵与国语部的一些主要编辑，如黎锦晖、王人路、陆衣言、黎明等人，就开始筹划这个刊物了。当时，他们经过多次协商，拟定了一个初步计划："五个人约定一同供给稿件，又各负专责，分工合作，由伯鸿主持一切，指挥印刷发行，锦晖编辑，衣言排校，人路绘画，黎明翻译，各有所司。"该刊以"陶冶儿童性情，增进儿童智慧"为宗旨，内容有图画、故事、小说、唱歌、谜语、笑话、小朋友作文等，彩色封面。一年四季各出特刊，夏季取名"凉风"，秋季又叫"明月"，冬季号称"白雪"，春季称呼"鲜花"；其他配合爱国教育的特刊、专号、附刊等，如"提倡国货""抗日救国""淞沪抗日战事记略"等。刊物出版后，风行全国。短短十几年的时间，拥有读者不下数千万人。1931年，《小朋友》每月的销数，已超过10万册以上，遍及全国各地甚至日本、南洋、欧美等国。陆费逵与编辑们的主要目的，就是"在茫茫的郊野中，建造一所小小的乐园"。"让亲爱的小朋友们，逍遥游玩于园内。锻炼身体，增加智慧，陶冶情感，修养人格。一年年长成千万万健全的国民，替社会服务，为民族争光。"关注儿童，面向儿童，充分考虑儿童的成长心理和规律，"时时体贴小友们的心志，注意小友们的兴趣，谋划小友们的便益。"① 即使在今天，这样的办刊方针，也都值得称赞。该刊主编先为黎锦晖，后为吴翰云，经常撰稿者有王人路、黎明、陈醉云、吴翰云、吕伯攸等儿童文学家。1935 年 3 月，《小朋友》出"儿童节特刊"，印数加五倍，通知各分局于 4 月 4 日（儿童节）派交际员亲去规模较大的完小，分送五六年级全体学生。《小朋友》是中华书局历史上举办时间最长的一份刊物。（二）《中华英文周报》，1919 年创刊，全年 52 册。内容有国内大事、工商学各界新闻、小说，自修指引，后又增加会话、应用文等。1928 年出至第 413 期，因改组暂停。1929 年复刊，由留美归来的马润卿博士主编，聘请顾执中为局外编辑，分初、高级两种，每期各两大张八面，寒暑假休刊，全年 40 期。该刊设立文坛、一周时报、短篇小说、名人文选、商业尺牍、商业会话、青年训育、英文成语研究、通讯问答、悬赏征文、集益录等栏目。1923 年后，所设栏目，初级的有浅近读本、浅近诗歌、浅近文法、戏剧、故事、笑话等；中级的有英美中国小说、欧美名家短篇小说、会话、文法、诗选、成语译解等；高级的有文学、文学史、名人文选、名家小说、会话、作文、商学、簿记学、英文文件等。各级均设有附录，包括时事要闻、投稿、征文、美国特约通讯等。此后，根据形势的变化和读者的状况，刊物的栏目均有所调整。（三）《进德季刊》，1921 年创刊。在陆费逵的倡导下，中华书局编辑所发起组织"同人进德会"，以砥砺道德，增进学识为宗旨。出版《进德季刊》，并举办业余补习班。陆费逵撰写《进德季刊》发刊词，指出中华书局同人进德会，是

---

① 黎锦晖：《小朋友》创始时的经过，见《小朋友》编辑部：《长长的列车——〈小朋友〉七十年》，少年儿童出版社 1992 年版，第 430—431 页。

一个同人的团体，希望大家担负起社会的、个人的责任。（四）《中华书局图书月报》，1921 年创刊。陆费逵认为，中华书局开办十一年以来，编辑所、印刷所、总店、分店的同人近 2000 人。平时忙于各自的事务，对于其他处室和地方的事情，不太容易知道。与外面的人谈起来，局内人还不如局外人知道的多，有的简直一点都不知道。他觉得，这种情形不好，太封闭。于是就想出版一种定期刊物，一面记录事实，一面交换知识，对公司与同人都大有好处。基于这个考虑，他与戴克敦、李默非商量，得到两人的赞同，决定办起这个期刊，作为同人互通消息、交流经验的园地。陆费逵经常为其撰写文章，特别是有关青年立身治事、职业修养的文章，曾经选集 30 余篇辑成《青年修养杂谈》一书，于 1926 年出版。（五）《儿童文学》，1924 年 4 月创刊，月刊，与《小朋友》衔接，以十至十五六岁儿童为对象。内容有乐谱、名曲、童话、诗歌、童谣、儿童剧、故事、自由画等，至 12 月停刊。（六）《小朋友画报》，1926 年创刊，半月刊。由王人路、吴启瑞编辑，至 1930 年停刊，后于 1937 年 7 月复刊，由许达年、沈子丞编辑。（七）《中华书局图书月刊》，1931 年创刊，月刊。主要登载一些图书介绍、评论、图书知识，特别是以中华版图书介绍为重点内容。（八）《新中华》1933 年创刊，半月刊。这可以看作《大中华》杂志的复刊，为中华书局出版的大型综合性期刊。时值"九·一八"与"一·二八"事变以后，陆费逵在提出创办刊物时，起初主张用"中国与中国人"的名字，用意在于第一要人人有国家观念，第二要人人明白自己是中国人。陆费逵指示由周宪文负责，周氏认为称《新中华》比较好，有承接《大中华》之意。其宗旨在于国难日亟，民困日深，对国家建设、民族生存诸问题，思欲有所贡献，即一般国民趣味，亦欲促其向上。内容有国际时事、经济状况、各种学说、文艺、谭薮、新刊介绍、讽刺漫画、时论摘粹、半月要闻、通讯。出版后风行一时，行销三万以上，出至 5 卷 15 期，1937 年 8 月停刊。《新中华》创刊号上，刊载有陆费逵的《备战》一文，认为日本咄咄逼人，中日必有一战，呼吁国民早做战争准备，"一致对外，长期抵抗"。第二期载有他写的《东三省、热河早为我国领土考》，用《大清一统志》、《通鉴辑览》及日人著的《清朝全史》三书中的资料排比，详细证明了题目的观点。为《新中华》撰写稿件的作者，主要有耿淡如、钱亦石、李石岑、陈望道、何子恒、王亚南、章伯钧、龚梅彬、何思敬、沈志远以及青年学者薛暮桥、胡乔木、千家驹、于光远等人。（九）《少年周报》，1937 年 4 月创刊，周刊，每周四出版，潘予且主编。与《小朋友》衔接，以灌输时代知识，培养良好德性，陶冶活泼感情，训练实用技术为宗旨。内容有修养、常识、时事、文学、艺术、技能、图像、参考资料、少年生活、通讯等栏目，年底因战事停刊。该刊是应读者要求而创立的，陆费逵说，一般少年对于我们有这样的督促，我们早就有办这样刊物的愿望。筹备这份刊物，历时一年。他说，本局刊行《少年周报》之目的，在使少年以至低廉的代价，每周得读此周报，藉以明白世界大势，获各种知识及技能，以成为良好的少年。陆费逵全面阐述了该刊的办刊方针，提出了"六戒"主张：戒高调，戒偏派，戒盲从，戒迷信古人，戒攻讦个人，戒歧视宗教。在广告方面，也限制极严，凡不正当的书报、药品，以及烟酒等广告，概不登载。对于正当的国货广告，则特别提倡。（十）《出版月刊》，1937 年创刊，月刊。主要介绍中华书局出版的各类图书、教学仪器。陆费逵撰写《〈出版月刊〉发刊语》一文，指出现在世界各国的出版物，每年多至十余万种。那一国的文化如何，只要看它的出版统计便会知道。当然，《出版月刊》的主要目的，在于介绍中华版图书。他指出，中华书局编印新书，刊行古籍，最近每年刊行五百余种，三千余册，虽然每天、每月刊登日报和广告，但恐怕读者或未尽寓目，且不便保存。今刊行《出版月刊》，以介绍于读者。

陆费逵重视杂志的内容、质量和读者需求，所以中华书局创刊的杂志，既有综合性的期刊，又有专业性的期刊；既有以少年儿童为读者对象的，又有以成年人为读者对象的；既有为学生服务的，又有为妇女服务的。可以说应有尽有，照顾到了各个社会阶层。这些期刊杂志，深为读者欢迎，引起了巨大反响。比如，《小朋友》周刊，供小学三年级至初中一年级儿童阅读，得到家长及小学生的赞扬，"小朋友"三字已成为社会上流行之词语。《小朋友画报》刊行后，供小学低年级学生，虽然中途停刊，但复刊后，儿童引为"好朋友"。更不用说，那些大型期刊如《中华教育界》、《大中华》、《新中华》。陆费逵出版杂志的思想和行动，以供社会之需，起到启迪民智之效。另一方面，他也是出于营业的考虑，出于宣传中华版图书的需要。1936年，他曾专门致函编辑所所长舒新城，认为："本局刊行杂志为宣传本版之书。以后各杂志每期须介绍本版：《新中华》介绍政治、经济、文学书，《小朋友》介绍儿童书，《教育界》介绍教育书，《英文周报》介绍英文书。除编辑人自行起草外，可由原编校人拟稿选登。"①

出版具有文化性、商业性，这是毫无疑问的。著名出版家张静庐在《在出版界二十年》一书中指出："'钱'是一切商业行为的总目标。

---

① 钱炳寰：《中华书局大事纪要》（1912—1954），中华书局 2002 年版，第 147 页。

然而，出版商人似乎还有比钱更重要的意义在这上面。以出版为手段而达到赚钱的目的，和以出版为手段而图实现其信念与目标而获得相当报酬者，其演出的方式相同，而其出发的动机完全两样。"① 因此，对于陆费逵多种经营并存，多种业务并举的方针，我们也应当在这个层面上去体会、去领悟。

---

① 张静庐:《在出版界二十年》，江苏教育出版社 2005 年版，第 137 页。

第五章

"民六危机"的波折

历史上任何一项具有重大影响的事业，其发展过程都不是一帆风顺的。1912 年，创办中华书局的陆费逵，年仅 27 岁，是一位有理想、有抱负、血气方刚的青年。随着出版业务的扩大，国内形势的变化以及书业市场的竞争，1917 年中华书局发生经济困难，几近关门倒闭，这就是"民六危机"。危机的发生，对于年轻的陆费逵与中华书局来说，如何应对和处置，确实是一个严峻的考验。

一、危机的发生

1917 年，民国历史上的多事之秋。这一年，中华书局爆发严重的经济危机。

陆费逵创办中华书局后，推出"中华教科书"，由于适应了共和政体的需要，从而占据了先机，在书业中成为一支有生力量。1913年，陆费逵聘用范源廉任编辑所长，主持教科书的编写工作。范源廉（1876—1927），字静生，湖南湘阴人。1898年肄业于长沙时务学堂，维新变法失败后，他去日本留学。回国后任学部参事，制定新式学制及学校章程。任职中华书局时，主持"新制""新编""新式"教科书的编写，参与编纂《辞海》的策划。1916年出任北洋政府教育总长，后又任北京师范大学校长。

随着业务的发展，人员的不断增加，中华书局编辑、事务、营业、印刷四所迁至东百老汇AB29号，连租用旁边的民房200余间，发行所仍在河南路5号。编辑人员增至七八十人，办事员200余人，印刷机16台。据《中华书局五年概况》中称，前两年为"草创时期"，资本比较薄弱，规模也比较小，营业发达，余利尚丰，成绩差强人意。进入后两年，资本稍大，规模略具，但资本大部分用来建筑房屋，添置器械。

1914年，中华书局购买静安寺路总厂基地43亩，价银9.6万两，约合银元14.4万余元。编辑人员增加三倍，达100多人。但这时，中华书局面临的营业形势，不容乐观。从1913年7月到1914年6月，总、分局营业总额70余万元，没有达到100万元的预期。这期间，爆发了"二次革命"，南方各省纷纷起兵，长江中下游局势不稳，上海处在枪林弹雨之中，南京、广州扰乱尤甚，汉口为运兵枢纽，湖南纸币价值大跌，河南、湖北等省又有白朗起义。市面不振，交通阻梗，汇兑不畅。

　　还有一个严重的情况是，商务印书馆与中华书局的竞争，愈演愈烈。1913年，中华出版"新制教科书"，商务出版"共和国教科书"。两家教科书的内容、售价不同，在报纸上展开了激烈的竞争宣传，各自说明本版书的优点，指出对方的弱点。中华以课本分量合于授课时间，内容注重国民教育，尤重于国耻、割地赔款，印刷精良，封面耐用等为言，以显对方不敷课时应用，有所顾忌不言甲午赔款（商务当时为中日合股企业，后于1914年1月16日收回日股），底面单页，字形过小。商务则以售价低廉，减轻学生负担，便于普及教育为言，以显对方把书分别装订几册，售价高出三分之一以上，以营利为目的。并称本馆印刷厂有印刷机100多架，工人1500多人，书籍皆自印，对方仅有印机十余架，多外厂代印，何能自诩优良，等等。今天这家启事，明天那家启事，连篇累牍，延续二十余日之久，由此可见两家的竞争状况。

　　本来，竞争是正常的，无可厚非。但是无论从哪一方面来说，中华书局的实力，远非能与商务抗衡。竞争有利于消费者，有利于书业市场的繁荣，但对于身处其中的双方而言，自有一些难言的苦衷，于是就有了双方联合的想法。1914年，陆费逵在董事局第13次会议上，专题讨论了与商务的联合问题，就是因为竞争太剧烈，受到的损失不容小视。他在提案中，详细说明了近一两年的竞争，达到了极点，从而发生了五点困难。其一，廉价竞争。书的定价已经低廉，又再降为五折，实际批发在四折以下，利益不及以前的一半，幸销数增加，否则殆矣。其二，广告竞争。费用较往年不只加倍，且时有互毁之举，精神耗费尤甚。其三，资本竞争。彼此为了防止在竞争中失败，不得不增加实力，竞相添置资本，对政学界之有力者竞之尤力，无形中不免有损失。其四，放账竞争。内地推销，权操同行，欲结其欢心，而放账加松，即使产生的"滥账"不多，而资本搁滞，受损已不浅。其五，轶出范围之竞争，即倾轧是也。他说我不可恃，我说他危险；他说我定价高，我说他有外股。盖彼此为自卫而竞争，如此发展到极点，非导致两伤两亡不已。

两家的竞争，"彼此皆觉消耗多而获益少"。商务高梦旦指出，这样下去，"非两败俱伤，恐两败俱亡也"。目下营业、编辑均有把握，措置裕如，唯独竞争之事，可谓花样百出，彼此皆防不胜防，重要办事人耗精力于此者实多。[①] 到了1915年，双方竞争涉及房屋层数、内部事务，等等。中华书局营业形势，相当严峻。1916年，在第6次股东常会上，决议增加资本100万元，但直到年底，招股未能足额，实增60万元，连原有资本合160万元。陆费逵在增资议案说明中，指出："近一二年来，教科用书销行日广，他种图籍次第刊行；文化渐启，代印之件渐多，印刷之力须用日繁，添置器械，租赁屋小，非自建厂屋不可"。"营业盛衰，地点关系非浅，四马路棋盘街转角，较之势球场中段，地理之优匪可言喻，总店迁移，抑亦大势所趋，不得不然者矣。""书业贸易既可冀其发达，我局进行，自宜一往直前。……吾人秉斯主义，近两年来努力进行，购地建屋，添设分局，扩充印刷，推广营业，过去两年之内，所费不下八十万元"。[②] 中华书局总厂落成，编辑所、事务所、发行所迁入。总厂位于静安寺路192号哈同花园西首(今南京西路同仁路口)，占地43亩，初建成二层楼房五幢，平房四幢，共约500间。迁厂以后，新购置机械较多，又添建平房货

---

① 钱炳寰：《中华书局大事纪要》(1912—1954)，中华书局2002年版，第12—13页。

② 钱炳寰：《中华书局大事纪要》(1912—1954)，中华书局2002年版，第24—25页。

栈等，建筑费用共 17 多万元。8 月，总店新厦建成，在四马路棋盘街转角（今河南路福州路口），南邻商务印书馆，五层楼洋房共百余间，沿马路店面 10 余间，屋高 70 英尺，在四马路河南路一带为第一高楼，购地建筑之费约 20 余万元，其中地价及费用 86700 两。

陆费逵认为，中华书局在添置器械、购地建屋、增加人员、扩张分局以后，应当进入相对稳定的发展时期。初期的中华书局，从人员、厂房、设备、市场等，一切都需要投入。这种做法是可以理解的，也是形势所迫，不得已而为之。不过，由于投资过大，战线太长，竞争剧烈，时局不稳等原因，中华书局开始出现经济危机。根据 1916 年营业报告显示，营业收入出现滑坡，总额近 110 多万元，较 1915 年的 160 余万元来说，减少了三成。账面盈余 2 万余元，将新增财产照旧减折，则亏损 14 多万元。这里面，有一些客观性的原因，主要是受时局影响的结果。首先，护国运动兴起，地方动荡，西南诸省分局有停业半年之久者；其次，厂店迁移，工厂停工两月，上海店亦停业半月，损失甚巨，而搬迁开办等费 3 万有余；最后，栈房失火，影响货物供应。两年来购地建屋及添置机械、扩充编辑等费至 80 余万元，尚未取得完全的收益。原有资本仅 100 万元，吸收存款连应付利息达 120 万元，财政状况极为不佳。

中华书局大量吸收社会上的存款，以作为运营周转的资金。这种做法，面临着不可预期的风险，一旦遇到营业不利，市场跌宕，会导致存户提出存款，导致周转不灵。中华书局"民六危机"的发生，实际上就是因为过分依赖社会存款的缘故。

为了避免财政不利的状况，陆费逵采取了一些措施：

第一，试图与商务印书馆联合。陆费逵在董事会上，报告了与商务印书馆非正式谈判联合情形。其实，早在 1913 年，两家就因为教科书竞争，各自受到不小的损失，就有联合或合并之动议。陆费逵与商务总经理夏瑞芳商议，谈及联合的问题。由于这是牵一发而动全身的大事，一时间觉得无从下手。再者，竞争之损失还不是太厉害，"且痛苦未深，彼此亦难降心相从"。1914 年夏，"为教部删改教科书事，一度联合，大见效益，返沪后又订广告合同，规定仅于开学前后二三个月内刊登，省费良多。今秋为赠品竞争，彼此皆觉消耗多而获益少，联合之机会益加成熟"。① 但这时候的联合之议，主要原因是竞争之故，是为了避免因此带来更大的损失。而联合之方法，双方也仅限于"部分之联合"，并未涉及合并之议。双方在市场竞争上，仍然是你来我往，暗中较劲。

到了 1917 年，中华书局面临危机，不得不又向商务印书馆试探。两家又再次协商联合事宜，重启商谈之议。从 3 月至 5 月，两家几乎天天接触。双方举出谈判代表，商务为高凤谦、张元济，中华为陆费逵、王仰先，又推荐唐绍仪、陆费逵为负责签约代表。其时，联合之主动权在商务。陆费逵多次前往商务，与张元济等人商谈。鉴于竞争激烈之故，张元济也是主张联合的。但在商务的董事会上，对于联合与否，一直存在着较大的争议。总体来说，商务不愿意背上中华的债务包袱，在讨论联合时，每次都有较大的反对声。由于商务内部意见不统一，双方联合终于未能实现。

第二，请史量才担任局长，自己专心业务。与商务谈判联合的同时，陆费逵又提出，自己第一任局长期满，拟专任厂事，在总厂设

---

① 钱炳寰：《中华书局大事纪要》(1912—1954)，中华书局 2002 年版，第 13 页。

总办事处，建议编辑、事务、印刷、货栈各部门之间联络统一，推荐股东史量才继任局长。董事会决定照办，等报告股东会后再确定邀请史量才就职，并订五年合同。史量才一开始同意担任局长，并签订了合同。不久又以"两月来局势大变，前议当然作罢"，缴还所订合同。陆费逵没有强人所难，复信表示理解，说："局长一席前荷承认，欣感弥殷，现在局势既变，自未敢以重任相强，遵将前议作罢。"①

第三，向各分局催还应得之书款。中华书局分局在开始之初，对于营业起了很好的作用。但是，随着书业竞争的加剧，总局对分局的监管，失之严格，过于松散。各地的分局，起初以合办为主，更多的是为特约经理，挂中华书局的招牌，自己出资或共同出资的不多。一般说来，总局先向各分局供应书籍，待销售之后将书款汇回总局。当危机到来，客户发生提取风潮时，中华书局向各分局催还汇款，但告急不应。

一切似乎都在"冥冥之中"，中华书局的经济危机，如期而至。

其时，在出版业中传言很多。有人说，中华股本已亏折将半，拟盘于商务；有人说，中华即将倒闭，不得已而与商务合并。于是，存户纷纷提存，数日内达八九万元。本来，中华书局在很大程度上依赖客户的存款，以维持业务运营，而突如其来的提取现款的风潮，使其资金陷入困境。

中华书局发生严重的经济危机，资金周转不灵，难以为继，状况十分不利，大有关门歇业之势。1917 年是民国六年，这次危机称为中华书局历史上的"民六危机"。

① 钱炳寰：《中华书局大事纪要》(1912—1954)，中华书局 2002 年版，第 31 页。

中华书局到了生死存亡的关头，陆费逵、中华书局面临着前所未有的考验。

二、出租与收回

为应对危机，陆费逵想方设法，竭尽全力。先是在沈颐的引见下，他认识了常州富商吴镜渊。这时，吴氏与弟弟吴镜仪到上海，参加盛宣怀的葬礼。借此机会，陆费逵与吴镜渊进行了商谈，主要是为处于困境的书局垫付款项事宜。吴镜渊（1875—1943），名有伦，字镜渊，江苏武进人。清末秀才，曾任湖南慈利县知县。他出面游说商界，发起建立"维华银团"，在危机之时，助了中华书局一臂之力。后来，他历任中华书局的董事、常务董事。

吴镜渊认为，中华书局与文化教育事业关系密切，不可袖手旁观，应当出面相助。他约集常州地方士绅刘叔裴等人，组成"维华银团"，筹集资金 10 万元，垫付给中华书局。当然，用这些钱来还债，仍然杯水车薪，用以维持书局运营，则尚有盈余。即使如此，"维华银团"的介入，大股东垫付款项，多少解了中华书局的燃眉之急。

1917 年 6 月，中华书局召开第七次股东常会，讨论如何维持问题。这次常会在上海总商会议事厅举行，公举唐绍仪为临时主席。陆费逵在报告第六届营业情况后说："经济困难已达极点，现已不能支持。果属何故？虽因蜚语四起，存款纷提，而办理不善，措置不当，实无可辞。当此存亡呼吸之时，究应如何补救，尚希各股东从长计

议"。他要求常会：第一，选出检查人进行检查；第二，本人办理不善
应辞职待罪；第三，现在情形危急，请商讨救济办法。

会上，唐绍仪在答复股东责问时说："今日情形非常危急，请股
东悉心讨论维持方法，今日倘不能解决，明日即无法维持。"

股东康心如说，公司现状危险至此，一经停顿则前功尽弃。他提
出出租办法：为保全160万资本及"中华书局"四字，并维持120万
债权信用，只有将公司各种财产租与他人接办，议定期限、租金，本
公司即以所得资金，按年份分期拨还债务，等期满时再收回自办。如
此，则股本可保，债务有着，似为目前一举数得之法。

股东姚作霖补充三条限制：第一，书局不能闭一日之门；第二，
租赁者不能有外人股本在内；第三，不能有同业股本在内，总以本公
司股东组织为宜。

股东徐静仁（安徽人，两淮盐商，在上海办有溥益纱厂）表示，
公司关系实业教育，至为重大，愿意从事组织。

上述建议，均得常会通过。

大会推举俞复、康心如代表股东会与徐静仁协商办法。常会又推
举吴镜渊、黄毅之为查账代表，清查历年账目，查有情弊，即由查账
人代表股东提出控诉。旧公司一切事务，由原局长、会计部长负责。

董事会决定，书局的全部财产由徐静仁、吴蕴斋、史量才等组织
的新华公司承租经营。股东代表俞复、康心如向董事会报告，经与新
华公司磋商，于6月24日签订草约，待书局将债务办法商妥并延请
律师作证，再签订正式条约。内容有押租6万元，月租平均约14000
元，先收定洋15000元交董事会，由清查代表核付最要紧的款项。书
局虽经出租，各部门负责仍为原有人员，唯对一切开支有严格限制，

均须查账代表审核后，才能支付。

7月，新华公司的史量才来到书局，正式办理接收手续，由该公司承租经营。随后，又在各报刊登载广告，中华书局业务正常进行，教科书等不会误期，希望各界不要轻信传言等等。10月，董事唐绍仪、蒋汝藻、廉泉等邀集商会正、副会长及各债权人，议定了存款"分年摊还"的办法。其中，著名实业家宋耀如作为书局的大股东，第一个与中华书局签订了"分年摊还"的条约，起了很好的带头作用。对此，陆费逵曾给予很高的评价，说他"公正刚直，情理兼顾"。在危机之时，他作为股东，又为大存户，不但首先与书局订立"分年摊还"之约，而且还批评那些起诉者，"吾人当明是非，当与公司当局者共谋维持之方，若冒昧破坏，损失恐更大。"而且，他经常来公司，鼓励大家努力恢复，并多次说"外国公司失败再兴者，方为真成功也。"①

本来，事态似乎平稳了，谁料过了一个月，即11月15日，新华公司以中华旧债问题未能商妥，机器被封，危及所投资金，要求废除所签订的承租草约，将全部财产交付中华书局董事会，由俞复、康心如两代表仍派陆费逵接收管理。与此同时，新华公司在各报上刊登声明，称旧机构债务问题未能解决，存户沈凤仪、兴业银行、新瑞和等纷纷向公廨控诉，致厂中机器大部分被封，春季供应用书无从印造，并称："本怀维持之心，决无苛求之理，损失有着，草合同即可作废。"②

12月，中华书局召开临时股东会议，改选董事、监察，同意陆

---

① 陆费逵：《陆费逵文选》，中华书局2011年版，第387页。

② 钱炳寰：《中华书局大事纪要》(1912—1954)，中华书局2002年版，第35页。

费逵辞去局长职务,结束出租事宜,募集优先股等。同时,新选董事11人。这月下旬,董事会又召开四次会议,制定了《董事监察暂行办事规则》。根据此项规则:(一)公推一人驻局,代表董事会暂行总摄局务;(二)目前董事会应办事宜:1.整理局务;2.支配债务;3.募集优先股;4.清查从前各事;5.结束出租事宜;(三)每月预算决算应交董事会通过,预算外支出,须得驻局董事许可;(四)公司逐日账目应由监察检阅,月终年终并以审核;(五)于股东中延请参事若干人,以期集思广益,协力进行。

董事会指出,公司败坏至此,董事监察不得辞其咎,现在虽经另举,属于对现状的维持,所有从前各事仍应归旧董事、监察负责。推举俞复为驻局董事,吴镜渊为驻局监察。另行组织会计部,从前的债权、债务责成旧会计清理追讨。局长陆费逵既已辞职,即将局长名义取消,暂任司理,凡服务各职司均归管辖,一切事宜商承驻局董事办理,待优先股招齐后另议任免。①

至此,中华书局结束近半年的出租,收回自办。

三、反思与举措

在"民六危机"面前,陆费逵不推诿、不畏缩,勇于担当责任,表现了一个出版家的风范。与此同时,他还谢绝了别人提供的另谋他职的机会,抱定有始有终的宗旨,决心克服困难,不肯中途离开。

---

① 钱炳寰:《中华书局大事纪要》(1912—1954),中华书局 2002 年版,第 36 页。

当然，弄清危机的原因，避免重犯以前的错误，并从失败中振作起来，无论对一个人，还是对一个机构，都是十分重要的。

陆费逵多次谈到"民六危机"，并多次进行反思。这次危机，给他的人生、他的事业之影响，非一般人所能想象。在《中华书局二十年之回顾》一文中，他认为，这是一次"大恐慌"，是中华书局"在最盛之时代，演出绝大之恐慌，非身历其境者，殆决不能置信也。"他指出，导致这次大危机的原因，"第一由于预算不精密，而此不精密之预算，复因内战而减少收入，因欧战而增加支出；第二由于同业竞争猛烈，售价几不敷成本；第三则副局长某君个人破产，公私均受其累。迨后出租收回，讼事纷扰，情形尤为复杂。当此之时，危机间不容发。最困难之时代，凡三年余，此三年中之含诟忍辱，殆非人之意想所能料。"① 在答复查账代表的信函中，陆费逵又说："董事兼副局长沈知方的欠款3万元，湘局经理王衡甫的欠款2万余元，均系先挪用后改为押款的，并非债务抵进押品。自叹才短力薄，用人不当，局面过大，御驾乏术，对于股东深用愧悔。"② 在《我为什么献身书业》一文中，他承认自身的不足，说："民六的风潮，闹得几乎不了。原因很复杂，就我本身想起来，有三种缺点。第一，经济缺乏，没有应变能力。第二，经验不足，没有预防的眼光和处变的方法。第三，能力不足，没有指挥全局的手腕。"在《六十年来中国之出版业与印刷业》中，他认为："以资力不足，竞争太烈，民国六年几至不能支持。"③

---

① 陆费逵：《陆费逵文选》，中华书局2011年版，第387页。
② 中华书局编辑部：《回忆中华书局》（上编），中华书局1987年版，第213页。
③ 陆费逵：《陆费逵文选》，中华书局2011年版，第304、396页。

根据查账代表吴镜渊、黄毅之所提交的《调查公司现状报告书》，比较详细地总结了"民六危机"发生的原因："据以前报告，不外欧战方殷，原料昂贵，国内多故，金融恐慌，局长去年卧病三月，副局长去年亏空累万。凡此诚足致病之由，然皆外感而非致命之原因也。致命原因有三：进行无计划为其第一原因，吸收存款太多为其第二原因，开支大太为其第三原因。有此三因，即无时局影响、人事变迁，失败亦均不免"。"进行无计划，其最著者有四：编辑进行太骤，现存各稿非两三年不能出完，稿费不下十万；次为印刷机械太多，地基过大。现在机械之力可出码洋六七百万元之书，夜工开足可达千万，现用不及半。地基空者不下二十库存，废置不用反赔利息损租。次为分局开设太滥，竟有未设分局之前可批发万元，一设分局反不过汇沪数千元者，其故由于僻地营业不易扩充，分局开支又不节省。次为计划过于久大，不顾自己实力，前三项固属此病，而建筑过于宏壮坚固，搁本实甚。此外，培植人才，派遣留学，虽为应办之事，而耗费抑已多矣。两年来布置进行，颇费苦心，然甫经就绪而大命以倾。此不能为前此当局者恕，又不能不为之叹惜者也。吸收存款太多之病……盖书业财产不能于咄嗟之间变为现金，存款来时，业已用诸购地建屋、编辑出版诸途，则不能不畏提取。因畏提取，则出四病：职员之当裁者，因有存款关系，不惟不敢去之，反须加以敷衍；机关之当并，分局之可歇者，因恐损体面而受影响，于是初则优容，继则跋扈，终且不可收拾；其尤甚者，赔累之营业不敢不照旧支撑，无用之器械货物不敢廉价售去，搁置愈多，愈畏提现；而存户要求加息不敢不允。漏卮日甚，现金日少，欲不搁浅不可得矣。开支之大，每月薪水至一万元，债息一万元，伙食杂用告白推广又一万元。开支均现款，财产增加均非现款，故结果财产日增，现款日少……若不减缩支出而欲其不失败，难矣。"①

从以上的分析来看，陆费逵指出的"预算不精密"，实际上就是查账代表认为的"进行无计划"，这是最大的原因。后面的两个原因，"吸收存款太多"和"开支太大"，也是由于第一个原因引起的，即没有好好的计划。这一系列因素交织在一起，既有外在客观的，又有内在主观的。陆费逵与查账代表对于危机原因的分析，应当说是非常明晰的、多方面的，也是符合实际的。

陆费逵对自己的失误，没有刻意隐讳，而是深刻地剖析自己，不推辞过错，不回避责任，勇于担当。他在回忆文章中，多次提到这次危机，多次深刻地反省自己，就是很突出的例证。在处置危机的过程中，他因咎辞职。难能可贵的是，他辞职并没有一走了之，撒手不管，也没有接受别人的邀请去别的部门任职，而是积极地探讨应对危机的举措。还应当指出的是，作为他个人，在开支用度上，没有徇私舞弊之举，没有公款私用之例。因为查账代表所清查的是历年的账目，一旦有所舞弊，局长是否贪污中饱，或挪作他用，都会清清楚楚，一目了然。然而在整个清查过程中，人们看到的是，无论是买地建屋、购置器械、派遣留学，还是设立分局、吸收存款、用钱开支，等等，他的出发点和立足点都是为了书局，是为了把书局做大做强，而不是为了个人中饱私囊，为了个人的享乐。相反，他一直过着比较清贫的生活。

查账代表提出的三个方面的原因，都是导致"民六危机"的因素，

---

① 钱炳寰：《中华书局大事纪要》（1912—1954），中华书局 2002 年版，第 33—34 页。

都是主观上的原因，但并不否认时局动荡、竞争剧烈等外在环境的影响，尽管这不是根本上的原因，但终归会对书局造成一些影响，有时甚至是致命的影响。因为竞争太激烈，他想与商务联合或合并而未成功。时局动荡不安，当然不利于营业的进行，战争本身就是对文化的破坏，也必然会影响到书业市场。

其中，无论是陆费逵在分析时提到的"副局长某君个人破产，公私均受其累"，还是查账代表所指出的"副局长去年亏空过万"，这里所说的副局长是沈知方。如果纯属他个人的私款行为，也无可厚非，问题是他的"破产""亏空"，是挪用了书局的公款。沈知方（1883—1939），原名芝芳，浙江绍兴人。早年入绍兴奎照楼书坊学徒。后先后入上海会文堂书局、商务印书馆，曾任商务印书馆营业所所长。1913年进入中华书局，被任命为副局长。他是一位有商业头脑和经营才能的人。在商务工作期间，他受到张元济的器重。那时候，沈知方与陆费逵是同事，也受到陆费逵的称许。在入中华书局后，极力主张利用外埠的力量建立分销店。他进局后，主要负责发行和采购纸张的业务。可问题就出在采购上，他想通过采购纸张获取个人利益。沈知方在向茂生洋行采购纸张的时候，挪用中华书局3万元，以自己的名义采购了一部分，以便倒手后获利。但1916年前后，正是第一次世界大战期间，欧洲的出版印刷受到很大的影响，出现萧条的局面，大量纸张涌进中国，造成上海的纸张价格大跌，很多原来订购了纸张的公司或个人，纷纷退订，甚至连定金都不要了。沈知方就这样因投机纸张生意而未得利，茂生洋行将其告上了法庭，他为了躲避官司就逃回了绍兴老家。沈知方在这笔买卖中投机取巧，公私不分，用中华书局的公款支付定金，"给中华书局带来了极大的灾难，因为资金困难，甚至引发了挤兑风波"。①沈知方挪用公款搞个人投机生意，从资金数目上看，不是导致中华书局资金困难的主要原因，但是作为危机发生的一个诱因，或者说是导火线，还是不足为过的。

中华书局建立后，以出版"中华教科书"涉足社会，可谓一支异军突起的有生力量。但即使如此，也仅仅是在书业中获得了一席之地，其地位并非稳固和不可动摇。因为"善于经营，积极发展，这是出版业和任何其他行业都必须具有的观念。"②其中的真谛，对一个新起的出版机构来说，经营决策的科学化、合理化是至关重要的。量力而行、正确估计、头脑清醒、形势判断，等等，都是经营出版业必不可少的。陆费逵在经营中华书局过程中，恰恰在需要保持冷静的时候，却犯了投资上急躁冒进的失误，这个教训是极其深刻的。当然，他自己从来不避讳这一点。

陆费逵手创中华书局，以此视为自己的生命，为国家、为民族的文化教育事业，作为自己施展才华的舞台，也为别人提供了实现理想的平台。他承担责任，不言放弃；服从大局，与同仁一道，共渡难关，并艰难地从困境中走出来。这期间，认真地总结危机的原因是重要的，而健全机构、加强监督，使书局走上良性发展之路，才是关键之中的关键。从某种程度上说，"民六危机"也成为了中华书局的一笔财富。

1917 年 12 月，以陆费逵为首的中华书局，多次召开董事会，既是为了处置书局的危机，也是为了建立健全机构，明确管理职责。

---

① 余佐赞：《还原一个真实的沈知方》，《出版博物馆》2009 年第 3 期。

② （日）清水英夫：《现代出版学》，沈洵澧、乐惟清译，中国书籍出版社 1991 年版，第 141 页。

其一，建立监察制度，严格经营管理过程中的监督。这是企业良性发展的重要保障。其实，所有的"无计划"，都是监督不力造成的，哪一个环节出了问题，只要监督得力，就会有可能避免。固然，需要投资，需要购械，但进行的计划应当阳光，应当通过监督的程序，而不能拍脑袋作出决策。更何况，作为副局长的高层领导，竟然挪用公款而不知，更是监督不到位的表现。

其二，整顿分局事务。危机的发生，与分局设立过多、管理松散，只求数量、不问效益有密切的关系。在董事会上，中华书局认识到了这个弊端，议定了整理分局大纲：（一）整理局务；（二）甄别人员；（三）催收旧账；（四）节减开支；（五）清点货账；（六）调查内容；（七）推广营业。并由康心如、孔祥熙、吴镜渊等人分赴各分局进行整理。

其三，明确书局各部门的管理职责：（一）总办事处：直辖于驻局董事及司理，办理总公司各务。分总务、进货、分局、出纳、簿记、庶务、股务、整理分局特派员（临时选派）。（二）上海店：主任专司上海店之营业，其分科组织另由驻局董事、司理会同主任定之。（三）清理处：主任专司清理旧事，清查分局。（四）编辑所：主任将原有事务所并入，专司编辑、出版等事。设立总事务部、中文编辑部、西文编辑部、出版部。（五）印刷所：主任专司工厂事务，其分科组织与司理会商定之。（六）货栈：主任专司书栈、纸栈发货之支配管理。

其四，议定薪水规则。规定驻局董事、驻局监察、司理暂各致送公费每月 100 元，不另支薪。其余职员薪水、职务之支配，由驻局董事及司理酌定后提交董事会核议。核减开支的办法如下：第一，薪水限制每月不得过 3000 元，印刷所视工作多少增减；第二，总店薪水满 50 元者八折核减，40 元以下照旧，但主任以外之职员除书记、翻译外不得过 20 元；第三，文明书局开支，由驻局董事、司理与该局主任会商核减。

"民六危机"的发生，陆费逵从中吸取教训，加强了管理上的监督力度，加强了各部门的分工协作，加大了对分局的管理。此后，各种规章制度在书局发展过程中，不断得到建立并完善。中华书局的管理体制机制，涵盖了出版过程中的各个环节，为书局走出低谷，恢复元气，步入健康良性发展之路，奠定了比较坚实的基础。

第六章

以出版促进教育

出版与教育有着密不可分的关系。一个成功的出版家，必定是一个有成就的教育家。他们出版业务的出发点，就在于教育民众，发展文化。因此，从本质上说来，出版业就是一项教育事业。陆费逵与中华书局，就是如此。

一、倡导教育改革

陆费逵对教育与出版的关系，有着深刻的认识。他把教育看作提高国民素质的重要手段，而要发展教育、促进教育，就必须依赖于出版，即以出版扶助教育。在他步入社会以后，就十分重视教育问题，特别是利用商务印书馆《教育杂志》和中华书局《中华教育界》作为平台，撰写了一系列很有主见、切中时弊的文章，涵盖了对教育功能、国民教育、学校教育、职业教育和社会教育等方面，是清末民初新式教育思潮的重要组成部分，由此也奠定了其近代教育家的地位。陆费逵是出版家，又是教育家。在他的身上，集中体现了近代教育与近代出版的关系。

1905 年，陆费逵还在《楚报》任职的时候，就发表《论改革当从社会始》一文，分析了清政府 1901 年以来的"新政"改革。在他看来，这些改革成效不大，政治专制、官吏腐败、社会黑暗、外患益深等问题，纠而不正，依然如故。他认为其中的原因值得引起重视，改革应当从社会开始，而最根本的是从教育入手，生计教育得道，则人心就会趋向善良；人心向善，则社会的风俗习惯就会良好，这是立国之基础。要改革社会必须对各种实业，施以好的教育。难能可贵的是，陆费逵提出了女子"生计教育"的问题，相信有了生计教育，女子也能担当一些社会责任，不仅能助男子一臂之力，而且在培养新国民、移风易俗方面，也有重要作用。① 这样，国家就会逐步强大起来。在主编《教育杂志》后，陆费逵对教育问题的认识更为深刻。他认为，有好的国民必定能形成好的国家。而好的国民必依赖于好的教育。既然，教育在养成国民素质中这么重要，那么，就要引起高度重视。当然，自近代以来，教育改革了一些，新式学堂也兴办了一些，然而没有收到巨大的成效，原因在哪里呢？陆费逵认为，教育好不好，不全都是立法、行政方面的原因，而主要是由于学堂办得不好，而学堂办得不好，在于办学设备差、管理不到位、教学方法陈旧等造成的。而

---

① 吕达主编：《陆费逵教育论著选》，人民教育出版社 2000 年版，第 2 页。

这一切的原因，归根到底，在于办事者学力不足，热心不足；因循守旧，敷衍了事，措置失当，等等。

1910 年，陆费逵强调"国民教育"问题。在当时又称为强迫教育、义务教育，这一教育思想，旨在提倡人人享有均等的受教育机会，以期开启民智，提高民众素质。中国素称礼仪之邦，非常重视伦理教化。历代统治者弘扬圣贤礼教，表彰万世师表，都从一个方面说明普及教育的社会功能。但是，从根本上说来，封建社会所标榜的"有教无类"，仅仅是一种可望而不可即的表象，只是少数贵族、地主、士绅和官吏的专利品，对于广大的民众而言，远远未达到普及的地步。陆费逵指出："夫初等小学为国民教育，无人不当入学者也。"世界上发达国家的国民教育，学龄儿童的比例在 90% 以上，而我们国家则犹如漫漫长夜，"教育普及，渺不可期"。他根据直隶学务所刊行 1908 年教育统计图表，得出该省普及教育需要 200 年以上，有些落后省份则时间更长。国民教育的目的，在于养成一国之国民。"国民"思潮始于维新运动时期，主要是反对长期以来中国社会的奴隶思想、臣民思想，其中心就在于培养高素质的人，成为思想开放、道德高尚和易于接受新事物的国民。陆费逵的国民教育思想，不只局限于国内，而且具有了世界的眼光。他认为，处在今天的世界上，国民教育不但要养成一国的国民，而且要养成世界的国民，这样才能与世界上的国家竞争而存，"如人进一丈，己进一尺，必不能保其固有之位置。况人皆进步，而己独濡滞，且有退步耶？谋国者当放眼于五洲之外，岂一国情势亦未明者所可与语哉！兴言及此，又未尝不为吾国教育前途虑也。"① 从这些恳切话语

---

① 吕达主编：《陆费逵教育论著选》，人民教育出版社 2000 年版，第 65 页。

的字里行间里，都透露出他对普及教育的强烈关注。

陆费逵论述了男女共学问题。在当时，男女共学问题有诸多的观点，反对者有之，赞同者有之。清政府学部明文规定，女子小学学堂与男子小学学堂，不得混合。在陆费逵看来，这种一刀切的办法，无异于在阻碍普及教育。但是，他没有直接表示赞同，也没有直接表示反对，而是具体问题具体分析，提出了自己的看法。他认为，初等小学的学生，在12岁以下，应不分男女，可以共学。而高小以上的学堂，应当分校。但有的特殊情况，比如，十分偏僻或贫困的地区，独自设立男校、女校，肯定有困难，应当单设高等小学，须男女共学，不让女子失学。他特别强调说，即使12岁以上的男女共学，如果管理得当，害处也不大。如果坐视女子失学，则比共学之害无疑要大百倍。应当看到，男女共学与否，牵涉到社会旧有的伦理问题、风俗问题。在中国，长期以来男女地位不平等，女子失去了受教育的权利，一直到近代新思想的产生，才提出女子教育的问题。陆费逵的主张，着眼于国民教育，普及于包括女子在内的全体国民教育，这是他关于女子教育的出发点。

陆费逵对于男女同校问题，表示了赞成的态度。1911年，他代表《教育杂志》的记者，出席了中央教育会，对于其中的义务教育章程，认为初小男女同校，"关系尤大"。如果不这样做，"则女子终不能受义务教育也"。他批评那些顽固不化者，斤斤计较，以妨碍礼教为名，而反对男女同校。他指出："夫男女同处社会之中，于尊严之学堂，则不许髫龀之男女同校，于游戏之处所，则任年长男女之杂沓，诚不知其用意何在。况青年男女违礼之行，决不出于学校，尤决不出于十岁以下之共学，此吾敢断言者也。"陆费逵编著《世界教育

状况》(《教育杂志》临时增刊)一书，共分 15 编，作为中央教育会
的材料，以期"与会诸君研究采择"，这是我国最早专门论述外国教
育的著作。在该书序言中，陆费逵提出了一个重要教育理念，即国
民教育、职业教育、人才教育都要重视，都是我国应当抓紧兴办的。
他说："国民程度之高下，恃国民教育。国民生计之赢绌，恃职业教
育。而国势之隆替，教育之盛衰，厥惟人才教育。质言之，无国民教
育，则国基不固；无职业教育，则生活维艰；无人才教育，则国家无
所倚，国民失向导，终于必亡而已矣。"陆费逵认为，国民教育与职
业教育，都应当普及，而要做到这点，必须从师资准备入手。而人才
教育，就依赖于大学，"当注意应吾国今日之急需，与夫所以扩充吾
国势，促进吾文明者。尤当注意令大学学额与预备教育相应，勿令多
数摈弃，至养成高等游民。"①

　　陆费逵说，自己好谈教育，尤好谈学制。1909 年，他发表《缩
短在学年限》一文，通过对比英国、德国、美国、日本的学制，学
生从小学到大学毕业，大约 20 岁左右，就可以服务社会。而在我国，
根据现有的规定，则是"初等小学五年，高等小学四年，中学五年，
高等学校三年，大学三年或四年"。这样算下来，一个 7 岁就入学的
孩子，成绩优良，不留级，到毕业时就二十七八岁了，等到社会上工
作，就将三十岁了。基于这种认识，他指出："人才教育而缩短期限，
则成才较易，任事之期较长。国民教育而缩短期限，则办学较易，普
及之效易期"。在他看来，"则今日之学制，当改为初等小学三年，高
等小学三年，中学五年，大学预科一年，本科三年或四年，废去高

---

　　① 吕达主编：《陆费逵教育论著选》，人民教育出版社 2000 年版，第 72、89 页。

等学校，而置分科之预科。如是则七岁入学，二十一二岁可卒业于大学，出以任事矣。"① 在学部奏请《变通初等小学章程折》以后，陆费逵提出不同的意见，认为："新章程规定初等小学毕业之期，完全科五年，简易科则有三年、四年两种，毕业学生可一律升入高等小学。"这样会产生一个问题，高等小学升学程度的标准，所谓完全科的、简易科的，很难用统一的标准确定下来。针对这种情况，他指出："宜以初小四年毕业为标准。三年毕业者优等生可与四年毕业者同时升学；中等以上者，则令入另设之补习科，补习一年或半年，再行升学。五年完全科之毕业生，中等以下者，令与四年毕业者同时升学；其优等者，则插高等小学二年级。如此通融办法，窒碍必可较少。"② 随后，陆费逵写成《小学堂章程改正私议》一文，再次强调缩短学制的重要性。他说："初等小学完全科，应定为四年卒业。简易科三年卒业。完全科卒业者，可入高等小学。简易科卒业者，如欲入高等小学肄业，除最优等者应许其升学外，优等以下须入另设之补习科，补习一年或半年。"③ 可见，缩短在学年限，减少繁多的不合儿童生理、心理特点的科目，是陆费逵自始至终所强调的。

在创办中华书局以后，陆费逵关注民国教育改革的动向，并积极投入其中，以一个出版家的眼光来阐述教育上的问题。他对于民国教育方针的意见，有独到的见解。

事情缘起于蔡元培的一篇文章。蔡元培（1868—1940），浙江山阴（今绍兴）人，1889年应乡试，中举人。1892年应殿试，中进士，

---

① 吕达主编：《陆费逵教育论著选》，人民教育出版社2000年版，第24页。
② 吕达主编：《陆费逵教育论著选》，人民教育出版社2000年版，第32页。
③ 吕达主编：《陆费逵教育论著选》，人民教育出版社2000年版，第40页。

被点为翰林院庶吉士，1894 年授翰林院编修。积极参加戊戌维新运动，失败后弃官南下，就任绍兴中西学堂监督、剡山书院院长、南洋公学总教习。致力于新教育的创立，创办爱国学社、爱国女学。1904 年组织光复会，1905 年加入同盟会，1907 年赴德国留学，1911 年武昌起义后回国，任南京临时政府和北洋政府教育总长，推行教育改革，曾任北京大学校长。他是近代著名教育家，其思想和实践对我国教育变革起了积极的推动作用。

1912 年 2 月，蔡元培《新教育意见》一文，发表在《教育杂志》上（第 3 年第 11 期）。4 月，经修改并以《对于教育方针之意见》为题，发表在《东方杂志》上（第 8 卷第 8 号）。他认为，教育有两大区别，一是"隶属于政治者"；二是"超轶乎政治者"。在专制时代，"教育家循政府之方针以标准教育，常为纯粹之隶属政治者"。在共和时代，"教育家得立于人民之地位以定标准，乃得有超轶政治之教育。"针对清朝"忠君、尊孔、尚公、尚武、尚实"的教育宗旨，蔡元培指出："忠君与共和政体不合，尊孔与信教自由相违"，应当删除。在此基础上，他提出民国的教育方针，应当以军国民主义、实利主义、德育主义、世界观、美育主义，并认为："本此五主义而分配于各教科，则视各教科性质不同，而各主义所占之分数，亦随之而异。"蔡元培提出的教育方针，意在集思广益，引起教育人士的讨论，以确定适合民国的教育方针。

陆费逵率先响应。他奋笔疾书，写成《敬告民国教育总长》一文，提出当务之急的事情有四个，一是速颁布教育方针；二是颁布普通学校暂行简章；三是组织高等教育会议；四是规定行政权限。在他看来，教育方针采用哪一种，需要讨论，"然养成共和国国民，固无疑义。"应当由教育总长，尽快选定并从速颁布，"而后教员可据以施其训练陶冶，教科书可据以定其编辑宗旨。"①武昌起义后，战事纷乱，许多学校停办。而民国建立以来，各地的学校开办，但无章可循，应当尽快制定学校章程。他提出制定简章的几个原则：每年分两个学期、改订课程表、小学校许男女共学、教科书在不违背教育方针的前提下，由各省自由采用、不违背民国宗旨的清学部旧章暂许通用。关于高等教育会议，会员分四种、会期每年一次、凡教育之法令制度及行政惩戒事项，都在会议上决定。陆费逵认为，这是必须速办的事情，其他的事情可以日后再办。

随后，他又发表《民国教育当采实利主义》一文，明确提出自己的意见。蔡元培曾就教育方针问题咨询陆费逵，他直接回答采用"实利主义"。他认为："夫国民教育，德、智、体三者既不可偏废，各种主义自无不包含之理。"提倡军国民主义，不能不讲公民道德；提倡实利主义，也不能不讲美感教育。"夫教育方针，当与国是一致，尤当合世界潮流。"以今天国家状况而言，"万事之根本，实在乎财。吾国大患，尤在夫贫。苟一旦民穷财尽，则国与民皆不免于破产。国家破产，外侮立乘，国民破产，盗贼愈甚，而皆不免于亡。"我们国家长期以来，下等社会的人们，吃苦耐劳但知识缺乏，生活技能薄弱；上等社会的人们，"文弱优柔"，既没有耐劳的筋力，又没有谋生的技能，"恐全国皆游民饿莩矣。"所以，"今日教育方针，亟采实利主义。"国民与国家富裕充足，需要倡导实利主义来实现。施行实利主义，不但能脱贫，而且能增强国力，高尚人格。他强调，教育宗旨应当以养

① 吕达主编：《陆费逵教育论著选》，人民教育出版社2000年版，第101页。

成"人"为第一要义，而人之能否成为人，"实际上以能否自立为断。所谓自立者无他，有生活之知识，谋生之技能，而能自食其力不仰给于人是也。欲达此目的，非采实利主义为方针不可。"更为重要的是，陆费逵指出，对于实利主义，不能片面地理解。实利主义指的是实业，但不唯实业；指的是手工图画，但不唯手工图画，这些都是其形式而已，而应当上升到其精神层面，"其精神所在，则勤俭也，耐劳也，自立自营。举凡一切为人之德义，实利主义之教育无不含之。人人能勤俭、耐劳、自立、自营，则民智民德进，而社会国家亦进步矣。"陆费逵指出，实利主义教育，就是让人能够维持生活，解决了这个物质基础，才能有其他的进步，而教育目的也就达到了。他还举例说明，前几年为商务印书馆招收学徒，今年又为中华书局招考学徒。这些学生，"大率入学数年，略解粗浅文字及笔算，于习字、珠算及生活知识不合格，刻实耐劳，亦不多见。而女生入学数年，家事知识、女红技能毫无了解，仅知以女国民自命。"所以，"民国教育方针，宜以实利主义为标志，勤俭耐劳为学风。普通人民，宜令具生活之知识技能；俊秀之士，宜令备指挥监督之才，或注意于研究发明。人人有谋生之力，生活稍裕，则可以为军国民，可以为公民。其上焉者，可以研究哲学，求出世间之知识，养美丽尊严之感情。"[1]陆费逵对实利主义的认识，没有停留在形成国民知识、技能的水平上，而是着重于吃苦耐劳精神的培养，这是非常有远见的。虽然在此之前，实利主义教育就有人提倡，但是民国初年，对实利主义阐述最为详尽的当属陆费逵。

---

[1] 吕达主编：《陆费逵教育论著选》，人民教育出版社 2000 年版，第 118—120 页。

陆费逵的观点，引起了蔡元培的高度重视。他的这些思想与清末时期是一脉相承的，只不过在新的形势下，有了一些新的思考。正因为如此，民国建立后，率先实行的《普通教育暂行办法》、《普通教育暂行课程标准》，陆费逵得以参与其中，作出了自己应有的贡献。陆费逵回忆说："民国元年，南京临时政府成立。蔡孑民先生任教育总长，就任之初即来沪与同人商教育进行。蔡先生拟刊行白话日报并修改前清学部教科书。我少年气盛，猝答曰：'白话日报固为开民智之重要工具，但只可提倡民间为之，或由政府别行组织，非教育部之紧急工作。前清学部教科书，内容不合共和政体处，较民间出版者尤多，改不胜改。且编法太旧，文字太深，即改亦不合用。不如通令各学校仍用民间已出之教科书，其与共和政体不合者，列表删改可也。今距春季开学不过月余，政体初更，各省皇皇不知如何措手。我以为去泰去甚，定一暂行办法，并将要旨先电各省教育司，俾得早日准备开学，教育部第一步工作此为最要'。蔡先生以为然，并嘱起草。我与蒋竹庄先生商定一稿，即元年一月所颁之暂行办法及四条通电。其内容大体根据我三年中所研究的结果，如缩短在学年限（中小学改为共十二年），减少授课时间，小学男女共学，废止读经等，均藉蔡先生采纳而得实行，其愉快为何如也。"[1] 这个办法对于民国初年的教育改革，起了很大的促进作用。时人评价说："革除前清学制之弊，开新学制之纪元，于全国教育停顿、办法分歧之时，赖此通令，得以维持，其影响实非浅显。"[2]

---

[1] 陆费逵：《陆费逵文选》，中华书局 2011 年版，第 286—287 页。

[2] 陈学恂主编：《中国近代教育史教学参考资料》（中册），人民教育出版社 1987 年版，第 164 页。

　　其时，陆费逵已是中华书局局长，但十分关注教育问题，他的研究结果得到采纳，并变成教育部的法令，内心高兴之情，自不待言。他说："客岁南京政府成立，蔡先生任教育总长。暂行办法十四条，合乎教育原理及吾国人情风俗，较之前清进步多矣"。"余等向所主张各说，缩短在学年限也，减少授课时间也，注重实利教育也，无不见诸实行。"① 从另一个方面来看，教育部颁行了新的通令，正是他提出的学制改革，"教科书革命"的实践。教育与出版，就这样结合在了一起。

　　陆费逵在文中提到的蒋竹庄，即蒋维乔（1873—1958），江苏武进人，字竹庄。早年就读于江阴南菁书院，1902年加入蔡元培组织的中国教育会，担任爱国学社国文教员、军国民教育会教练员及爱国女学校校长。后长期在商务印书馆编辑小学教科书，并主持商务印书馆所办的新式学堂，民国初年应蔡元培之邀入教育部任参事。蒋维乔与陆费逵是商务期间的同事，对当时的教育现状都深刻了解，两个人的想法基本上是一致的。民国元年的普通教育暂行办法，也是两个人共同商定的。关于这个"办法"的制定过程，蒋维乔回忆说："辛亥革命成功，临时政府成立于南京。任命蔡元培为教育总长。蔡方自欧洲回国，造余庐而请曰'去国多年，于近来国内情形殊多隔膜，望公相助为理，部中一切，事无大小，皆愿为我计划之'。余亦以国家之事，非异人任，重以旧友情谊，慨然允之。蔡曰：'今者天下纷纷，尚未统一，论及教育，应如何著乎？'余曰：'军事未毕，实施教育，尚非其时。不过帝制推翻，民国成立，前清学制，全不适用，且为天

---

　　① 陆费逵：《陆费逵文选》，中华书局2011年版，第156页。

下诟病已久，不若于此数月中，先行草拟民国学制，一面颁发通令，于旧制之抵触者去之，不抵触者仍之，以维持现状。'蔡亟称善……余乃于未进教育部前，在商务印书馆编译所，与高梦旦、陆费逵、庄俞等计议，草定《普通教育暂行办法通令》，计一十四条。携此稿偕蔡元培并会议员共三人，赴南京组织教育部……于元年一月十九日颁发此项通令。"①

对比一下陆费逵与蒋维乔的回忆，多少有一些出入。不过，蒋维乔的回忆说，他在商务印书馆与陆费逵等人商议之事，明显有误。因为这时候的陆费逵，已离开商务而独立创办了中华书局。可以肯定的是，他们两人都向蔡元培提出过建议，都认为在不违犯民国政体的前提下，沿用某些清朝学部的旧章，作为权宜之计。这个暂行办法十四条，由他们两人为主拟定的，当属没有多大的疑义。

民国建立后，教育方针的确定，犹如教育的宪法大纲，统率着整个教育事业建设。接下来关于学制问题，又紧迫地提到了议事日程。所谓学制，又叫"学校系统"，即学校教育制度的简称，它是国家教育制度的核心。它规定各级各类学校的性质、任务、入学条件、学习年限以及它们之间的衔接和关系。

中国近代学制确立，是伴随着新式学校的建立而来。维新运动期间，康有为、梁启超等人就提出，尽快确定学制的问题。从1901年开始，清政府实行"新政"改革，教育改革取得一定的成效。1902年，在管学大臣张百熙的努力下，清政府颁布《钦定学堂章程》，因该年为农历壬寅年，所以又称为"壬寅学制"，包括《京师大学堂章程》、

---

① 蒋维乔:《清末民初教育史料》,《光华》第5卷第1期。

《考选入学章程》、《高等学堂章程》、《中学堂章程》、《小学堂章程》、《蒙学堂章程》，规定了各级各类学堂的培养目标、修业年限、入学条件、课程设置和相互衔接关系。这部学制虽然公布，但并未真正实行。1904年1月，清政府颁布了由张百熙、张之洞、荣庆共同拟定的《奏定学堂章程》，因该年为农历癸卯年，所以又称为"癸卯学制"，包括《奏定学务纲要》、《奏定各学堂管理通则》、《奏定各学堂考试章程》、《奏定各学堂考试章程》、《奏定各学堂奖励章程》、各级各类学堂章程以及译学所、进士馆、任用教员章程等。从蒙养院到通儒院，从普通教育、师范教育到实业教育，从任用教员到学校管理，从立学宗旨、培养目标、入学规则、学习年限、课程设置、教学方法、校舍建筑、仪器设备到考试、奖惩等，都做了非常详细的规定。这是中国近代史上第一个正式颁布并在全国普遍实施的学制。按"癸卯学制"的规定，从纵向来看，学制分为三段七级：第一个阶段为初等教育，设蒙养院、初等小学堂、高等小学堂；第二阶段为中等教育，设中学堂；第三阶段为高等教育，设高等学堂或大学预科、分科大学、通儒院。从横向来看，与初等教育平行的有艺徒学堂、初等实业学堂、实业补习普通学堂；与中等普通教育平行的有初级师范学堂、中等实业学堂；与高等普通教育平行的有优级师范学堂、高等实业学堂、实业教员讲习所等。另外，属于高等教育性质的还有译学馆、方言学堂、进士馆、仕学馆。由此构成了纵向初等、中等、高等三级衔接，横向普通、师范、实业三足鼎立的整体格局和框架。"癸卯学制"的颁布，"标志着我国近代学校教育初步进入了制度化和系统化的时期，从此确立了中国近代学校教育制度的基本模式"。"结束了近代以来新式学堂各自为政、不成体系的无序状态，标志着近代意义上的学校教育制度正式诞生，在中国近代教育发展史上具有重大意义。"①

共和政体建立，学制改革的重要性日益凸显出来。陆费逵对学制问题倾注了大量精力，1912年，他写成《民国普通学制议》一文，系统地提出了自己的观点。关于年限问题，他以欧美各国为例，自上学到大学毕业，大约在14—16年，日本最长，也不过17—18年。而我国清朝时期，却在20多年，"非缩短之，断无人才大兴之望"。"高小末二年与中学初二年复，中学后段又与高等复。何必强令学子虚耗宝贵之光阴，迁就重之学制哉？"关于学堂系统问题，中学又分为文科、实科，受此限制，无论升学还是转学，都比较困难。而在小学、师范里，偏重经学，轻视国文、体操。凡此种种，"断不能听其行于民国者也。"同时，学校设立必须兼顾国民教育、人才教育和职业教育，相辅相成，缺一不可。根据这个原则，陆费逵设计了一个学校系统。普通教育：初等小学（四年）——高等小学（四年）——中学（四年）——分科大学（含预科，四年或五年）——大学院（二年以上）；职业教育：艺徒学校（二年）——初等实业（二年至四年）——中等实业（三年或四年）——高等专门（三年或四年）；师范教育：初等师范（完全四年，简易二年）——优级师范（本科三年，预科一年）。在陆费逵心目中，这是一个合理的学校系统。他说："初等小学为义务教育，所以养成普通国民也。高等小学为较高之国民教育，将来国势发展，即可将初等年限延长，如义务教育延至八年，则初、高等之冠词，即可删去。"中学阶段，"一方面养成高等之国民，一方面为升入大学专门之预备。"他不赞成中学里就分文科、实科，因为普通学

---

① 陈学恂主编：《中国教育史研究》（近代分卷），华东师范大学出版社2001年版，第260、273页。

科不能偏科，高等人才不能缺少普通知识。在师范教育中，初级师范学校在于培养初小（简易科）、初高的小学教员，程度与中学略同，也定为四年毕业。关于课程设置，从初等小学、高等小学、中学到师范学校的课程表，每个阶段分为四个学年，各个科目相互兼顾，重视国文、修身、历史、地理、法制、经济、理化、体操、博物等科。陆费逵坚信："民国行共和政体，须养成共和国民。今日为二十世纪竞争剧烈之世，非军国民经济国民不足以立国。而文明日启，工业发达，非有科学又不足以促国家之进化也。今兹所订课程即本于此诸主义，务养成独立、自尊、自由、平等、勤俭、武勇、绵密、活泼之国民，以发达我国势，而执二十世纪之牛耳。"①

为了尽快确立民国新学制，教育部就新学制草案，多方征求各界的意见。针对草案的内容，陆费逵提出了自己的看法。关于年限与课程问题，他认为，小学初等四年，中等二年，高等二年；高小开设外国语必修科，以图普及，并与中学衔接。中学更深造之，务令能直接听讲；大学预科仍为二年，以第二外国语为主课。关于预科、补习科问题，他指出，与高小同等程度的学校，设两年预科，程度参考初小。与中学程度同等程度的学校，也开设两年预科，程度参考高小，并可就本科需要之学科，特别注重；无论何种专门学校，在本应当设立的预科外，应当设立补习科，讲授该校入学必需之课程。关于女学问题，陆费逵提出，应当以三个主义为原则，"一曰家庭主义，即养成主妇，以改良家庭者也"；"二曰教育主义，即养成师范以教育未来国民者也"；"三曰职业主义，即授以谋生之能力，而为自立计者也。"

---

① 陆费逵：《陆费逵文选》，中华书局 2011 年版，第 133—141 页。

根据这三个原则，他认为女学应当：（一）高等小学，加家事科，中学第一、二年亦然，并注重裁缝、烹饪之实习；（二）中学，加教育大意；（三）多设女子职业学校，裁缝、蚕桑、美术尤要。①

1912 年 7 月，教育部召开临时教育会议，主要内容就是讨论学制和相关教育条令。会议汇集了全国教育界众多知名人士、学者、专家，会员皆一时之选。陆费逵撰写的《新学制之要求》的文章，就是为了这个会议做准备的，也可以说成为会议的议案之一。会议历时一个月，提出 92 件议案，关于学制的草案，先后拟定三稿，广为征求意见，集思广益。经过反复酝酿、讨论，并参照其他国家的成规，于 9 月 3 日颁布《学校系统令》，因该年为壬子年，故称"壬子学制"。随后，教育部陆续颁布了小学、中学、专门学校、实业学校、师范学校、大学的有关法令规章。1913 年（农历癸丑年）将这些法令与"壬子学制"合在一起，相互补充，形成"壬子癸丑学制"。至此，民国学制改革大致完成。

"壬子癸丑学制"缩短了学生的在学年限，整个教育年限为 18 年，共分三段四级：一是初等教育，分初等小学校、高等小学校，共 7 年；二是中等教育，只有一级，共 4 年；三是高等教育，只有一级，分预科、本科，共计 6 年或 7 年。此外，下面有蒙养院，上面有大学院，不计年限。从横向看，分为普通教育、师范教育、实业教育三大块，另外有初习科、专修科、小学教员养成所，作为三大块的补充。"壬子癸丑学制"从内容上看，体现了民主共和国的特点，提倡自由、平等、博爱的精神。第一，大力提倡"实力主义教育"，针对传统教育

---

① 陆费逵：《陆费逵文选》，中华书局 2011 年版，第 152—155 页。

特别是科举制度的弊端，脱离社会实际，轻视生产劳动，学生"四体不勤，五谷不分"。本着以"人民生计为普通教育之中坚"的原则，贯彻于整个学制系统中。第二，规定小学阶段男女同校，废除贵胄学堂，废除毕业生的科举出身奖励制度，传统教育中的封建特权、等级制度得到清算。第三，在课程设置上，取消读经科，以美育代替宗教；重视学生的生活知识和技能，增加自然科学和实用生产技能的培养；强调德、智、体、美全面发展。第四，教科书的编写必须合乎共和民国宗旨。"它在基本精神和总体指导思想上以民主共和的新政体为皈依，以发展资本主义为宗旨，把教育的基点放在培养共和新国民，养成完全之人格上，进而在教育方针、培养目标、课程设置、教材、教法等方面突破了传统封建教育的框架，揭示了近代教育的真谛，体现了与近代大工业生产发展相适应，为新的社会生产力服务的资产阶级新教育的本质特征，因而，其划时代的历史意义是不容低估的。"①

民国新学制刚颁布，陆费逵就写成了一篇文章，题为《新学制之批评》。当然，这里的"批评"，不是指责，更不是反对，更多的是评论、建议之类。陆费逵从总体上肯定了新学制，"新学制之大体，吾无间然，且亦不必纷纷主张，致朝令夕改。"只是，在有些地方，他提出了自己的看法。首先，关于算术课程问题。陆费逵认为，初小第四年算术的时间太少，高小第二年算术教材太少，第三年太多。其次，关于英语课程问题。陆费逵主张，高小以英文为必修科。对于新学制规定的第三年，且为随意科又"视地方情形，可自第二年始"，

---

① 陈学恂主编：《中国教育史研究》（近代分卷），华东师范大学出版社 2001 年版，第 281—282 页。

提出了不同意见。他的用意，在于加强英语的学习，提高中学生的英语能力。除了上述两个主要问题外，陆费逵还提出三点值得研究的问题："（一）农、商业是否当为正系高小之必修科。（二）以吾偌大且古之国，历史、地理之时间，是否与日本相等已足。（三）女子何以不设家事科，国文科女子所用读本，家事要项，如何加法。"①

陆费逵回顾了近代教育的历程，所走过的曲折道路。他认为，那些致力于兴学者，或者重视大学、高等教育，轻视小学教育，从京师大学到各省高等学校，"不问学生之有无，教员之善否，同时并举，建筑开办之费若干万，经常费用若干万。"然而，结果却是"办理不善，成效鲜睹，诟病之声，洋溢国中"。或者又提出，先有小学而后有中学，有中学而后有大学，要求注重国民教育，"举国风靡"，"然而多数之学生，智、德、体三者，未曾愈于曩昔。而人才消乏，上下交困，反日甚一日。"民国以来，国民教育、社会教育呼声很高，认为民国政体，贵在平等，不应当偏重人才，以免造成新的不平等，人才教育、职业教育几乎不被提及。实际上，这是一段时期内人们对教育产生的一些误解。但是，必须看到，社会的多样性、分工的多样化、职业的复杂性，必然要求教育的多样性。所以，这种现实状况让陆费逵觉得，不解决思想认识问题，可能会影响新学制的执行，即使颁布了也可能会流于形式。他拿起笔来，思路再次如长河一样，无法抑制。他强调，人才教育、职业教育与国民教育同等重要，应当同等重视，"夫国民教育，以水平线行之，所以使全国之人，具有人生必不可少之智识，以为国家之基础也。人才教育，则以出类拔萃为宗，

---

① 陆费逵：《陆费逵文选》，中华书局 2011 年版，第 156—159 页。

所以使天才卓越之人，习高等专门学问，以为国家社会之中坚也。职业教育，则以一技之长，可谋生活为主，所以使中人之资者，各尽所长，以期地无弃利，国富民裕也。"在这里，陆费逵剖析了不同教育类型所发挥的作用，所面临的受教育的对象，他的认识是十分深刻的。接着，他指出："一国之立，非有曾受教育之国民，则风气塞陋，民俗愚顽。"我国数千年来，之所以顽固、保守，不思进取，与漠视国民教育不无关系。至于人才教育，鉴于民国建立，需要大批人才，但社会上的中坚人物，大半是接受旧教育的人。目前，"文化日开，需用人才日多，如不早为培植，将来老成凋谢，继起无人，实为国家社会之隐忧。"至于职业教育，"非职业教育兴盛，实业必不能发达，民生必不能富裕。"①

早在清末时期，陆费逵就关注女子教育问题，提倡男女共校。他的出发点主要基于两点，一是女子担当家庭教育的重任，女子只有受教育才能教育好子女，所以女子应当受教育；二是中国之大，特别在贫困地区，不可能建立那么多的学校，应当男女共学。

进入民国以后，共和政体建立，男女平等。从某种程度上讲，女子有受教育的权利，也为社会所认可。在民国新学制的内容中，规定小学阶段男女共学等，令人耳目一新，给予传统"女子无才便是德"的观念以极大冲击。在长期封建社会中，我国女子处于驯从之地位，有政权、族权、夫权、神权"四大绳索"的束缚，还有缠足、守节等陋规陈俗，她们忍辱负重，毫无人格、尊严可言，遑论教育权利。所以，民国的建立不但开辟了中国教育的新纪元，而且开辟了中国女子

---

① 陆费逵：《陆费逵文选》，中华书局 2011 年版，第 171—175 页。

教育的新纪元。

陆费逵认为，女子在家庭中，主持家务，教导孩子，地位不可谓不重要。但是自清末以来的女子教育，不但重视程度不够，而且不甚得法，没抓住要领。他指出："十年以还，女学大兴，然粗浅文字、绒线手工之外无功课；男女平权、家庭革命之外无学说。缝纫不知也，烹饪不能也，举凡女子当尽之义务，无一克举，数千年之醇风美俗，扫地尽矣。"当然，陆费逵的言语难免有过激之处，只是看到了问题的一个方面，把女学举办过程中的一些弊端，有点扩大化了。而且，其"数千年之醇风美俗"也不尽然，加在女子身上的陋习，同样不可胜数。

不过，透过这些字里行间，我们看到了一颗执着的心，一份焦虑的情。所以，他提出"女学校当注重家事科"，所谓"家事科"，包括裁缝、烹饪、育儿、侍疾等项目。看起来是些小事，不值得学校设为专科，"然此科既为人生所必需，饮食衣服，生命所关，岂容冒昧为之，不加研究。"陆费逵举例说，这些科目，在欧美各国，"无不于学校之中，设为专科，冀于短小之时间，教以完善之方法。裁缝、烹饪、家庭、化学，无一不便日用。卫生、看护直接裨益于人生者，更无论矣。"据此，陆费逵得出结论："余以为家事一科，无论何种女校，皆当注重。高小、中学，每星期至少三小时。即教授理科，亦当与男子有别。盖男子应用于社会，女子应用于家庭，其事不同，其需用之智识自异也。不宁唯是，初等小学虽男女同校，然能于第四学年，每周授一时之家事谈话，于改良家庭或不无小补欤！"[①]

---

① 陆费逵：《陆费逵文选》，中华书局 2011 年版，第 160—161 页。

　　陆费逵对女子教育问题的认识，着眼于女子的生理、心理和身体，以及考虑到长期以来的性别、身份和社会角色的传统。他反对两种观点：（一）激进派的观点，即"凡男子可为之事，女子举可为之，教育当于男子平等"；（二）顽固派的观点，即"凡男子可为之事，女子举不能为，无所谓教育。"他认为，应当着眼于女子的实际，她们干家务，养儿育女，辅助丈夫，即为人妻、为人母，应当"受妻之教育""受母之教育"。他还认为，女子必须经济独立，有一技之长，不能全靠男子养活，"当择己所能任之职业任之"。那么，哪些职业适合女子呢？这就要看女性的特点、女性的能力，又符合女性的社会角色，不为传统所障碍，"如农家之养蚕，工业之裁缝、刺绣、纺纱、缫丝、订书，学校之教员，以及图画家、音乐家、著作家等。"女性"柔弱而优美"，不适宜为政客、军人、工程家。从我国社会习惯来看，也不宜为商业家。他举了两个例子，说明女性不会算账、不识字的害处，"近世文明进步，即使女子不为职业计，家政育儿，皆非学识，不为功，仅识之无，安能敷用？"他强调说，女子教育："第一，当养成贞淑之德，和易之风，并授以家政之智能，期可以为人妻；第二，当养成慈爱之性，高洁之情，并授以育儿教子之技能，期可以为人母；第三，当设女子师范学校，女子裁缝、刺绣、蚕业、图画、音乐等学校，期可以习一业以生活。"① 陆费逵的女子教育思想，以今天的观点论之，不无偏颇之处，受"男主外，女主内"的意识支配，有的观点甚至过于绝对。但他从女子的生理出发，从女子的社会角色出发，强调男女适当的社会分工，具有一

---

　　① 陆费逵：《陆费逵文选》，中华书局 2011 年版，第 167—169 页。

定的合理性。

二、实地考察教育

陆费逵的教育思想，产生于清末，形成于民初，一方面，得益于他的学习与思考；另一方面，更有赖于他对教育的亲身考察和体验。事实上，许多关乎教育的思想，就是他实地调研考察的体会。

1911年8月，陆费逵以《教育杂志》记者的身份，参加了清政府学部在北京召开的中央教育会议，并写成《论中央教育会》一文，详细介绍了会议内容，各派对相关议案的争论。他根据自己的理解，进行了很有主见的评论。关于男女同校，关于在初等小学堂不设读经、讲经科。新旧两派争论非常激烈，旧派中有人还痛哭流涕，认为这是亡国之举。陆费逵指出，经有四个用处，精义格言、治平要道、文章古雅、历史参考。这时期的他，并没有反对读经、讲经，而是批评所读、所讲的方法不对。因为在初等小学不读经，并不是经本身不好，而是因为儿童虽然读了但不能理解的缘故。何况各部经中都有各自的精义，与其令学生专读一经，食而不化，不如选取各经的精华，分别将浅显的、难懂的，依次排列高、中、小各学年，编入小学课本、国文读本，让学生能读能理解，而且能在社会上、在日常生活中实践之。令他极为气愤的是，有人竟然抬出所谓的"圣谕"来，以堵众人之口。对此，陆费逵反驳说："初小须加课《夏小正》、《尔雅》（孙雄主张），亦上谕所规定乎？若谓上谕为永不可变，则祖宗之法可不变，科举可不停，学堂可不兴，学子日讨生活于五经诗书足矣。何必言教育，更何必开中央教育会也。"① 关于停止奖励案，经大多数人同意，得到通过。他认为，这在教育改革中极为关键。关于军国民教育案，争论的也相当激烈。最后，陆费逵对中央教育会做了一个总体评价。他认为，从议决的各个议案来看，取得了很大的成绩。陆费逵亲自参加中央教育会，耳闻目睹了会议的整个过程，特别是对会议内容的关注，增长了不少见识，对当时的教育实情也有了更加准确的判断。还有一点不可忽视的是，通过参加这个会议，陆费逵结交了许多教育界人士，对从事出版的他来说受益匪浅。

期间，陆费逵先在北京、后在天津进行了考察，大约有两个月的时间。为此，他写了《京津两月记》一文，记录了这个期间他的所见所闻，涉及内容非常广泛，有城市管理、市容市貌、风俗习惯、学校等。给他留下第一印象的是北京的道路。曾经，在一本地理教科书上，说北京"道路不治，泥泞难行"。学部曾批评这本教科书，下令改正，其理由是北京道路整洁，教科书说的不是事实。陆费逵到了北京，开始觉得"道路颇整洁，余大奖之。"随即有人告知，这是天寒地冻所致，等天暖以后，就不是这样子了。他问，学部批评教科书的话，难道不是真的吗？有人对陆费逵解释说，两家说的都有道理，学部所说的路，是摄政王、外国人每天都要行走的路，那本教科书上说的路则指寻常之路。陆费逵还是有点疑惑，后来的事实恰恰验证了北京的这"两种路"，不说有天壤之别，也是令人感慨万千。他说："此次住京较久，日日外出，饱尝红尘万丈、泥深没胫之滋味。尤苦者，道路崎岖，无论乘马车、骡车、人力车，无不病其颠簸。然行经东交

---

① 陆费逵：《陆费逵文选》，中华书局 2011 年版，第 96—100 页。

民巷及东华门、后门，诸路则王道，坦坦不啻上海之大马路也。现有像皮人力车稍佳。惟雨后泥深，拉挽甚艰，不能远行耳。"

陆费逵在北京期间，与友人吴蔼辰、谷九峰、袁观澜、杜海生游览颐和园。在欣赏园内景致之时，他感慨万千，认为天然风景美，而人工低劣，"房屋概类庙宇，画栋雕梁皆极粗率。"树木极少，"用水泥筑堤，一无蔽日之物。"湖中的四艘小艇，也是为外国人准备的，设施简陋。"戏台虽大，亦极粗陋。"游园时间约用二小时，在返回途中，他们游览了农事实验场。该场有两部分组成，一部分是动物园，当时称为"万牲园"，有许多珍奇异兽，种类很多，不容易见到。另一部分是植物园，也即"试验场"，占地一千亩，布置得很好，亭阁台榭，河池园圃，令人流连忘返。前后对比，陆费逵又说："盖颐和园系内侍木商所主持，此则叶君基桢所布置。叶君苏人，农学专家。甚矣！学术之为用大也。"路上，陆费逵看到两个公园，"一则墙垣高整，树木阴森；一则颓垣残瓦，满目荒芜。"

其间，陆费逵参观了清华学堂。分为中学五级，高等三级，有学生约五百人。中学毕业后，最优等都升入高等肄业，优等以下者还须与外校报考者一起竞争。高等三年期满，最优等的派遣留美，优等以下发给毕业文凭，自谋职业。课程安排比较适宜，按照循序渐进、由浅入深的原则排列。

在北京的日子里，陆费逵亲眼目睹现状，更感到国家改革的必要性、紧迫性。几乎所闻所见之事，都让他感叹不已。由此，他说："所谓改革，无一不似是而非。冥顽刁狡者，自行其是，以开通自命之俦，又从而附和之。某君谓：四品以下之京官，开通有才者，实非鲜少。其所以不能为善者，盖大半仰承堂官意旨，逢君之恶甚或长君之恶耳。"

中央教育会结束后，陆费逵到了天津，总共待了五天，专门考察了天津的学堂。他所到的学堂有北洋女子学堂、模范小学堂、督署小学堂、民立第一、第二小学堂、官立第九女子小学堂。陆费逵认为，天津女子师范学校为天津女学第一，校舍宽敞，布置合理，分文科、理科。陆费逵参观的时候，学生正在上课。理科在讲授三角，文科由一位德国女老师在讲图画。他听了上课后，评价很高，"教授合法，成绩优美"。附属小学分三级，第一年级由一位无锡姓陶的女教师，在讲授算术，"叮咛恳切，可谓循循善诱，女教员中不可多得者也。"其余的两个年级，一个在讲授算术，另一个在讲授国文，也都是女教师上课，不如前面那位老师讲授得法。高等女学堂虽名为"高等"，但程度实际上是小学。分为四个班，像初、高小程度，并附设幼稚园，布局合理。高等工业学堂开设化学、机械、图案三个学科，规模不大，设备不很完善。附设中学五级。陆费逵看到，这里的学生不全在上课，有的在作文，有的在读文，只有五年级在讲授外国地理，用商务印书馆的《瀛环全志》作教材。他指出这次课的失误之处，主要存在着三个方面："此书已旧，教员不知改订，一失也。教学端坐，持书顺讲，注重文字，而略于大势，二失也。学生有地图，而教员无之，且不知利用黑板，三失也。综此三失，而地理教授之精神，全归于消灭矣。"陆费逵又来到水产学堂，正值午后三点左右。本来想见该校的校长，在办公室等了半个小时，得知校长不在。又打听庶务员，也外出；询问教员，都没有来。学生们零零散散地分散各处，打打闹闹。陆费逵问是否开学，得到回答已开学一个多星期了。他"愤甚，遂辞出。此校属劝业道，何以腐败至是也！"他参观南开中学、师范学堂，是在星期六的午后，都不上课。在南开时，陆费逵参观学校的校舍，建筑适宜，课程极佳。读经每星期仅三小时，"尤为特色"。仪器设备也很完备，是一所非常好的学校。他还参观了学生宿舍，分为三个区域，东部三个区域，都比较适宜。只有西部的房间很小，住四个人，床与床都挨着，从卫生角度讲，不太合理。学校的厨房太靠近宿舍，也不甚合理。①

陆费逵在北京、天津的考察，让他感到受教育和不受教育，有学术和无学术，在社会上所起的作用，实在是难以言表。北京、天津的各处学堂，从开的课程，设立的学科，不同的年级，还有教师的讲授方法，都让他感慨万千。固然，有参差不齐的情况，这属于正常现象。然而，在上课期间，校长不在，庶务长不在，教师不在，学生管理松散的现象，还是让他难以接受。

通过这次教育考察，陆费逵对中国的教育实情，有了更加切身的体会，这些体会是真实的，活生生的。这时的他，是商务印书馆的一个职员，《教育杂志》的记者，然而，他又不仅仅局限于此。他懂教育，从学制长短到课程设置，甚至教材合理与不合理。尽管学校用的是商务印书馆的教材，他也毫不留情地指出了内容的陈旧，反对教师照本宣科，反对教师坐着讲课，特别是讲地理课而没有地图，实在是不应该的。这一切让陆费逵觉得，中国的教育问题很多，到了需要切实转变的时候了。他感到：自己肩上的担子更加沉重，自己的任务更加神圣。陆费逵没有退缩，而是迎难而上。以出版来扶助教育，改变不合理的教材，改变教学设备落后的状况，培养合格的教师队伍，在

---

① 参见吕达主编：《陆费逵教育论著选》，人民教育出版社 2000 年版，第 81—87 页。

他的内心深深地扎下了根。

"民六危机"以后，陆费逵思想上受到震动，再加上国家的多事之秋。他作为一个出版家，不断地观察社会，观察出版业，将自己的事业与社会风气紧密结合起来，从而得出教育能挽救世俗人心，能挽救社会，进而拯救国家。实际上，这是那个时代的人，首先是那些具有社会责任感的知识人的感悟。以今天的眼光来看，任何一项改革，都是综合性的社会改革，不能绝对地说哪一项重要，哪一项不重要。犹如近代中国，"实业救国""教育救国""改良救国""革命救国"，等等，之所以会出现，就在于角度不同，身份不同，社会角色不同。这些思想都是在为救国、为民主、为富强而呼吁，都是在一点一滴地积累着变革力量。陆费逵创办中华书局，是经营实业，但这又是一项文化事业、教育事业。他肩负着启民智、救中国的重担，为此他呕心沥血，殚精竭虑。他以出版家而观察教育，以教育家而促进出版，陆费逵所担当的，正是这样的一个社会角色。

"民六危机"以后，中华书局对分局进行了整顿，加强了分局的内部管理，加强了书局与分局的关系。其中，总经理亲自下去视察，对分局的业务进行具体指导，成为加强管理的一个重要环节。陆费逵借视察各地分局的机会，也游览分局所在的城市，对当地的风土人情、文化教育，以及民众的生活状况有了更深的了解。他的许多教育思想或以出版扶助教育的理念，也与这些游历有很大的关系。

1919年9月，陆费逵前往华北视察各分局。他从上海出发，首先到达南京，接触了许多人，谈了许多方面的事情，特别是他与江苏第四师范学校校长仇亮卿的谈话，让他印象深刻、受益匪浅，对当地的教育问题有了不少新的看法。陆费逵得知，江苏的高等小学办理不尽完善。以仇氏所在的学校为例，招考新生时计划招收 50 名，应考者在 300 多人，然而合格者不过 20 余人，尚有 20 余人属勉强凑起来的，可见高小教育办学水平的低下。而中学生毕业后又多数"为不适应用，不能谋生"。造成这种状况的原因何在？陆费逵了解到，既是由于高小阶段没打好基础，"贸然入中学"，又是"教育行政方针又误也"。专业学习欠考虑，职业选择不对口，想就业邮政、海关、电报等职，不能与教会学校毕业生相比；想就业当教员，又不能与师范学校毕业生相比。陆费逵以江苏省立 11 所中学为例，"校各二班，并私立者计之，每年卒业生至千余人之多"。这么多的中学毕业生，"省立国立之高等大学，不能容其什一之升学"。于是，他们"不得不为高等游民，而愈为世所诟病矣！"其他诸如师范学校、中学的国文教育，陆费逵也分别发表了自己的看法。他认为，学生的长处在于各科知识的齐备，短处在于时间太少，讲授不得法，读古书太少。陆费逵指出，反对小学读经，而对于中学、师范，选读《孟子》、《论语》、《礼记》、《左传》等，还是有必要的。从他们的作文来看，每苦于错别字和文法错误，这就是因为不重视字义理解的缘故。那些"应用文字，非不注重，但余以为有体方有用，苟文从字顺者，虽不标明应用，而应用自在其中。若不从根本解决，徒孳孳于应用文件，则无源之水，必有穷于应者矣。故余意教授国文，当从字义及理解入手，方为根本功夫也。"的确，教育的根本目的，不是短期的所谓"应用"，而"应用"往往流于所谓的实用主义，不遵循教育规律，纯以"有用"为目的，对于有深厚文化底蕴的学科，特别是基础学科总是另眼看待，这不能不说是基础教育的失误。陆费逵的这些观点，即使在今天，也不能说是过时。

　　在济南，陆费逵虽然自己说，见闻不多，但即使如此，也是感慨万千。至于山东的教育，在民国刚建立时发展很快，"有一日千里之进步"。但后来"则恹恹无生气"，外县不论，单就省城的小学，"亦几有不能维持现状之势"。教育厅没有成立，办学经费没有着落。特别是女学不发达，女子师范学校全省仅一所，学生多为官绅人家女子，认为师范为高等女子教育，毕业以后，大多不肯就业，更不肯到外地就业。那些外县人家，"父兄虑财力不能供女生之衣饰，多不令入师范。以此因果，故女教员如凤毛麟角矣"。对于这种情况，陆费逵甚为慨叹。他还记叙说，胶济铁路被日本人控制，农民凡是有过铁路者，都要被征收通行税。日本、俄国两个国家偷运鸦片销售，从这笔肮脏的交易中，每年都会获利1000多万元。

　　在天津，陆费逵感触较深，"与济南迥不相同，抑且与南方大异"。天津的教育素称发达，有雄视全国之势。陆费逵认为，其原因有三点：一是中小学早在清末时期就已建立，基础打得好；二是高等、专门学校较为发达。比如北洋大学、政法、工业等学校；三是因近年来的政局动荡关系，有许多政界、学界的名人汇集于此，带来了学术研究氛围。通过在天津的游历、参观，陆费逵觉得这是当地政府重视、名流赞助与学术风气浓厚的缘故。在新式教育兴起之时，地方上的严范孙、提学使傅沅叔、学署总务科袁观澜，都是得风气之先者，加之经费比较充裕，所以在教育上的成就斐然。中学如南开中学、小学如模范小学（校长刘竺孙），办学规模不小。南开已改为南开大学（校长张伯苓），有学生1200人，大学生100多人。为了改成大学，严范孙联络社会各界名流，募集基金达上百万，这在别的地方是不可想象的。全国的私立学校，南开就是一个标志。陆费逵又比较了南开与南洋（上海）、模范与万竹（上海），觉得两地的办学，各有千秋。因此，只要办学者思想开通，又有经费和较多的自主权，就会把学校办好。当时，对于国民教育与人才教育孰轻孰重的问题，教育界还存着较大的争议。范源廉向来重视国民教育，陆费逵与他进行了长谈，这时也开始重视人才教育了。范氏认为，国民教育，现在大多数人都已注意。家里有子弟者，都要令其上学。政府行政人员，也都提倡之。只是高等、专门教育不太发达，中学生毕业后不能升学。每当高校招生，相对于庞大的中学生队伍，总是僧多粥少。有的人常常考多次，也不能被录取，流于社会成为游民。何况，留学外国，费用多而且人又少，对本国的事实和物产缺乏研究，回国后未必能用得上。所以，为了人才培养、学术研究考虑，都应当大力发展高等教育。陆费逵在《论人才教育、职业教育与国民教育并重》一文，早就提出了这种看法。

陆费逵"三句话不离本行"，话题总是落在教育上。其间，关于教育分科调查的问题，他记录了一位朋友的谈话，通过从事教育行政的经历，想在地方上做点事情，却苦于无从下手。经过再三考虑，觉得分科调查为关键之法。因为所谓实业，包含的范围太广，不详细分科，就无从下手，即使把它分为商业、工业、农业、矿业四项，仍然无从下手。其实，分科方法，不要计较于在学理上如何，而是从本省出产及需要者详细分科。比如，农业可分为米、麦、棉等，一方面，调查其种了多少亩地，产量是多少，多少需要量，如何种法。另一方面，调查其他省、其他国家的状况，以提供从事本行业者进行研究，以便政府方面提倡或整顿。这种办法，还是很见成效的。研究教育的办法，也可以参考于此。仅仅分为小学、中学、女学、师范、专门、大学等，没有多大益处，必须就各学校中的科目，详细分类。如小学、中学、师范之修身、国文、外国语、数学等，各为一个科目，调查其程度、时间、教法、用书、成绩等，以便研究改良之法，比起那些空谈主义、方法者，其成效不可同日而语。

陆费逵指出，近些年来，北京的大学、高专数量最多，人才荟萃。蔡元培为北京大学校长期间，兼收并蓄，"益以部院学校之关系，求事、求学者群趋于京华，故其势骤盛也。更就形而上推之，则他处大学无真正之文科，且国文程度较逊，故思想发达不如北京。即有思想，或以文学欠佳，不克发表，或以个人力弱，不能发表，故不得不以首善让北京也。"这里，人文底蕴浓厚，文学十分发达，思想非常活跃。陆费逵以一个出版家眼光来看待这一切，其欣赏之情溢于言表，他说："思想发达，于是出版物大盛。出版物愈盛，思想愈发达。京中定期刊行物，多至八十余种，诚可喜之现象也。"陆费逵对两件事情感到"悲观"，其一，"风气渐趋于浮靡，愈穷愈奢之原则，又可用于北京也。"其二，"新旧冲突太甚，新之中复有新，旧之中复有旧，极端之中复有极端，争论之里面，藏有许多陷害倾轧之行为。此不唯影响于思潮，直与国民之人格，国家之元气，予以大打击也。"

在石家庄，陆费逵下榻"祥隆"饭店，该店很是清洁。下午，他前往中华书局分局。该分局属于代办性质，挂靠"德茂恒"公司，经理为王佩实。陆费逵对石家庄的印象是"学校极少"，由于附近各县都购物，商业相对比较发达。在他看来，石家庄的崛起比较奇特，在铁路没有开通以前，只是一个村落，现在已是直隶南部的一个大镇，山西省南北出入的咽喉之地。这里，"居民甚少，商业甚盛。大街地基，有租无卖。稍僻街市，每亩售价二三千金。人口一万余，妇女不过千余，其中强半为妓娼及妓寮女佣。综计之，约男丁十五人，有妇女一，男丁三十人，有娼妓一。从可见携眷者少，冶游者众也。"此外，石家庄水利不修，常为水患。前年，曾经发大洪水，商店民居，有十之八九被水冲毁。中华书局分局暨德茂恒公司，因于前一年建筑了新屋，所在的位置地势比较高，建筑比较坚固，才没有受到损失。

陆费逵对山西的治理，抱非常赞赏的态度，认为这里的政治，是"贤人之治也，开明专制也"。他指出，其根本原因是出于孔孟宋明等儒家学说的教化。统治山西阎锡山虽为军人，但能够研究学说，也能够实践之，又不要钱。赵次陇于文学、宋明理学方面，有所研究，也颇有心得，尽心尽力辅佐政务。"晋人富服人心，能守秩序。故仅两年而治绩冠全国，为模范省焉。"对于山西政治之成绩的表现，陆费逵认为："第一在提倡国民之修养，第二在民政之励精图治，第三在注重教育，第四在讲求生计。虽因财力、智力之关系，有不克尽举之而不得其道者，然大体已具矣。"这里，提倡国民修养，表现在三个方面：一是以身作则；二是从事静坐自省；三是标出扼要之语，使人人知所注意。赵次陇告诉陆费逵说，山西人星期日休假，赴教堂礼拜，以收六日之心。山西省近来提倡星期日自省，无论政界、军界、学界，均严格执行。现正在建一个大礼堂，可容纳数千人，尚未竣工。

在山西，陆费逵记录了所倡导和推广的社会风尚，有"立身要言六则"，其中要求人们讲公道、爱国、自立、自由、忠于职守；有"民德四要"，提倡人们讲信、实、进取、爱群。山西的民政，最注意者六事："曰水利、曰蚕桑、曰禁烟、曰天足、曰剪发。"由于倡导有力，措施实行，收到了明显的效果。比如，禁烟"奉行严厉，种已绝迹，

陆费逵（1886—1941）

陆费逵（20 世纪 30 年代）

陆费逵夫妇与家人合影，左起依次为二弟媳、二弟陆费埕（字仲忻）、父亲陆费炆（字芷沧）、三弟陆费执（字叔辰）、陆费逵（字伯鸿）、陆费逵夫人

中华书局上海总店（1916年落成）

中华书局编辑所

中华书局保定发行所大楼

中华书局台湾分局开业庆典时的情形

《四部备要》书影

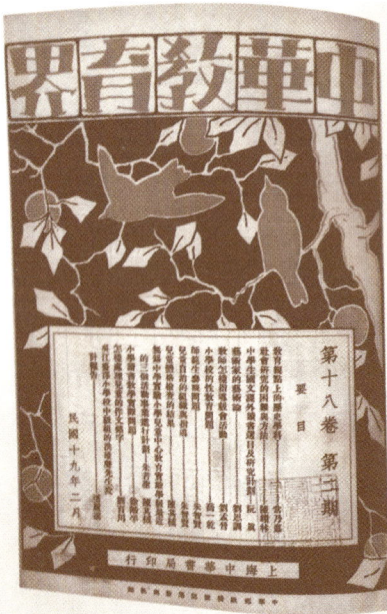

《中华教育界》书影

《大中华》书影

《辭海》發售預約
中國空前之大辭書
辭海

主編 徐元誥 舒新城 沈頤 張相

本書編校人員凡百數十人，亙時二十年，其優點如下：

一、選辭謹嚴
二、解注簡要
三、引書忠實
四、標點題明
五、資料豐富

「辭海」定價及預約價簡明表

中華書局編印

中華書局有限公司
辭海預約優待券

一 持此券預定本書得照預約九折計算（總纓除外）
一 憑此券預定本書不論若干部以優待為限
一 本券蓋有特別圖記否則無效
一 預約時請將本券繳銷
一 此券以在上海發行所及背面所列各分局定書為限
一 其餘概照預約章程辦理

《辞海》发售预约及优待券书影

古今圖書集成
中華書局影印

《古今图书集成》书影

中華書局總分局出

民國十五年四

陸費逵　高欣木　陳光塋　沈彬翰　俞仲還　郭震山　施伯謨　王浮生　華瑞丞　李中祥　蔡錦暉　劉希三　陸贊軋　周支山　李馭非　張獻之　張傑華　姚敦梅　蔣瑞華　薛孚女　丁報之

1926年，中华书局总、分局参加营业会议的合影

營業會議同人留影
廠本路寺安靜

王瑾士　戴勔哉　王謀翁　唐紀常　查蔡青　沈魯玉　沈問梅　沈仲約　沃瑞章　周菊人　張文高　朱慕唐　吳映堂　周允恭　沈松茂　陸衣言　程潤之　陳燕孫　沈鼎燈　唐子樺

陆费逵生活照

1936 年，陆费逵（左五）等在凹版印刷大电机前合影

中华书局印刷所的石印课

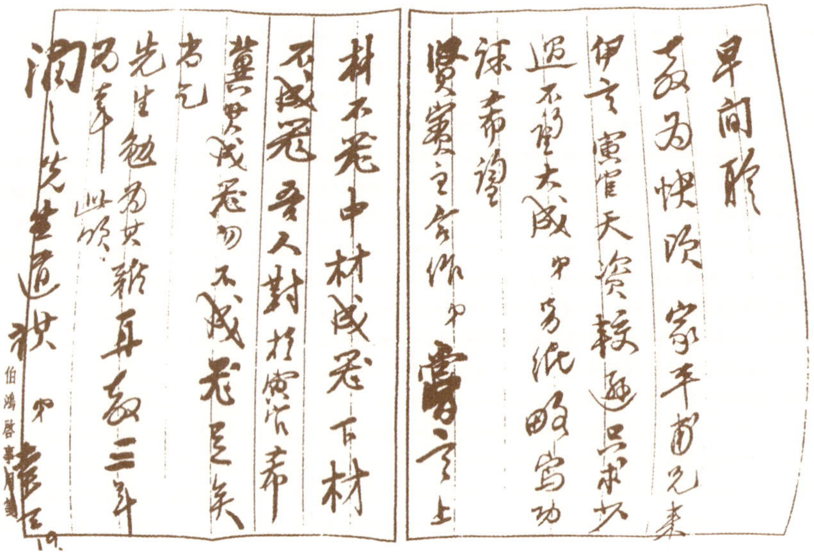

陆费逵书信手迹

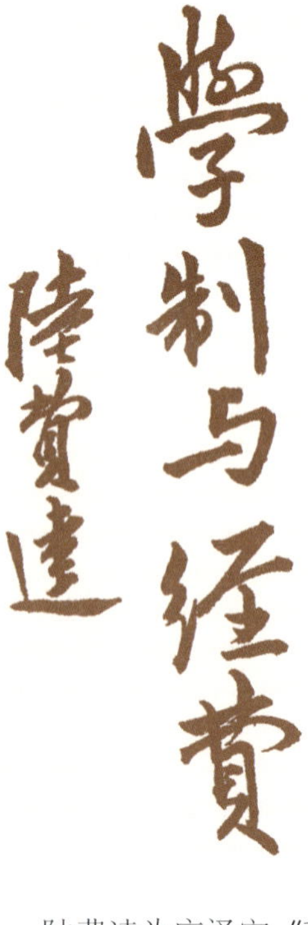

陆费逵为庄泽宣《我的教育思想》一书题字

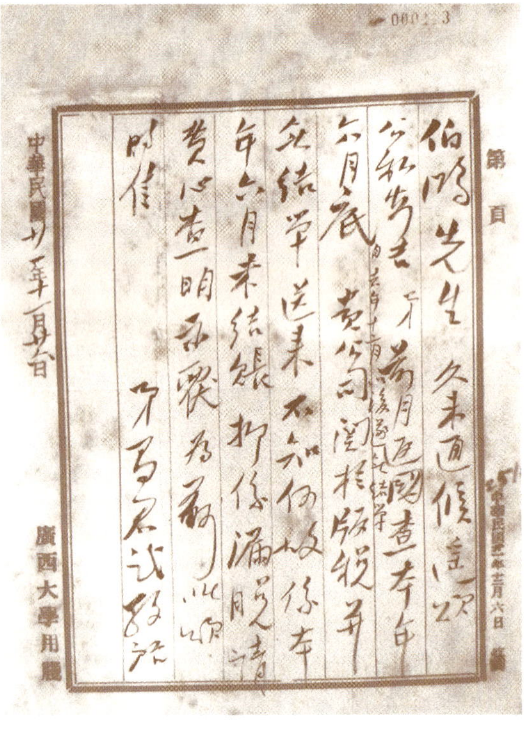

马君武致陆费逵函

《小朋友》书影

《中华童子界》书影

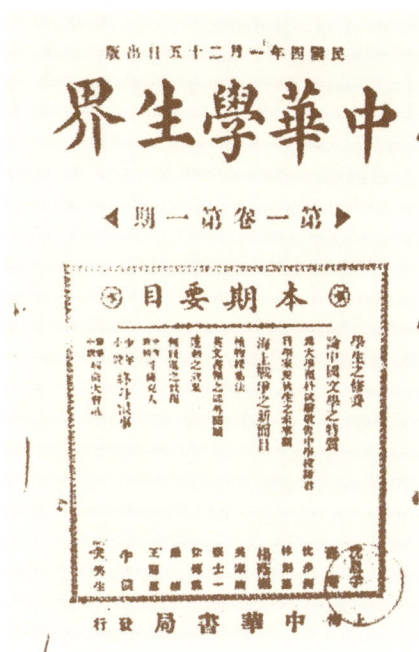

《中华学生界》书影

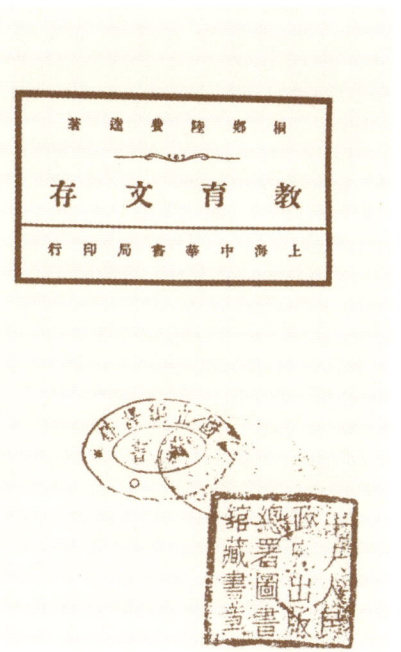

《教育文存》书影

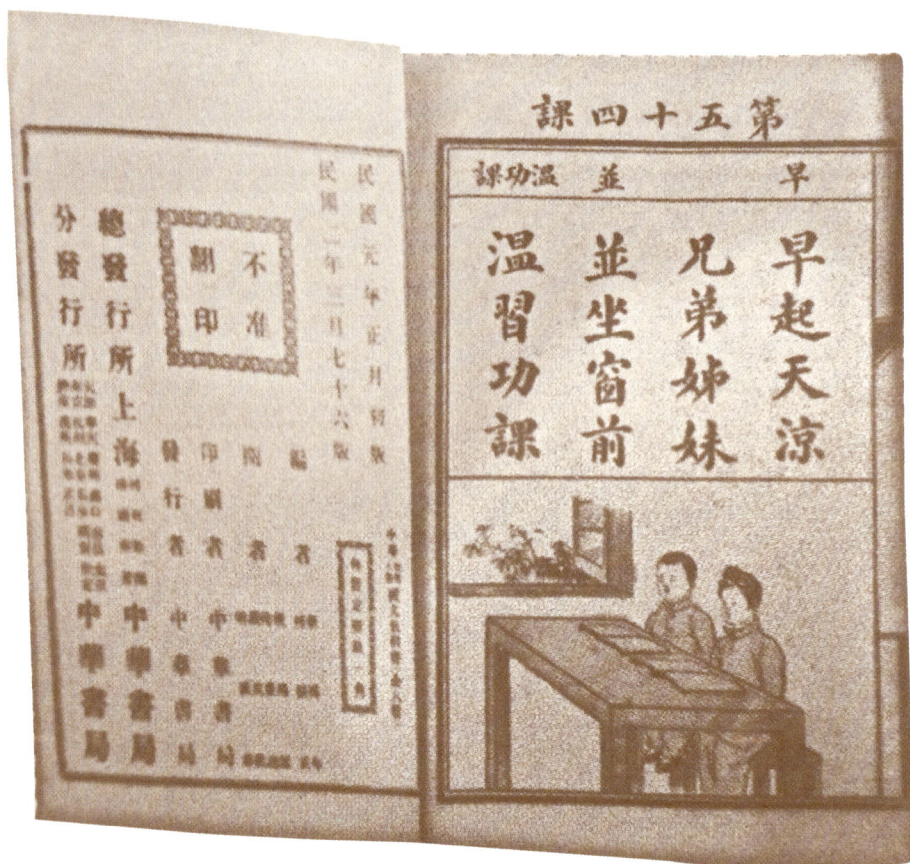

《中华国文教科书》书影

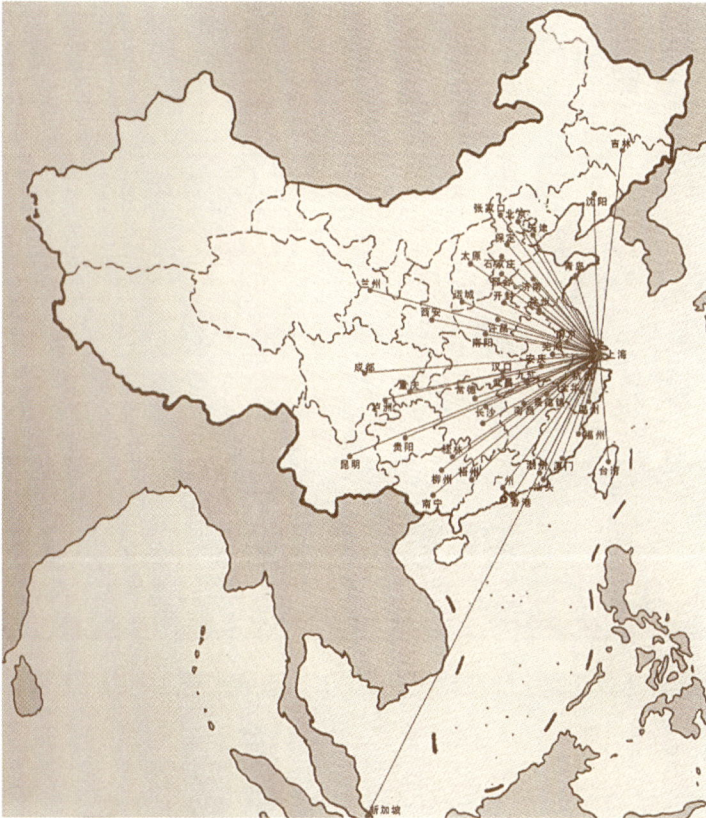

中华书局分局分布图

中华书局获美国巴拿马会金牌奖凭

1996 年，陆费逵之女陆费铭琪（右四）、陆费铭琇（左四）等人在香港永远墓场公墓陆费逵墓前合影

2014 年 5 月，作者与陆费逵之女陆费铭琇、女婿索林（右）合影

吸辄重惩，近并含有烟质之丸亦严禁矣"。比如，剪发、天足"收效尤宏，垂辫者绝无所见，少年女子无不天足。老年妇女亦逐渐放足。天足会进行极猛，常派女学生、女稽查逐户调查干涉云"。最为重要的是，这里甚至在乡村里建立讲习所，讲授一些增长人们见闻，有益人们日常生活的知识，涉及中外形势、道德修养等内容。而且"惩戒奖励，又复认真。故贪墨怠惰者知所戒，而勤慎有为者知所奋也"。

教育问题，是陆费逵参观考察的重点。山西对教育大力提倡，不遗余力。"山西岁入不过千万，教育费竟达二百万，今年临时费又百余万。"这还不算，又有增长教育费议案。去年，山西召开教育讨论会，议决《山西教育逐年进行计划案》，这是一个比较具体的计划。通过一年来的施行，效果明显。陆费逵为山西的成绩所鼓舞，说："山西办学之成绩，虽未必尽佳，然在行政方面之计划、之精神、之认真，在各省中固有一无二也。"他通过亲自考察，觉得有下列几种感想："进行，一也。元年余到晋参观女师范，其程度之幼稚，非吾人想象所能及。今则教授管理，斐然可观。太原中华分局经理张君文甫有一女，年十七，在师范三年级。余曾阅其作文稿本，事理明白，文笔条畅。如就江浙学校比之，恐男师范之中等生，亦不过如此也。余参观时，见江苏吕女士教授唱歌，教态教法，既有可取，且能注重文学趣味，盖新知旧学，俱有根柢者也。本省某女士授国民二年级图画，教态教法极佳，且能联络各科，养成常识，在小学教师中，不可谓非上驷之选。女学进步如此，其他可相见矣。"

陆费逵还看到，山西教育界有两件事情，令人赞叹不已。一个是国民师范学校，今年招生1200人，明年拟再招1200人，维持2000学生的规模，以培养小学教员。全校的布置，如同军队一样，以军法部下文，其"整齐、严肃、服从、清洁之特色，不能不令人叹服"。另一个是留日、留法预备学校及贷款留学。各省派遣留学生，都认为名额少，经费不足，不能坚持长久。而山西省的做法，则先让学生进预备学校，学习将要留学国家的语言、专业，然后再贷款，使其再留学该国。毕业回来后，分年偿还以前所用款项。陆费逵认为，这种办法"既可免时日之旷废，一人偿还，即可续派一人，日增月盛，人才有不众出者哉。"还有，难能可贵的是，山西的社会教育搞得很好，值得赞扬。经常搞一些讲演会，传播文化知识。最有特色的是提倡识字，广布格言。全省的电线杆、墙角，无不有处世格言。重要的街道，军队学校，无不设立有识字大牌，分为最要、次要等，共 1600 多字。各个商店门前也悬挂识字牌，每家三个字，并附有讲解字义之文。

陆费逵见到，山西注意发展民生问题，"凡民有可以富民者，无不尽心为之。造林、种棉、改良农业，均次第进行矣。其尤有希望者，厥为畜牧。晋地多山，草长宜牧，尤宜牧羊。最近从澳洲购来羊种千余头，使与土羊交配，改良羊种。农林学校试验成绩甚佳，将推行于各县焉。余参观农林学校时，羊适放出，与崔副官及该校教员追踪于校后高林中，甚有趣也。"山西的军队教育，也有值得称道之处。陆费逵参观第十团，由一位蔡姓团长引导，全部看了一遍，但见"各军士无不读书工作者"。他感慨地说，这样做的用意，"盖在授以国民常识、军事训练，俾应征可当干城之选，退伍能为人民之良者也。又令练习农事及工作，以为他日生计之助。此种军队，无论如何，不致养兵害民，不致变为土匪，可断言也。"①

---

① 吕达编：《陆费逵教育论著选》，人民教育出版社 2000 年版，第 232—245 页。

陆费逵在山西的参观，比较全面、具体，涉及各个方面，当然以教育为主。民国年间，政局动荡，许多地方民不聊生。作为相对独立的山西，境内相对安定，其治理的成绩并不小，特别在教育方面，与发达省份相比，一点都不逊色。

至于华南地区，又是一种什么状况呢？后来，陆费逵从上海出发，到达香港、旋至广东，又坐船赴香港，所见所闻，颇有收获。据他自己说，因为接触到的人不多，又没有外出参观，所以对这里的情况，只是就其所见所闻者，做一番介绍。他认为，广东教育有两个比较大的问题：一个是私塾，另一个是女学。同时，社会有两个比较大的问题：一个是劳逸，另一个是淫靡。在他看来，这四个问题，其实是相互联系的。广东的私塾原来就比较发达，1913年春，广州市有800多所，现在已增加到2000多所。以往，最热心兴办学校的人们，目前均让子女入私塾而不入学校。陆费逵分析这种现象，由于以下三点原因：（一）由于学生运动，不愿子女参与。（二）学风不良，事务太多而成绩不好。（三）不愿子女为自由男女。何谓"自由男女"？陆费逵解释说，近十年以来，广东兴起"自由"之风，影响到社会。起初，只有少数女学生"醉心欧化"，主张自由结婚。有的人偶尔失足，又不知自重，就流落街头，沦为流浪女。后来，有的妓女冒称女学生，从事卖淫活动，一旦暴露了，就真的进入了学校。这样一来，妓女之为女学生和女学生之为流浪者，"遍地皆是"。她们外出卖淫，女学生价格要高，真假难辨，就出示学校的校徽为凭证。陆费逵不禁长叹："呜呼！学校徽章，侮辱至此，亦可慨矣！"由于这个缘故，公立学校、教会设立的女学校，竭力取缔，管理制度高度严格。私立学校中的好学校，也是整顿，不遗余力。然而，女学已受到严重冲击。以前曾经提倡女学最为卖力的人，也为这种状况不胜担忧，无奈而又叹息地说，自己对于社会，对于女界，是有功还是有罪，竟无法下结论了。由于这个缘故，私塾就更加发达。那些思想守旧的人，以此为借口，洋洋得意。陆费逵举例说，有一家私塾，父子同为教员，学生有100多人。父亲60多岁，儿子40岁左右，孙子10多岁，三代人脑后还拖着辫子，恬然不以为怪。广州作为省城，竟然还有如此之怪现象，真是令人不可思议。

自近代以来，广东得风气之先，又是第一批开放的通商口岸。对外贸易比较发达，比起内地许多地方，这里工商业比较繁荣。陆费逵在广州，对这里的实情了解了许多。他觉得，广东人的特点是诚实朴素，吃苦耐劳。多数人从事工商业，由此起家。换言之，广东的工商业发达，工商业者为社会之中坚。在离开广州一个小时前，陆费逵乘摩托车环绕城区游览，凡是有马路可通之处，无不经过。他最远到的地方是东山，在黄花岗的东面，散布许多坟墓，有一个白底黑字的大匾额，上面写着"军政府"三个字，实际上用作农事实验场而已。广州的书店比较多，这是教育发达的表现。香港有10多家，但所卖者不过一些文具和无聊之书罢了。①

陆费逵还考察了华中地区，经过湖南、湖北、浔阳、芜湖、南京等地。有一天，长沙的曹典球邀请陆费逵及教育界的人士，一起共进午餐。席间，他们对于教育问题略为讨论。午餐后，陆费逵参观了楚怡小学，这所小学的设备、教学都很完善。据他的观察，大致情形如下：学校占地10多亩，自建校舍。采用"设计教学法"，每一个教室，

---

① 吕达编：《陆费逵教育论著选》，人民教育出版社2000年版，第270—273页。

既为某年级办公室，又为某学科之课堂。各科目相当完备，设计合理，桌椅等设备也不相同。陆费逵参观学校时，各个年级所开课程的国语、英语、算术、自然、木工等，教学都相当条理。一年级由女教员用"设计教学法"，融合国语、自然、工艺、唱歌等科目，特别有特色。该校共分九个年级，学生有500多人，办学经费每年约13400元。参观之时，陆费逵觉得，楚怡小学不但在湖南堪称"模范小学"，就是在上海、南京、北京、天津也比较少见，他常常说，办小学就应当办成这样。

但现实情况是，都能办成这样的小学，只是陆费逵一厢情愿，即使是他平素最佩服的湖南省，也并非如此。他原以为，湖南的小学即使不全像楚怡小学，也差不到哪里去。经过一番调查，长沙县立城区有13所学校，每年办学经费总数，不过与一个楚怡小学相等。而乡村学校的经费，最少的年仅40千文（合银十八九元，当时银价每元兑钱二千二三百文），不但谈不到设备完善，有的连教科书都没有。陆费逵目睹这种现状，禁不住长叹一声："小学校应当怎么办啊！"

陆费逵到达浔阳、芜湖、南京等地，与当地教育界人士接触、访谈，各处的情况也了解了许多。总的来说，他介绍了下列情况：
（一）就学儿童中，大多数为中、上等人家子弟，贫苦人家的子弟很少。换言之，能够享受教育经费的权利，仅限于中、上等人家的孩子，而贫苦人家的孩子，不能够享受到。（二）办学质量稍好的学校，报考的儿童无不数倍或十几倍超过招生的人数。（三）私塾很发达，中、上等的人家，大多数自己聘请老师到家里教孩子，即设立家塾。（四）有一个从事书店业者说，10年以前，《三字经》、《百家姓》、《千字文》仅邻近的十余个县，就能销售20余万册。现在则不及那时的十分之一，不知道都入新式学校了，还是农村的儿童读书者减少了。针对上述情况，陆费逵经过自己的分析，得出了答案。第一，学校的招生名额，几乎被中、上等人家占据，贫苦人家的子弟，不得参与。第二，不得入学的儿童，只好入私塾或不上学。第三，中、上等人家聘请老师教读孩子，一年的费用少则一二百元，多则三五百元。第四，贫苦儿童没有财力读书，并且以前读《三字经》、《百家姓》、《千字文》的权利，也被剥夺了。

陆费逵查阅了湖南省教育统计，小学校数量超过 1000 所，学生数超过 30 万，每所学校不超过 30 人，大多数是平均每年经费数十百元的单级学校。对此，他不胜感慨，就上述情形，对起草新学制的各位委员，他大声呼吁说："诸先生劳精疲神，求学校科目之完备，方法之改良，然实际情形如此。试问诸君所订定者，将限于最少数之学校实行乎，抑欲通行于全国也？年费数十百元之单级学校，能通国语、算术、自然、艺术、音乐、体育许多科目乎？并时辰钟而无之学校，能以分数计乎？一校仅一身兼作仆，月俸数元之教员一人，能胜甲科三十分，乙科四十五分，丙科六十分之烦乎？天资低而教管又不良之儿童，能达最低限度乎？吾有以断其均不能也。什九之学校均不能，然则诸君所订定者，不过发表诸君之理想，与事实固无关也。不过备少数改良学校之参考，与多数之小学固无关也。"没有调查，就没有发言权。陆费逵的上述言论，来自于亲身调查，来自于实际状况。可以断言，他的呼吁具有很强的针对性。

在考察的路途中，对于这些问题，陆费逵总是陷入苦思冥想，并不是没有解决的办法。他觉得，应当打破教育平等观念，才是行之有效的办法。他指出，所谓的平等，应当是法律上的待遇平等，事实上的机会平等，而经济、天资，不可能强求平等。不仅不能强求平等，而且就各人经济、天资的实际而引势利导之、发扬之。其结果就是，不但不能强求平等，必须强调这种显著的不平等，才可以尽教育之能事而因材施教。进而，陆费逵认为，小学校应当分为三种：完全小学、普通初级小学、简易初级小学。（一）完全小学办法：1.应当力求完善，即科目完备，方法改良，经费充足。2.不妨多收学费（每年二三十元），而确定一部分免费生名额。如此，则有力者多负担经费，贫苦人家有天资的儿童，也能够接受比较完备的教育。3.小学校各学年程度，应当以完全小学为标准，初级小学招生，也应当以此为标准。（二）普通初级小学办法：1.科目至少须有国语、公民、算术、体育四种。能加常识、艺术、音乐者，以加课为宜，程度不妨稍差。但是，升入完全高级小学时，必须经过试验，其不合格者，可编入完全小学四年级。2.按照现在制度，可略收学费，并确定一部分的免费名额。3.根据财力能设高级或不设高级而设一年之补习科，均可听其自便。（三）简易小学办法：1.科目多少，听其自便，但至少须有国语、算术二科。2.年期长短，听其自便，但至少 2 年。3.上课时间多少，听其自便，但每年至少须有 600 小时。4.儿童如进入普通初级小学或完全小学，不能凭修业证书，须接受严格的试验。5.此种小学，最好不收学费。如能筹集相当数量的款项，并宜供给书籍、纸笔等。

陆费逵说，对于此种办法，可能会有人笑话自己简陋，笑话自己不平等。然而，他认为，在当前的经济与人才的状况下，只有这种简陋的不平等的办法，可以使有能力的学校日臻完善；可以使教育普及，贫苦儿童得到受教育的机会；更可以使各种类型的儿童各得其所，尤其是可以避免教育经费被中、上等人家占尽，而拒贫民于教育之外。

本来，陆费逵对于近年来平民教育的推广及其逐步推进，认为这是我国最好的现象。然而，这次出游考察的过程中，他发现了两个现象：（一）社会上一般地说来，对于平民教育的教材多所怀疑，即使办理平民学校的人，也没有把握，而学生也觉得读了四个月的书，还是一无所获。（二）平民学校成人少而成童多，并有学龄儿童。

这两个问题，都应当引起教育界人士的重视，并深入进行思考、研究。在陆费逵的心目中，成童初习教育，在现在教育事业中至为重要。过去及现在学龄儿童就学者不及 20%，其 80% 以上均有待于成童补习学校。何况，就原有之小学校，添设补修夜课，事半功倍。陆费逵希望，教育界起而提倡，因为这关系于国家、国民至大。①

陆费逵不放过任何一次机会，来思考中国的教育问题。有一天，他因为要研究下层社会的情形，到上海贫民窟，看见许多又顽皮、又污秽和有残疾的儿童。他产生了诸多的疑问：这种儿童，我们怎样去教育他？这种儿童，是不是享得着现在的教育的权利？中等以上社会之子弟，肯不肯同这种儿童共学？这种儿童的习惯很不好，我们应当不应当让中等以上社会之子弟同这种儿童共学？这种儿童的能力和财力，能不能同中等社会以上之子弟共学？这种儿童很有天才好的，我们怎么样培养他成才？又有一次，陆费逵与万竹小学的校长李默非以及该小学的几位学生家长进行了交谈，又产生了几个疑问：小康以上之家，是不是应当拿公费去供他们子弟的教育？为什么一个课堂收容七八十个学生，以致功课不能十分好？学费尽管轻，书籍尽管便宜，

---

① 吕达编：《陆费逵教育论著选》，人民教育出版社 2000 年版，第 346—351 页。

到底贫民能不能负担？"管理难"一句话，耳朵里听见得很多，这是什么缘故？不及格的学生为什么很多，怎么样去处分？各地举办的普通国民学校、高等小学，到底是什么目的？如果是国民义务教育，就要问问，为什么贫民很少？如果是养成人才，就要问问，一个课堂七八十个人，到底养成了几个人才？又有一天，陆费逵与几个朋友聊天，他们是主张民主教育的人，他又产生了几个疑问：民主教育是教人向上呢，还是向下呢？教育怎么样才能平等？有钱人占了学校的名额，没钱的人被排除在学校外面，有什么办法？恶习惯的儿童引诱坏了好的儿童，有什么办法？聪颖的儿童不能尽他的能力去求进步，有什么办法？办教育的目的，一方面压抑聪颖儿童，使其进步缓慢，一方面牺牲好的儿童，让他落后一点；另一方面把顽皮淘气的儿童，教他一些知识，不要变坏，这是不是民主教育？①

诸如此类的问题，陆费逵提了出来，也在思考着。但他心里明白，这不是一天两天能解决的问题，也不是单纯的一个教育问题。但作为一个具有社会责任感的知识人，他无时不在思考、在研究这些问题。

陆费逵是一位出版家，以考察所见所闻，对教育问题十分关注。在他所到之处，感受最深的问题，就是教育问题。由此，也丰富了他的教育思想，奠定了他作为教育家的地位。有些教育性质的论文，直接就是他考察的观感。

正是由于对教育问题的密切关注，身为出版家的陆费逵，邀请当时一些著名教育家进入中华书局，编辑出版教育类图书、杂志，促进

---

① 吕达编：《陆费逵教育论著选》，人民教育出版社 2000 年版，第 268—269 页。

中华书局教育出版业务的发展，也就容易理解了。中华书局是一个教育机关，就是从这个意义上来讲的。

三、出版教育图书

陆费逵对中国教育问题的认识，不仅停留在表面上，而是透过一些现象，深刻认识到教育的实质。在他看来，无论是物化的街道，是否整洁，是否人性化，还是人的谈吐、待人接物，处处显示出教育的功能。所以，他把自己所从事的出版业，看作一项高尚的教育事业。其实，大凡有成就的出版家，都有着同样的认识。著名教育家叶圣陶在谈到开明书店的性质时说："开明书店的读者主要是青年和少年，因而我们认为，我们的工作是教育工作的一个组成部分，一个不可缺少的重要组成部分。我们做的工作，就是老师们的工作。我们跟老师一样，待人接物都是以身作则，我们要诚恳地以平等的态度对待我们的读者，给他们必要的条件，让他们成长为有益于社会的人。"[1] 这个"必要的条件"，就是为出版书籍提供有益的精神食粮。

对于陆费逵来说，同样如此。他始终以教育为己任，以提高国民素质为使命，并以出版教育图书为手段来实现着这种使命。中华书局出版以"教育丛书"为代表的书籍，对于民国学校与社会教育的发展，起到了十分重要的作用。

"五四"新文化运动以来，随着民国教育的发展，人们对新的教

---

[1]　王知伊：《我是做编辑工作的——敬怀编辑、出版家叶圣陶先生》，《中国现代著名编辑家编辑生涯》，中国展望出版社1990年版，第58—59页。

育理论、新的教育学说如饥似渴，社会对教育类图书的需求与日俱增。对于外来的一些教育思想、学说和方法，人们急于了解、试验和比较。陆费逵深谙社会的需求，从促进民国教育和发展出版业务双重目的考虑，推出教育类图书，已是势所必然。

通过多年来对教育问题的关注，以及亲身的教育考察，陆费逵对中国教育实际有着比较明晰的认识。他认为，当今中国的社会问题繁多而复杂，根本说来要通过发展教育来改变，而发展教育不但应当了解中国的教育，包括其历史与现实，而且需要了解外国的教育，包括其历史与现实。从 1917 年开始，刚刚经历过"民六危机"磨难的陆费逵，就着手筹划出版教育图书。他与编辑所所长戴克敦一起，日夜研讨，制订规划，通过各种方式和渠道，邀约一些知名的作者、译者，陆续推出"教育丛书"及其他教育类图书。

"教育丛书"共计 60 多种，涵盖了古今中外教育问题的方方面面。举其要者，可分为下列几种类型：

第一，国外教育概况。主要有《战后世界教育新趋势》（余家菊、汪德全编译，1926 年初版，1930 年 2 版），介绍第一次世界大战后，英、法、美、德、意、日等国的教育发展趋势。《法国教育概览》（周太玄著，1926 年初版，1929 年 3 版）。《新兴俄国教育》（[日] 山下德治著，祝康译，1931 年初版，1933 年 2 版），本书附苏维埃初等学校的理论与实际、参观日记摘要等。《美国教育彻览》（汪懋祖著，1922 年初版，1933 年 6 版）。《西洋教育史》（杨廉著，1932 年初版），原为"国家教育协会丛书"，1932 年第 5 版时，归于"教育丛书"出版。《美国乡村教育概观》（古楳著，1924 年初版，1941 年 8 版），分上、中、下三编。《欧洲新学校》（[美]华士本、斯瑞氏著，唐现之译，

1930 年初版，1936 年 3 版）。

第二，国内教育概况。主要有《中国新教育概况》（舒新城编，1928 年初版），收有陶行知等 10 余人关于中国教育问题的著述 14 篇。《收回教育权运动》（舒新城著，1927 年初版），本书共 7 章，书末附参考资料。《近代中国教育史料》（舒新城编，1928 年初版，1933 年 3 版），共 4 册，收有从同治初年到民国 15 年间的教育史料。《近代中国留学史》（舒新城著，1927 年初版，1933 年 3 版），书末附有《六十年留学大事记》及参考书目。《国家主义与中国乡村教育》（祝其乐著，1925 年初版）。

第三，教育教学理论。主要有《学校教育指导法》（杜定友著，1925 年初版，1935 年 8 版），书后附有参考书目及索引。《教育统计学》（周调阳著，1926 年初版，1940 年 8 版），书末附有 3 个附录，章末附参考书目。《葛雷式学校组织概观》（芮佳瑞编，1924 年初版，1935 年 6 版）。《游戏与教育》（王国园著，1940 年初版），共 8 章。《青年心理》（[美] 孟禄著，刘建阳译，1928 年初版，1936 年 3 版）。《社会教育》（余寄编译，1917 年初版）。《历史教学法》（胡哲敷著，1932 年初版，1934 年 2 版）。《青年职业指导》（[美] 卜龙飞著，王文培译，1924 年初版，1932 年 7 版）。《教学观察法》（[美] 麦克司卫尔著，施复仁译，1923 年初版，1941 年 10 版）。

第四，比较教育理论。主要有《德法英美国民教育比较论》（余寄编译，1917 年初版），以日本中岛所著的《国民教育比较研究》为底稿，参考其他多种有关书籍编译而成，书末有附录。《比较教育》（常导之编，1930 年初版，1934 年 3 版），介绍俄、意、奥、丹麦、土耳其、日本、瑞士、比利时 8 个国家的教育状况。

第五，少儿教育理论。主要有《儿童心理与兴味》（葛承训著，1929 年初版，1933 年 4 版），共 7 章。《儿童矫弊论》（叶农生译，1917 年初版），共 7 章，儿童教育理论专著。《儿童与教材》（[美] 杜威著，郑宗梅译，1922 年初版，1936 年 12 版）。《玩具与儿童》（俞寄凡著，1933 年初版，1933 年 2 版），书后有附录。《幼稚教育概论》（张宗麟著，1928 年初版，1932 年 6 版），共 9 章，章末附参考书目。《幼稚教育之意义》（[美] 约翰·斐思客著，王克仁译，1922 年初版，1932 年 5 版），包括 1932 年 5 版，包括《幼稚之意义》和《幼稚在人类演进中所尽之职分》2 篇。《幼稚园课程研究》（唐毅译，1922 年初版，1936 年 8 版），共 8 章。《家庭教育与儿童》（徐松石著，1926 年初版，1936 年 7 版），共 7 章。

第六，中小学教育问题。主要有《小学科学教育实施法》（吴鼎著，1945 年初版）。《初等教育设计教学法》（[美] 克拉可韦瑞著，沈有乾译，1923 年初版，1941 年 12 版）。《一个小学十年努力记》（中央大学实验小学校编，1928 年初版，1933 年 6 版），是该小学所取得的各种实验结果的详细报告。《中学训练问题》（陈启天著，1922 年初版，1936 年 8 版），书末附有参考书目。《施行新学制后之东大附中》（廖世承著，1924 年著，1929 年 6 版）。《中学国文教学研究》（阮真著，1940 年初版），共 8 章。《中学以上作文教学法》（梁启超著，1925 年初版，1940 年 10 版），这是由卫士生等作的笔记，书末附有梁启超的另一篇讲演《中国韵文里头所表现的情感》。《小学地理教学法》（薛钟泰著，1921 年初版）。

"教育丛书"具有一些鲜明的特点：（一）著者、译者都是一时之选，可谓当时教育界的弄潮儿。这是一种人脉关系，教育界的人脉关系，对于一家以扶助教育为宗旨的出版业来说至关重要，这与陆费逵的初衷也是一致的。陆费逵长期与教育界人士接触，与诸多教育家有密切的交往，如廖世承、陈启天、余家菊、舒新城、周太玄等人。对一家出版业而言，重视作者、译者，才能拥有更多的读者，这是陆费逵一贯所奉行的信条。何况在他看来，读者面越广，影响传播的越广，国家才能有振兴的希望。（二）选题具有时代性，反映了社会对教育变革的驱动。教育作为培养人的一种社会活动，为一定社会的政治和经济服务，同社会发展有着不可分割的联系。而且社会的变革总是能够在教育的变革上体现出来。近代以来，我国处于一个"数千年未有之变局"的社会，改革传统教育体制和内容，培养近代化的国民，成为有识之士孜孜以求的目标。以"民主"、"科学"相标榜的新文化运动，将"人的近代化"视为教育的终极目标。因为社会的改造，实际上是如何地来改造人。而"教育是作改造事业的工具，作解放运动的利器，离开教育，便不能讲解放，讲改造"。"社会的改进，非教育不成功"。[1] 但是，"现在最要紧的是什么呢？教育者的思想革命。……改革思想的责任，自然要算教育者为比较最大"。[2] 陆费逵的思想，正是如此，抑或说，他是一个坚定的"教育救国论"的实践者。"教育丛书"是时代变化以及社会改造在教育上的反映，也体现了陆费逵对教育问题的认识。杜威的《儿童与教材》体现了"儿童中心主义"的思想，以儿童为中心、重视发展个性的心理学、小学教学法等，在"丛书"中占有一定的分量。设计教学法、葛雷制、德克乐利法、蒙特梭利制、文纳特卡制、道尔顿制等，当时西方先进的教育理论和方

---

① 范煜璲：《教育的罪恶》，《曙光》1919 年第 1 卷第 3 号。

② 谢扶维：《教育者对于时代思潮应取什么态度》，《中华教育界》1920 年第 9 卷第 1 期。

法，几乎都能在其中找到相应的译作。此外，国家主义教育、乡村教育、社会教育、师范教育等著作，为新兴教育思潮的重要载体。(三)"教育丛书"内容广泛，涉及教育问题的各个领域。诸如教育理论、教学方法、教育制度、教育史料、西方国家的教育状况，以及著名教育家等，大致齐备。至于家庭教育、幼稚园、儿童、小学、中学、师范和青年教育等，基本涉及了。教育测量、统计、历史、地理、心理学等，也有相当的介绍。可以说，触及教育问题的各个方面，适合了不同层次的读者需要。这种为读者着想，满足读者需要，正是陆费逵与中华书局的理想。

当然，任何出版物一经出版，判断其价值和生命力的，只有读者与时间的检验，才能最终决定其命运。但无论如何，总要以其产生的社会影响为标准。陆费逵策划出版的"教育丛书"，特点鲜明，应时所需，受到读者的欢迎。不少书籍一版再版，甚至达18版之多，由此可见它在人们心目中的地位。

就译著来说，"教育丛书"收录的西方教育学名著之译本或编译本，有的就是对教育热点问题的反映。20年代初期，受国内现实的刺激和西方思潮的影响，知识分子将国民性的改造看作实现社会改造的前提，而国民性的改造又离不开对国民心理的研究，因而国外心理学译著成为一时之需。由此，国内教育界掀起了包括心理测验在内的教育科学化运动。但诸如此类的书籍并不多见，"教育丛书"中的《教育心理学大意》和《教育心理学》可谓应时之书，分别发行至18、17版。前者为东南大学教授的廖世承翻译，分3集18章，"较为完备"。后者分为学习心理、儿童心理、个别心理3编，与其他一些书肆坊间印行的"浅薄不足称数"教育心理学书籍相比，实为"开山鼻祖"之作。

"该书编辑方法采取美人斯曲朗 Strong 的《教师心理学》导言 An Introductory Psychology for Teachers 的体例，'一方讨论学理，一方参用实验，使学生从实际研究方面，得到一个结论'"。这样，理论与实践相结合，内容上循序渐进，"读第一编学习心理可以知学习心理学的大要；读第二编儿童心理可以知儿童心理学的大要；读第三编个别心理可以知个性差异、智力测验、教育测验、教育统计的大要。行文简明，说理扼要，亦为该书的一种特色"。①

如果说，"教育丛书"中的译作，为人们提供了改革教育的重要参照，颇有参考价值。那么与之相比，名列其内的国内教育家所撰的教育学专著，也并不逊色。舒新城的《教育通论》，论述教育的意义、学校、学制、学生、教师、课程、教学、训育等问题。庄泽宣的《教育概论》，阐明了教育之定义、教法与分级、课程与教材、学校制度、教育行政与经费等。它们在出版后，数年内印行至12版，可见受读者欢迎的程度。而余家菊的《教育原理》，分为绪论、资质论、目的论、课程论、方法论（一）、方法论（二）、学校论7章，对于各种教育学说尽量叙述，使人们在研究中加以比较、鉴别，不致墨守一家之言。同时，对诸多重要原理也极力搜求，不但使从事教育实际工作者获得指导性建议，而且为教育学术研究者整理知识、形成理论，不无启迪作用。此书印行达17版之多，被评为"近来中国教育界出版物中之具有个性而能大胆批评之一部中国书，其长处在根据历史条述原理批评现状"。②

---

① 陈启天：《书报评述》，《中华教育界》1925年第14卷第4期。

② 舒新城：《余著教育原理与陈著家庭教育评述》，《中华教育界》1925年第15卷第6期。

　　道尔顿制，又称道尔顿实验室计划，由美国女教育家 H.H. 柏克
赫斯特于 1920 年在马萨诸塞州道尔顿中学所创立，因此得名。这种
方法所遵循的原则是：自由，学校即社会，知而后行。所实施的方法
是把各级教室变成各科作业室，把课程列成大纲，按月份分配，任学
生签订工约，自由学习，将每次所得成绩，记载于日程表、分科表、
周表上面。教师在旁边个别指导，遇到必要时也可用全体讲解。学完
一个工约，经过相当的考验，教师认为通过时，得另换新工约，进行
学习。小规模的学校，也有通过性质相近的各科，合设一个作业室；
或将一个作业室，依科目分成几个区的图书标本，一切用具，都放在
作业室中。不难发现，与传统的教学方法相比，道尔顿制更强调学生
在学习上的自由，废除了年级制、课程表、课堂教学。学生根据自己
的兴趣与能力，自行选择科目，自由学习。学习时间的长短，也由学
生根据所选的科目决定，道尔顿制产生以后，在美国引起了广泛的影
响，并很快传播到其他国家。在英国，成立了道尔顿制研究会，专门
研究这种教学方法。数年间，这项新式教学法盛行的国家，首推英
国，德国、法国和日本次之。在我国，不少机构和学者对道尔顿制进
行了报道和介绍，中华书局是参与其中的重要机构之一。舒新城是这
种方法的倡导者之一，他"觉得这种办法在事实上可以解决我们困难
底大部分，在理论上可以答复我们疑问底一大部分，于是我们高兴
地研究，并大胆地实验"。[①]1922 年秋，舒新城在吴淞中学率先实施，
开道尔顿制在我国实践的先河。他巡回演讲，解答人们的疑问，希望
教育界对其采取实验的态度，并创造出适合国情的新方法。在他编译

---

　　①　舒新城：《道尔顿制概观·绪论》，中华书局 1923 年版，第 7 页。

的 5 部关于道尔顿制的著作中，就有 3 部被列入"教育丛书"内。（其余两部，一部是《道尔顿概论》由商务印书馆出版；另一部《道尔顿浅说》列为中华书局"常识丛书"）《道尔顿制概观》为舒新城在实施道尔顿制后所编成，他根据柏克赫尔司特和杜威的有关理论，用简明易懂的语言介绍道尔顿制，"说明中国教育界何以要采用道尔顿制的原因，同时并叙述道尔顿与中学小学教育，及设计教学法与学校制度的关系。他编此书固不是随便抄袭，他们在吴淞中学实验此制也不是随便趋新"。《道尔顿研究集》则"不独介绍道尔顿制于中国教育界，而且根据中国教育界情形为进一步之研究"。该书出版后，被评为"在舒著所有之教育书籍中为最精辟，亦即中国所有道尔顿书中最有价值的著作。研究道尔顿制者固常读，即研究普通教育原理与方法亦当参考也"。《道尔顿制讨论集》为舒新城 1923 年在各地讲演后，调查诸多听众的意见，得 204 个问题，按内容归为 11 类，逐一加以解释，事后再整理编写而成，此书为中国关于道尔顿制实际研究的第一本著作。书中的一切解释，虽然是舒新城个人的意见，"但所有问题大概都是初行道尔顿制者所常遇的，实际上确有许多帮助"。[①]

民国社会的变化与转型，促使人们对教育问题从理论上的反省到实践方法上的思考，乃至教育观念的更新，这是一个不断扬弃和趋新的过程。诚如时人所评述的那样："在最近十余年间，中国的教育界显然有了一种新的气象，代表这种新气象的事实确凿，便是许多关于教学或组织的新方法的采用或创制。例如《蒙台梭利的教学法》、《葛雷式的学校组织法》、《智力测验法》、《设计教学法》、《道尔顿制》、《设

---

① 余怡：《中国道尔顿制书评》，《中华教育界》1925 年第 15 卷第 5 期。

计协动教学法》，乃至最近的《教学做合一法》等等，可谓风起云涌之势"。① 这些激起教育界"风起云涌之势"的译作、专著，在中华书局的"教育丛书"中，基本上能够体现出来。从这个现象可以看出，敏锐地把握社会的变化，把握教育思潮的变化，对于一个出版业来说，显得是多么重要。

作为中华书局的总经理，陆费逵亲自组织、策划，功不可没。

"教育丛书"之外，在陆费逵的指导下，中华书局又相继推出其他教育类丛书或书籍，实践着以出版服务教育的诺言。

从 1921 年开始，中华书局"教育小丛书"先后出版，包括《教育原理》（杜威著，元尚仁译，1921 年）、《德育问题》（[美] 濮墨著，王克仁、邰爽秋译，1921 年）、《中学训育问题》（周天冲译，1925年）、《儿童论》（密鲁著，余家菊译，1921 年）、《近代欧美初等教育发达小史》（杨廉编述，1924 年）、《学校与社会》（杜威著，刘衡如译，1921 年）、《家庭设计与乡村教育》（周天冲著，1931 年）、《美国乡村小学标准》（唐现之译，1932 年）、《公民教育概观》（[日] 小尾范治著，崔叔青译，1935 年）、《捷克民族复兴与体育训练》（徐扬龄编，1938年）、《小学公民科教学法》（唐湛声著，1924 年）等，这些中外关于教育的名著，对教育理论、教育史和实际教学等，进行了多方面的探讨和研究，涵盖了中外教育上的诸多问题。与"教育丛书"一样，"教育小丛书"也是一版再版，以最大程度地满足社会需要。

中华书局出版"大学用书"，汇集许多有影响的教育家编译而成，包括《教育心理学》（[美] 何林华著，吴绍熙、徐儒译，1939 年），

① 仲平：《教育界的充实》，《中华教育界》1930 年第 18 卷第 1 期。

介绍心理学的基础、教学技术、学习心理及一般教育问题等。《教学通论》（罗廷光著，1940 年），涉及教学目的、教学法、教学心理、教学效果测量、教师品格及教学技术等内容。《地方教育行政》（王克仁著，1939 年）、《各国教育制度》（上下卷，常导之编著，1936—1941 年）、《西洋教育史》（王克仁著，1939 年）、《学校调查》（黄敬思编译，1937 年）等介绍外国教育体制、发展过程的内容。

在陆费逵的主持下，中华书局"平民课本"，反映了他教育考察、关怀民众的心迹。近代时期，对于大多数国民来说，教育还是可望而不可即的事情。普通民众不识字，不读书，素质不高，引起了有识之士的忧虑。他们大力倡导以识字读书为主的平民教育，于是"平民教育"思想兴起。陆费逵认为，平民教育的推广和普及，"此吾国今日最好之现象也"。然而，随之而来的问题一是社会上对于平民教育的教材多所怀疑，即使那些创办平民学校者，也没有把握，学生觉得读书四个月所获无甚用处。二是平民学校成人少、成童多，而且有学龄儿童。针对这种状况，有人指出，平民用四个月读书，时间有限，教材应当精选合乎贫民的需要。如果内容太空泛，毕业后毫无用处，不但浪费了学习者的时间，而且增强了民众的不信任感，这是令人忧虑的。对于平民教育的教材，应当注意三个问题：一是日用之字；二是浅显的信札、账簿；三是做人的知识。否则，不如阅读过去时代的杂字、贤文，相对来说还比较实用。

对此，陆费逵认为，一年来，社会上要求中华书局编印平民课本的人很多。但是从经济角度考虑，这是一种赔本的买卖，按说书局也无力举办。后来，呼声愈加高涨，要求愈加强烈。于是，他就召集同人进行讨论，决定尽量去编写、印行。只是对于教材的取舍，召开了多次讨论会，都不能够解决。在他的主持下，最后议定了八项标准：（一）"杂字"式的文字；（二）简易、浅显的信札、家用账；（三）民间文学类的歌谣；（四）浅显有益的格言、谚语；（五）可以作为榜样、模范的故事；（六）浅显、生活需要的常识；（七）浅显、易懂的公民知识；（八）简单、易懂的世界及中国大势。

本着上面的八个标准，陆费逵责成中华书局编辑所，组织有关人员，抓紧编印这些供平民使用的教材。经过一番紧锣密鼓的努力，用了大约一年的时间，基本上编辑而成。但是在编印过程中，陆费逵又遇到了一些问题：其一，算术是否增加进来？是用笔算，还是用珠算？难易程度如何确定？教法如何处理？其二，四个月毕业后，是否需要深造？是否应当设立高级学校？设立哪几个年级？其三，四个月的时间毕业，怎么样才能使学生不忘记？用什么样的方法自修练习？其四，平民读书之后，能否会应用？对他们的生活能否产生优良的影响？上述问题都是客观存在的，应当加以研究并解决的问题。陆费逵是善于思考的人，总是把问题想在前面，以便在行事过程中有针对性。

不过他认为，平民教育，实际上就是成人补习教育。教材的取舍，教授的方法，都应当以成人为标准。如果与儿童一起混合上课，那么儿童的心理不同，阅历太少，混同上课绝对不适宜。而且儿童正当受教育的时候，更不是可以用四个月的读书，来代替对他们的教育。而根据目前的现状，小学不能多设立，不能满足这么多的儿童入学，或者因为忙于生计，不能在白天上学。似乎，应当想法设立成童补习学校，即就各小学办理，校舍、设备都可以利用。在很短的时间内，就可以建立许多无数的成童补习学校，其课程以《国语》、《算术》

为主。可以把初级小学四年之课程，缩短为二年讲授，这件事比成人教育更为重要。在陆费逵看来，这种成童如果不马上实施教育，那么十年、二十年后的成人，多数又像今天这样，那社会就危险了。所以他坚定认为，成童补习教育，在现在的教育中特别应当重视，只因为过去和现在学龄儿童就学者，不及20%，其80%以上者，均有待于这种成童补习学校。况且就原有的小学校，添设补修夜课，事半功倍。

陆费逵决定编辑印行一些识字课本，以供补习教育性质的平民使用，这就是1924年由中华书局出版的《平民千字课本》（1—4册）和《平民课本》（1—4册），前者是供成人扫盲用的初级课本并附有《平民千字课本教授书》（1—4册），后者与前者相比，程度较深。这套教材，基本上符合所拟定的八项标准，并且避免了一般小学课本的特点，更加适用于成人心理以及时间上的考虑。在《中华教育界》第13卷第11期（1924年5月）上，就这套"破天荒的《平民课本》"的宗旨、形式和内容有比较详细的介绍，实际上反映了陆费逵的编辑思想。（一）为十二岁以上失学的人补习之用；（二）注重日常生活及公民道德；（三）养成平民识字读书的兴趣。其形式：（一）全书四册，每册二十四课；（二）选用生字约一千零；（三）全用正确明白的国语文；（四）前二册楷书，后二册铅字；（五）前二册每六课附练习二三页；（六）图画明晰，纸张洁白。其内容：（一）前二册多采韵文如歌谣、谚语、谜语等等，兼应用的文字最浅的信札；（二）后二册一方注重文字，一方注重知识道德，兼应用信札账簿、发票等；（三）文字由浅入深，每课生字力求匀称；（四）材料都是现代平民生活的，无谓的贵族的故事谈话等一概不用。

这套成人用书的策划出版，获得了相当的成功。《平民千字课本》

第一、二、三、四册到 1935 年 6 月，分别重印了 42 版、37 版、30 版和 27 版，可见其受欢迎的程度。

1929 年 1 月，民国教育部颁布《民众学校办法大纲》十八条，对于民众学校之设置、经费、学生入学、课程、修业及毕业、学费等均有规定。民众教育多半属于识字运动，2 月，教育部又公布《识字运动宣传计划大纲》。1932 年 9 月，又颁布了一个带有强制性的民众学校办法，规定凡在 16 岁以上 50 岁以下的男女失学者，均应进入民众学校。因此，以乡村为基础的民众学校，在各省纷纷举办起来。

诸如此类的规定，对于出版业来说，无疑是一个利好消息。其实，这也是陆费逵的一贯追求。在这种形势鼓舞下，他组织人员，强力推进，编辑印行适用民众使用的课本。计有《民众算术课本》（4 册）附教授书，闻吉甫等编，1929 年初版、1935 年 8 版；《民众千字课本》（4 册）附教授书，盛朗西、张泳春等编，1930 年初版、1935 年 7 版；《民众珠算课本》（2 册）附教授书，黄铁崖等编，1930 年初版、1932 年 4 版；《民众工人课本》（4 册）附教授书，盛蔼如等编，1930 年初版；《民众识字课本》（4 册）附教授书，张霄鸣等编，1931 年初版、1935 年 7 版；《民众商人课本》（4 册）附教授书，陈聘伊等编，1931 年初版、同年第 2 版；《民众农人课本》（4 册）附教授书，赵侣青等编，1931 年初版、1935 年 3 版；《民众三民主义课本》（1 册）附教授书，郑昶编，1932 年初版；《短期小学课本》（4 册），教育部等编，1932 年初版；《士兵识字课本》（4 册），国民政府委员会委员长南昌行营编，1935 年初版；《特种教育适用课本》（12 册），江西省特种教育处研究部编，1935 年初版；《各省保安团队训练课本》（33 册），军事委员会委员长南昌行营编，1935 年初版。在陆费逵的策划下，中华书局出版成人课本达 12 种之多，适用对象十分广泛，分别有工人、农民、商人、士兵等。这样分类，主要是考虑职业的不同，所需要的知识不同，能够更好地学以致用。这种为读者着想，以应用为主的思想，代表了陆费逵与中华书局的出版理念。

陆费逵以提高国民素质为己任，着眼于处在社会底层的广大民众，反映了一个出版家的社会责任感。比如，"通俗教育丛书" 9 种，1917—1920 年出版，选取平民需要的各种常识，分类编辑，文字力求浅显，定价格外低廉，以备一般平民随时阅读，增长各种常识。"国民外交小丛书" 14 种，1924—1928 年出版，这套丛书，在灌输一般国民对外的常识，并激发起爱国思想。每种叙述一事实之始末，文字力求浅显，取材力求正确，可供高小初中历史科、公民科之补充读物，及一般国民之浏览。"民众农业丛书" 19 种，1930—1936 年出版。我国向来以农业立国，民众对于掌握农业知识，非常看重。本丛书注重实际，扼要叙述，以促进农业之发展，使民食问题易于解决。"民众经济丛书" 13 种，1930 年出版，本丛书对于民众经济之知识，择要编入，文字浅显，表式整齐，供给一般民众阅读，极为便利。"民众工业丛书" 13 种，1930 年出版，我国生产事业没有进步，最大的原因是工人缺少知识，不知道改良。本丛书编辑的目的，就是把一般科学常识，介绍给工人们，使对于国货制造上，增加生产的动力。"非常时期小丛书" 32 种，1937 年出版，本丛书由中国新论社雷震、马宗荣、许渔樵、罗鸿韶四位先生主编，以单元之编制，作浅显之叙述，选材广泛，叙述精当，专供一般民众浏览。

此外，"民众常识丛书""民众商业丛书""平民文学丛刊""国家教育协会丛书""科学小丛书""中山大学教育学研究所丛书""党义小丛书"“初等教育丛书"“义务教育丛书"“中央大学教育学院丛书"
等，也是陆费逵审时度势，抢抓机遇，中华书局强力推出的教育类
丛书。各种各样的"丛书"，在内容上照顾到各阶层民众的实际水平，
力求浅显易懂；在体例上全部采用小册子的形式，活泼多样，避免大
部头。特别是冠以"民众"的丛书，往往一本书只讲一个主题，大多
在二三万字之间，简明扼要，切合适用。比如，"民众农业丛书"包
括《种稻浅说》、《麦的栽培浅说》、《种豆浅说》、《植棉浅说》、《果树
栽培浅说》、《土壤浅说》、《肥料浅说》、《农具浅说》、《农场管理》、《农
业大意》、《种桑浅说》、《种花浅说》、《种树概说》、《畜牧浅说》、《养
蜂浅说》、《农业气象浅说》、《农业历》、《养蚕浅说》等。还考虑到民
众的购买能力，字数少、页码少，自然成本低，价格便宜，一般几分
到一角钱，最多不超过一角五分。

其他单行本有关教育类的著作，如《乡村教育通论》（余家菊编，
1934 年）、《乡村教育》（刘炳藜编，1935 年）、《民众教育通论》（庄泽宣、
徐锡龄编，1934 年）、《民众学校教材及教学法》（邱冶新编，1938 年）、
《平民课本教授书》（黎锦晖等编，1924 年）、《平民千字课本教授书》
（全四册，陈醉云等编，1925—1926 年）等，有力地配合了这一时期
的乡村教育、民众教育、平民教育等运动的开展。

1926 年，舒新城在论及教育书籍的出版状况时，不无忧虑地说，
中国出版界与欧美、日本各国相比，无论在质量上或数量上都相差甚
远，尤其缺乏专门性的著作。一般研究教育的人总是苦于国内书籍
太少，而不得不阅读外文书籍，因为外文书籍读得多了又习惯了的
缘故，竟然完全不阅读国内的出版物。这种现象，在许多教授与"名
人"“学者"中，司空见惯。对一些身处内地的小学教师、师范生和

学生父母而言，因为没有审阅内容与作家性质，竟然费尽心机也购不着一本真正需要的书。

在这样一种背景下，陆费逵与中华书局适应社会改造的需求，出版了一大批著名的译作，使国外著名教育家如杜威、孟禄、蒙特梭利、德克乐利、葛雷、文纳特卡等人的理论和方法，以及国内著名教育家的思想和实践，尽己所能地推向社会，使教育类书籍无论在质量上，抑或在数量上均发生着变化。加之，相当数量的教育类丛书、平民课本、民众类丛书等，面向不同层次的读者，一定程度上满足了社会的需要，对国民素质的提高和促进教育近代化起了重要的作用。

实际上，即使从经济角度出发，"任何出版社令人满意的业务项目在于优秀的教育书方面，因为要是目录上有许多本站得稳的教育书的话，那么几乎不论业务进行得怎么样，这些书会继续有销路。许多出版社就是靠他们教育目录中的书而生存的"。[①]

四、投身国语运动

陆费逵热心于国语运动，策划出版数量众多的国语教育图书、国语留声机片以及举办国语培训学校，在全力推进与拓展中华书局业务的同时，为我国语言文字改革运动做出了很大的贡献。

国语运动肇始于清朝末年，包括了两方面的内容，一是国语统

---

① （英）斯坦利昂温著，菲利浦昂温增订：《出版概论》，谢琬若、吴仁勇译，中国书籍出版社 1989 年版，第 206 页。

一，实行注音字母，推广全国统一标准的口头用语，定北京话为全国各地共同使用的国语；二是言文一致，舍弃局限于知识阶层的文言文，推广白话文（语体文），谋求口头语言与书面语言的一致。近代以来，随着西力东侵，造成中国严重的民族危机，又由于西学东渐，人们对固有文化进行了深刻的反思。甲午战败以后，有识之士深切感受到，大多数人民都是糊糊涂涂、浑浑噩噩地过日子，不可能存立在世界民族之林，所以要想办法唤醒人民，输入人民更多知识。然而，我国的语言文字历来为士大夫阶层所垄断，各地言语不一，读音各异，以致语言与文字分离，教育不能普及，国家不能强盛。因此，对广大的不识字的下层民众而言，普及教育于他们，首先需要解决的是读音、识字问题，然后才能谈到读书、获取知识和提高素质等。于是，王炳耀、蔡锡勇、王照、劳乃宣等人经过精心研究，先后创制了注音字母、简字等，为普通人从发音上来认识更多的汉字提供了方便。以注音字母认字、识字为开端，拉开了国语运动的序幕。

民国建立以后，出于培养共和国民，奠定民主政治基础的考虑，国语运动被提到了一个相当的高度来认识。有人指出："大多数国民以不通文义之故，于国家政治绝无所知；一二人操纵之，虽有亡国败家之祸，弗能喻也。犹幸是非利害，人类尚有直觉之本能，真正民意，终难湮没；然共和恢复之后，不图其本，一任大多数之国民聋盲如故，则'民意'二字，又将为少数人所僭夺，真正之共和政治，亦终不可得而见"。[①] 显然，国语运动已超出了单纯的语言文字范畴，而

----

① 黎锦熙：《国语运动史纲》，商务印书馆 1934 年版，第 67 页。

是关系到国家政治前途的大事。人们对国语运动抱有前所未有的热情，"希望本国有一种公用的标准的国语话，希望本国有一种适用于现代的精密的明白的国语文，目的全在造成、推行一种优美的适用于表现思想的工具，作普及教育的先导，为发展文化之张本"。[①]1913年，全国"读音统一会"成立，汇集了全国各地的代表，又延聘著名的韵学家、方言家等30余人。他们在前人成果的基础上，多方讨论，精心研究达3个多月，以北京音为基础，创制了6000余个注音字母。随后，一些推行国语的民间团体成立，计有"中华民国国语研究会""上海国音推行会"等，做了大量组织和宣传工作，为国语运动的进一步开展奠定了坚实的基础。1918年，民国教育部公布注音字母。1920年通令各国民学校改"国文"科为"国语"科，修改原《国民学校令》，规定首先教授注音字母，改革教科书的文体和教学方法。1928年，国民政府大学院颁布"国语罗马字"为"国音字母第二式"等，这些举措对于国语运动的开展，起到了很大的促进作用。

然而，诚如时人所指出的那样，在中国现代史中，有比1911年辛亥革命更为艰巨的一种革命，这就是"国语运动"。他们认为，语言是一种极守旧的东西，语言文字的改革绝不是一朝一夕能做到的。因为以改革语言文字，普及教育为目标的国语运动，实实在在牵涉了几千年的文化和社会生活，其所遭遇的阻力之大，远非今人所能够想象。一方面，它"把向来'士人阶级'所垄断以为利的，所谓'笔耕''砚田'以及'铁饭碗'之类，弄成一个'有饭大家吃'，人人可以操觚，使他们靠此为生的老大不愿意"。[②]另一方面，许多人担心此风一开，

---

① 乐炳嗣：《国语概论》，中华书局1936年版，第2—3页。

② 黎锦熙：《国语运动史纲》，商务印书馆1934年版，第130—131页。

会导致固有文化的根基被动摇，视国语为毁灭本国文化之举，"谓国文为国语，则中国古书，能解者少，文学将绝，历史及其他学术，知者更少"。还有人忧虑，"我国方言各殊，而文字则，今舍文用语，其弊必至各用其方言，而数千年统一之文字，将因是破坏，遂酿成各地分离之祸"。① 袁世凯当政时期，尊孔复古空气浓厚，对国语运动的开展尤为不利。一些"素重文学"的地区，自然看不起语体文，以为它们粗俗不堪，难以入目。甚至出现了"不读古文，不可以为人！不作古文，不可以为子"的叫嚣。② 社会上明里暗里的反国语势力，成为推行国语运动主要障碍。当教育部下令国民学校进行语言改革时，除个别交通便利、热心倡导的地区之外，大多数人置若罔闻，"耸社会以危词，斥更张为异类。抑或轻重先后完全倒置；虽曰遵令照改，实则教法全乖。既苦受教者之脑筋，复兴反对者以口实"。③

"五四"新文化运动为国语运动带来了活力，它高举"文学革命""文学改良"的大旗，反对旧文学，提倡新文学；反对文言文，主张白话文。他们主张："一切语言文字的作用完全在于表达思想；表得巧，达得妙，便是好文学。思想、事物古今既不相同，表达思想、事物的文学，也决不能一成不变；已经死过去了的语言、文学，决不会产生'活的文学'，那就只有努力提倡国语的文学"。④"我们所提倡的文学革命，只是要替中国创造一种国语的文学。有了国语的文学，方才可有文学的国语，有了文学的国语，我们的国语才可算得真正的

---

① 陈懋治：《国民学校改设国语科意见书》，《中华教育界》1916 年第 5 卷第 7 期。
② 黎锦熙：《国语运动史纲》，商务印书馆 1934 年版，第 130 页。
③ 黎锦熙：《致全国教育联合会书》，《中华教育界》1921 年第 10 卷第 8 期。
④ 乐炳嗣：《国语概论》，中华书局 1936 年版，第 28 页。

国语。国语没有文学，便没有生命，便没有价值，便不能成立，便不能发达"。"中国若想有活文学必须用白话，必须用国语，必须做国语的文学"。[①] 乘"五四"新文化运动的东风，国语运动得以强力前行。

国语运动冲破重重阻挠，取得了不斐的成就，从学校的国文科改为国语科，从文言文到白话文（语体文），从注音字母到国语罗马字等。期间，以普及教育、振兴文化为使命的民营出版业功不可没，黎锦熙称之为维护国语运动的"第二道防线"，并说陆费逵等人是"第二道防线"的总司令。

陆费逵是热心倡导国语运动的代表人物。早在清末，他就建议设立字母学堂，通过记字母、读拼音，以达到多识汉字的目的。陆费逵指出："东西各国文字，无不有字母。字母者，所以一语言之音声，便形体之辨别，而为文明之利器也。中土无字母，其文字也，一形一音，辨别难而记忆尤不易。故读书之效迟，识字之人少。有字母则不然，熟记字母之形，及拼音之法，以之读书，迎刃而解。以之记载，力半功倍。字母之为用大矣哉"。在他看来，"于字母既识，拼音既解之后，每见一字，先以法求其音，音得则义解矣"。针对中国语言不统一，各地方言不一，"无论南北语音，杂然不同。即邻郡相接，而语言亦异。甚至同一县也，此乡与彼乡且判若二国焉。是亦我国上下，知有乡谊而不知有国家观念，知有省界而不知有国家种界也，可不为大哀哉！平日政教不一，交通不便，以言统一难矣"。更有甚者，在国内居然还出现了异地之人使用英语交谈的状况，对国家的政治、军事、教育和社会交往等，"无不引为莫大之害"。

---

① 胡适：《建设化文学革命论》，《胡适文集》（三），人民文学出版社 1998 年版，第 61、63 页。

　　1906 年，陆费逵鲜明地提出"文字改良，语言统一"的口号。他解释说，中国文字每一个都有其形、有其音，非识其形、记其音，不能识字。有字母的文字，儿童学话时，学习几个月，即可知其大略，读书写字，就没有任何困难。不使用字母者，认识这个字，不能举一反三，即使认识数千字，读书时也会有障碍。当今，创造字母，就是为了统一语言，目的为了全国人心之统一。随后，他连续发表了《论日本废除汉文》、《普通教育当采用俗体字》、《答沈君友卿论采用俗体字》等文章，反复强调："我国从事改革，宜从字体简单、言文一致入手。一方提倡通俗文字，以期其普及；一方精研古学，以保存国粹。而统一语言，尤为要事。"①

　　进而，陆费逵又撰写多篇论文，如《我对于国音国语的意见》、《国语国音与京语京音》、《整理汉字的意见》、《改良国语案》等系列文章。首先，他指出，国语教育的目的，就在于"统一语言，言文一致"。其次，他自问自答，用什么方法统一语言？定标准音——要正确、鲜明、简单；用什么方法做到言文一致？定标准语——要近于文言，而且便于口说。再次，国语教育的步骤。他认为，第一步让儿童根据国音读书，注意养成读国音习惯。第二步说话读书都用国音国语，不必问其是什么腔调。现在普通话语调各处不同，听起来却大致可以相通。第三步用理想的国语，所谓国音、京调、普通符合标准的语法。他从多个方面、多个角度阐述了对于国语教育的观点。

　　以陆费逵为总经理的中华书局，积极参与国语运动并成为其中的重要驱动力之一。当新文化运动渐次高涨、文学改良初兴之际，《中

---

　　① 吕达编：《陆费逵教育论著选》，人民教育出版社 2000 年版，第 6 页。

华教育界》就发表稼畦的《对于国文之研究》、陈懋治的《国民学校改设国语科意见书》等文章，呼吁将学校的国文科改为国语科。1919年和1920年，《中华教育界》发出两次征文活动，希望教育界对国语统一的方法、标准音的标准等问题展开讨论，还征集各级各类学校对于教授国语、国音的实践情况，得到许多知名语言学家的响应。在此基础上，《中华教育界》分两期刊出"国语研究号"，为推行国语运动大造舆论。① 代表性文章包括陆费逵《我对于国音国语的意见》、黎锦熙《国语编辑与教授的纲要》和《国音音素的发音部位》、易作霖《五声论》、王化周《我的国语教授试验》、王蕴山《注音字母与汉字》、陆依言《道听途说的笔记一》、朱葆庄《宝山县立甲等师范讲习所附属小学校国音国语教学实况》等。陆费逵、黎锦熙、王蕴山、陆依言等人均为提倡国语的得力人物，在文化教育界颇具影响，他们对问题的分析和理论上的创见，进一步强化了国语运动的声势。

其一，肯定了注音字母的功能。他们认为，注音字母出现以前，人们识字无多，常常读错字音、土音歧出，这些弊端的存在，极不利于教育的普及，何谈文化素质的提高？而创制注音字母以后，可以达到"正确发音、统一言语、救济失学的人"之目的。在他们的心目中，注音字母是教育文化事业中，"植基的利器""经济的学习""补习的捷径"。"用注音字母来统一读音，实在是统一言语的先导"。王化周在《我的国语教授试验》文章中，以自己的切身经验指出，教授国语要对当地方言进行详细地研究，因为"各省有各省的方言，就大

---

① 参见《中华教育界》1921年第10卷第8期、第11卷第2期。

体而言——若不能详察各地方的情形及方言的种类，因地制宜，随机应变，是收效很小的"。[①] 陆费逵对我国语音的区域性分布，通过具体的分析后，提出了国语教育应分三步走的建议。他认为，第一步目的达到之后，一变就可以到第二步。第二步目的达到之后，更不怕不会到第三步了。当然，依他所划分的"狭义的国语区域""广义的国语区域""非国语区域"，不同的区域可以适当变通，并非一定要按照这个次序进行。

其二，指出语体文是普及教育的必要条件。王蕴山在《中华教育界》上发表《注音字母与汉字》一文，指出我国办教育的时间不可谓不长，然而至今未曾普及的原因，最大的障碍在于语言不统一，文字不简练。"我们中国的文字是贵族的不是平民的，是专门的不是普通的，一个字有几个音，一个音有几个义，从少年去学，一直学到老不敢说毕业，要用一生毕不了业的东西普及一般人民，天地间哪有这样的理呢？所以必须有一种极简便极容易学的文字出来从旁帮助，然后谈到普及教育，可就有了把握了"。向信则撰文对国内的一些学校不顾实际情形，以外国人出版的中国官话书作为课本的现象，提出了尖锐的批评。他认为："外国人做的中国官话的书，不一定都可以做一般学校的会话课本。即使有一部分，可以作为参考应用的，也须经过精密的审查和修正，然后可以采用"。陆费逵强调："国音国语是人人应该学习的，经商的、做官的一定要会说国语，那是自不必说的。农夫、工人也应该学习国语，和人家接洽，才不致误会吃亏。至于教员更应该学习国语"。[②]

---

① 参见《中华教育界》1921 年第 10 卷第 8 期。
② 参见《中华教育界》1921 年第 10 卷第 8 期。

其三，推行国语对教育的促进作用。他们用事实说明，"凡是受过国语教育的，都觉得进步可观；比较教授以前所用的国文收的成效，实在不可以同日语。所以同人等才敢断定改用语体文，真是求学的捷径"。"现在科学日新，为求学计，也没有十年窗下的闲工夫，去研究古人的文字。（要做专门文学家的，不在此例）为平民教育计，更用不着那种艰深的国文；只要嘴里说得出的，笔底下写得出，就尽够用了。何必因做父兄的，素习国文，一定要子弟们尽心思去学习那种古人的文字呢？"同时，"国民学校，是教多数平民的；不是教专门文学家的。既然是平民教育，自然要拿语体文算做正宗。何况普及教育，断不能各个施以人才教育"。教育部改国文为国语，"也是外面鉴于世界大势，内面察看本国学术状况，实在有不得不改用语体文的理由，所以才毅然改革"。如此一来，则"那一般平民的子弟，也得受着些普通知识，教他能够有自食其力的技能"。[①]

陆费逵对国语的深刻认识，以及对国语运动的热心参与，有力地影响了中华书局的营业方针，这就是把国语图书作为出版业务的重点。1920—1923 年，中华书局共出版国语图书 50 种，占整个图书出版总数的一半以上。

1920 年，在陆费逵的指导下，中华书局积极筹划并推出朱文叔《国语文类选》、黎均荃《国语易解》、董文《国音实习法》、易作霖《国语读本》、陆衣言《注音字母教授法》和《国音拼音盘》、李直《语体文法》等著作。这些书的作者均是国语研究的专家和教师，在注音和语体文方面有很高的造诣。其中，《国语文类选》一书，是从《新青

---

① 参见《中华教育界》1921 年第 10 卷第 8 期。

年》、《新潮》、《每周评论》等具有相当影响的报刊中选编而成，包括当时最流行的国语文，分文学、思潮、妇女、哲理、伦理、社会、教育、法政、经济、科学十类。作者分别为胡适、蔡元培、陈独秀、蒋梦麟、张东荪、张一麐、胡汉民、罗家伦、朱希祖、周作人、李大钊、戴季陶、沈兼士、高一涵、陶行知、任鸿隽、周建人等，他们提倡文学改良，反对呆板泥古之风，在社会上颇具影响。人们阅读他们的文章，不仅在于明晰国语文法知识，而且会受到新的思想学说的熏陶。因此，该书受到读者的广泛关注，到1930年即已印行达14版。《注音字母教授法》一书，阐述了教授注音字母时要依据不同的对象施教的原理。共分三编，第一编讲述儿童教授法，第二编为年长失学人的教授法，第三编是教员与师范生之教授法。该书出版后，受到民国教育部的嘉奖，称其编制详明，方法新颖，确是以前不曾有的著作，用来推行注音字母，很是便利。

　　1921年，陆费逵做出一个重要决定，在中华书局编辑所内设立国语部（后改称国语文学部），以黎锦晖担纲，网罗国语方面的人才，如乐炳嗣、陆衣言、蒋镜芙、马国英等为编辑，从而将高水平的国语书籍奉献于世。同年，中华书局出版王璞《国语会话》、陆衣言《新教育国语会话》和《国语常识会话》、陆费逵《国音教本》、黎锦熙《国语讲坛》、尔梅《国语文法讲义》、达文社《白话文速成法》等著述。1922—1926年，中华书局推出"国语讲义"，包括马国英《国语文》、蒋镜芙《国音》、后觉《国语发音学》、乐炳嗣《国语旗语》、《国语概论》、《语言学大义》、《国语辨音》、《声韵沿革大纲》等名作。从1924年开始，中华书局集中力量，加大投入，陆续出版"国语小丛书"，汇集了黎锦熙《国语文法纲要六讲》、黄正厂《国语文作法》、后觉《国语新游艺》和《国语声调研究》等。1930 年，为配合教育部将"注音字母"改称"注音符号"的规定，中华书局推出蒋镜芙《国语注音符号新教本》、陆衣言《国语注音符号讲习课本》和《国语注音符号发音法》等。此外，还有"标准国音丛书"、"新国音丛书"等。许多国语运动的积极倡导者、研究者，或为中华书局的编辑，或为热心的作者，他们以实际的调查，对国语教育的核心内容，如注音、文法和词类等项，提出了较多独到而切实可行的见解。在陆费逵的领导下，中华书局策划出版的国语图书，基本上反映了当时国语研究和国语教育的最新成果，显示了较高的学术水平。其间，中华书局出版的几乎每一种国语图书，都曾经重印过，印次在 5 版以上的达 40 种之多，占此类出版总种数的 43%，有些图书印次达到 30 版以上。

陆费逵对国语运动的态度，对促进中华书局的出版业务，作用匪浅。固然，不可否认，出版家有营利的心理，但教育与出版的天然联系，在这里表现得特别突出。1921 年，国语教育专家黎锦熙在《中华教育界》上发表文章，指出："试看一两年来，国语国音的书，宽一点来说，各种新思潮新文化的书，不是风起云涌，层出不穷吗？固然多半是营业家的投机，但也要有主顾来买它，若是赔本钱的生意，还有谁来做呢？可见社会风气的转移，不是可以完全靠他自动的"。①从本质上来说，出版是一种商业文化活动，要受到一定的文化环境的影响。反之亦然，出版也推动着所处环境的文化发展。以陆费逵为首的中华书局，与时俱进，把握国语运动的发展趋向，出版大量的国语图书以应社会所需。大多数国语著作一版再版，有的书籍，如马国英

① 参见《中华教育界》1922 年第 10 卷第 8 期。

的《国际交际会话》（1922 年），到 1939 年印行高达 47 版；《国语会话》、《白话文速成法》、《新式标点符号使用法》（马国英，1922 年）等，均印行至 30 版以上。1926 年，国语研究会在北京召开成立 10 周年庆祝大会。同时，在全国各地的学校团体就地召开国语运动大会，要求各大书店配合。中华书局积极响应，表示将出版的所有国音国语图书一律五折廉价发售一个月，以广为提倡。可以断言，国语运动在民国的兴盛发展，形成了一股不可阻挡的文化潮流，是时代的发展和社会的需要使然，以陆费逵和中华书局为代表的出版业的参与，是其中不可或缺的推动力量。

陆费逵对国语教育的推动，除出版国语图书以外，并伴以其他方式来进行，这就是承办上海国语专修学校，培养国语教育的人才。

陆费逵在国语运动中表现突出，在教育界颇有影响。同时，他与书局的许多编辑都是"中华民国国语研究会"或"上海国音推行会"的会员，黎锦晖、陆衣言、马国英、乐嗣炳、蒋镜芙等人，还是其中的领导或骨干人物。中华书局不仅是一个国语出版机关，而且是一个国语教育机关。随着国语运动的渐次高涨，尤其是教育部下令国民学校改国文为国语科，进一步激励了文化教育界推行国语的热情。1920 年 11 月，教育部"国语读音统一会"准备在上海举办"国语专修学校"，作为我国东部各省国语师资培训和推广国语的示范教育机关。陆费逵为发起人之一，并由中华书局具体承办。中华书局每年投资 1200 元，并且负责讲义的印行、招生、教学与管理等工作。学校成立董事会制度，陆费逵、沈恩孚、黎锦熙、李宗邺、李廷翰、王璞、顾树森、江范五 8 人为董事。1921 年 3 月，学校在《申报》上登载广告，公开申明："统一国语的事业，渐渐的举办了，国民学校改授国语，已经实行了，但传习注音字母，不讲究读、说、作是不行的，同人以为统一国语和教授国语，都应该从养成人才下手，所以开办这个学校，又恐教授不合，不能通行，所以于本年三月一日，呈请教育部派员来沪，现已派定江范五先生任校长兼主任教员，并聘请黎锦晖、陆依言、易作霖、沈问梅诸先生分任教授。"①4 月，上海国语专修学校正式开班。起初，开办专修科和讲习科各一班。专修科设置注音字母拼音、国语文法讲读、国语文法、作国语文、国语文文件、会话练习、音韵学、言语学、万国发音法、国语教授法。每日四时，学费 15 元，资格不限但须国文精通，拟招收 70 人。讲习科的课程则为注音字母、拼音、国语文讲读、国语文法、作国语文、会话练习、国语教授法。每日两时，学费 6 元（现任小学教师减半），资格不限但须国文精通，拟招收 70 人。不久，由黎锦晖、蒋镜芙先后继任校长。中华书局的许多编辑成为该校的骨干教学人员，如黎锦晖、陆衣言、马国英、郭后觉、蒋镜芙、乐炳嗣等。由于社会对国语人才的需求增加，上海国语专修学校又开设星期补习科、寒暑假讲习科等，办学方式灵活多样。星期补习科，就是将上课时间选择星期天休息日，这是为平常上班不得空闲的教师而设的。分为国音、国语两个班，国音班传授注音字母及拼法，国语班比国音班要高一个层次，规定要学过注音字母班的学员，才能报名，传授的内容主要是会话、讲读，并略讲教授法。授课时间共 10 个星期，每逢星期天上课，每天上课三小时。不收学费，只收一元钱杂费。暑假补习科分初级、高级两种。初级授注音字母拼音及教科书讲读、国语文法大意；高级为曾习国音者而设，授以

---

① 《申报》1921 年 3 月 17 日。

国语讲座、作国语文、国语文法、会话练习等。自 7 月 25 日到 8 月
20 日，共四个星期，每日上课四时，学费 3 元，膳食宿 6 元（仅午
膳者 2 元）。由于寒假假期较短，学校增加授课时间，每天上课六小
时。值得注意的是，学校招收女生，并明确写进学校的章程中，还附
设一所小学，高小三年毕业，注重国文、国语、英文、算术，附设预
科，一年毕业，注重国文、算术。此外，学校开办过师范研究科，招
收中等学校毕业生，或是高等科与专修科毕业的学员，修业期限为两
学期。

由于陆费逵对国语教学的热心扶持，中华书局从资金上保障到
位，所以，上海国语专修学校办得非常有特色，制度完善，管理严
格，教员教学态度认真，教学质量比较高，成为培养国语人才的重要
基地，仅两年的时间，毕业生人数就达 700 人之多。大多数学员毕业
后，分赴各地任教。比如，在学校开办之初，第一期学员课程刚及大
半，广东省就有一所学校在国语专修学校的学员中，预定了 3 名国语
教员，一旦他们毕业，就前往广东任教。之所以取得这样好的效果，
缘于学校立足点高，其使命不但在于统一国语，而且要使其成为一种
精确的口语；不但要言文一致，而且要使其成为一种精确的文字。提
高口语、改良文字，才能使国运亨通。他们的努力，使国语运动得到
进一步推广。1925 年 7 月，中华书局董事会决定停办国语专修学校，
由编辑蒋镜芙接办，书局将教具奉送，并每月补助 50 元，直到 1930
年 2 月。

在国语运动的浪潮中，陆费逵拓展书局业务，除承办国语专修学
校外，还制作国音留声机片。

国语运动从注音字母发其端，缘于普通人多识字、认字的方便。

但由于我国地域辽阔，各地方言不一，使教授字母的发音，与教育部规定的国音相比有相当的差距。甚至在同一学校内，两人以上的教员，所教的发音也在两种以上，让学生无所适从。向来热心研究和推广国语的陆费逵，通过对北京、天津、太原、济南、南京等处的实地调查，他觉得，这事很不妥当，想了好长时间，只有制成国音留声机片，把准备可作模范的发音，留入片内，全国都拿来做标准，方才可以统一。这个主意拿定以后，陆费逵写信到外国探听制造留声机片的方法和著名的工厂。探听的结果，以法国百代公司的出品最新、最精，于是就与这家公司联络，结果如下：（一）向来百代公司做中国戏片，是普通技师在上海收音，寄往法国制造。语言片子比戏片难做，要另请专家来收音。（二）百代公司已经在上海建设分厂，但须民国十年方能开工。九月份要制造，但须仍旧寄往法国。双方订立了契约，并依约进行。起初，请了一位专家，效果不理想。到了上海，陆费逵亲自上阵，试验了三片，第一片用京语，第二片用普通语，第三片诵岳飞的《满江红》词。由于用的收音器具，是普通戏片的，制语片仍不大精确，于是由百代公司打电话联络，由法国运来制语片的器具。这个时候，陆费逵更觉得发音不统一、不准确的困难，就呈请教育部派人来读音。教育部派王璞到上海，又为慎重起见，呈请教育部派人审查，教育部又派黎锦熙来上海，两人一位是语言专家，一位是音韵专家，可谓两全其美。第一次收音，用了四个小时，换了十一片，才制作好一片。第二次以后，稍微容易一些，但是只有第五片读音一次就成，其余的都要换几片才能成功。之所以如此，是因为制作语言的片子，要字字准确清楚，每片读音三分钟，要一口气读完，不能停顿，所以失败的次数多，成功的次数少。1920年12月，"中华国音留声机片"制成。这套留声机片，由王璞发音、黎锦熙审查，共6片12面12课。第一批制作1000套，附有相对应的课本和说明书，全套定价为60元。在发售预约后，提前预订近800套，大多数为国内各地的教育机关，如江苏省教育会、上海劝学所、泉州讲习所、高邮通俗教育馆、江苏第二师范学校、泰兴第一高小、广东岭峤女学等。甚至，一些国外的教育机构和个人也有订购，如日本的山口高等商校。第二批制作也是1000套，1922年按照五折发售，次年全部售完。第三批新货制作出来后，定价降低，减为40元，并以特价20元价格发售。到1926年，还有发售，只不过降价到12元一套了。陆费逵投入大量精力，不惜亲自上阵而制作的留声机，为学习国语者提供了标准的发音参照。"可以辅助人工传习，帮助正音，矫正语调。并且这种仪器，不论在甚么地方，只要使用合法，都可以试演的。虽是开几千几百遍，一丝一毫，都不会差异"。[①]教育部对这套留声机片进行了审定，对每课都有一些概括，并给予了比较高的评价。它对于人们提高国语语音学、言语学的水平，以及外国人学习中国语言，也有很大的帮助。"中华国音留声机片"制成后，受到不少学校的教师和学生的喜爱，先后发行数千套之多。

1932年，教育部规定国音国语"以现代的北平音北平语为标准"，颁布《国音常用字汇》，作为规范字音、推行国语的标准字典。陆费逵觉得，"北平知识低下的人，说话多土语俗音；北平城外的人和寄居北平的人，语言又不免夹杂。在各地方要请到一位可为模范的标准语教师，却也不甚容易"。即使是一些国语专家，如读音统一会的黎

---

① 参见《中华教育界》1922年第10卷第8期。

锦熙、张仲平、陈颂平、陆雨菴等人，"都是在北京许多年的，哪个说得来纯粹的京话"①。为了解决这个问题，陆费逵决定再次制作一套留声机片，特请教育部国语统一筹备委员会常务委员、在北平各大学教授国语的白涤洲发音，灌制了一套新的国语留声机片，即"标准国音国语留声机片"。全套共 16 片 32 面，分为三组。第一组为"标准国音"，计 4 片 8 面。前 6 面注重国音字母和拼音、声调。字母分组发音，每组又连续读两遍。拼音方法，分举各例，把国语中所有的字音，完全列入。声调除基本练习以外，更将各种声调详细举例。后 2 面专及卷舌韵的音变和练习，以及歧音字和助调"啊"的练习等；第二组为"标准国语"，计 4 片 8 面。前 3 面依据词类，将普通日用语和应特别注意的字句，运用编入。后 5 面有成语谚语的应用，以及笑话、对话辩论、讲述、演说、散文的诵读等；第三组为"小学国语读本选读"，计 8 片 16 面，就中华书局出版的初小国语读本中，选取各种体裁的文字，朗读示范。这三组分别定价，各学校可以根据实际情况，或合购或分买。另外，附《标准国音国语留声机片课本》1 册，与这套留声机片配合使用。这套新的"国音国语留声机片"，在当时销售国内外，有较大的市场。它的制作和发行，表明了陆费逵为首的中华书局，对国语推广的一贯态度。与此同时，它也给书局带来了客观的经济效益。

语言是国家、社会与民族文明程度的一个显著标志。作为信息的媒介和载体，语言在文化的继承、传递和交流中担负着无可替代的使命。随着社会的变化发展，语言也要不断地改进、充实和完善，以便

---

① 陆费逵：《陆费逵文选》，中华书局 2011 年版，第 293 页。

能够适应新形势下人们交际的需要。兴起于清末的国语运动，是民族危机和西学激荡下，社会变革所必然引起的语言上的变革。在脆弱的民主意识中建立起来的中华民国，急需培养大多数国民的民主思想，以作为坚实的立国之基础。而以"注音字母""统一语言""言文一致"为中心的国语运动，是实现这一目标的必要手段，在传播文化，普及教育等方面，都起了很大的作用。这场运动的本身，也从一个侧面反映了近代政治由专制向民主、文化由垄断向普及的演变。在这场推动社会文明进步的征程中，陆费逵不但是一个研究者，而且是一个积极的实践者，并亲自领导和策划国语图书、国语专修学校、国语留声机片的制作，在推进国语运动的同时，为中华书局的业务拓展，利润的增加，也是功不可没。在陆费逵的努力下，出版与教育如此协调地融合在了一起。

五、与时俱进的教科书

自清末开始，陆费逵任职出版机构，成为教科书的编辑者之一。他与教科书关系密切，一部中国近代教科书历史，基本上就是他经历的历史。他对舒新城说过，教科书过去的历史，这一篇完全在记忆里，且十之七八是自己经历过的。他手创中华书局，以编撰"中华教科书"起家，成为第一个推出适应共和国民教育的出版机构，也是学校教科书的主要供给者之一。陆费逵重视对教科书的研究、编撰和出版，形成丰富而独具特色的教科书思想，又体现在中华版各种各类的教科书编辑宗旨、方针和体例上。在陆费逵的主持下，大量涉及国语、算术、外文、心理、社会、自然、科技等教科书问世，不仅适应了民国新式教育的需要，而且对当时学科建设也做出了很大贡献。

陆费逵步入社会后，由于长期服务书业机构，非常清楚教育与国家的关系，教科书与教育的关系。他认为国家振兴依赖于教育，教育根本在乎教科书。教科书之于教育，犹如锄、犁之于耕地。没有枪炮不可以言战，没有教科书不可以言教育，这是人人都知道的道理。以小学国文教科书为例，他指出："国文科为国民教育之源泉，其为用也，陶儿童之性质，养儿童之智识，且使其能以语言文字通人己之情者也。故教材不当，则贼儿童之性情，锢儿童智识；措词不当，则失语言文字之用，而人己之感情不能相通。一有不慎，遗害无穷，不可不留意也。"在他看来，我国教育之所以不振兴，是由于教科书不完善。在昌明公司上海支店期间，陆费逵任经理兼编辑员，积极发起成立"上海书业商会"，任三人评议员之一，并担任书业商会学徒补习所教务长，编写《本国地理教科书》，这是他编写的第一本教科书。陆费逵进入文明书局后，襄助经理办事、编辑员，兼任文明小学校长。他参加编写"文明教科书"，在教育界享有盛誉，如初等小学用《新编国文教科书》、《新编算术教科书》、《新编修身教科书》等。正是在早期的编辑实践中，陆费逵对我国书业发展现状，教科书编纂等问题，有了比较深刻的认识。

他反对教科书"国定制"。所谓教科书国定制，就是在一个国家内，由政府垄断教科书的编写、出版、发行和使用。在我国，近代教科书的出现，首先是涌入沿海内地的西方传教士，开办教会学校，引发了教科书的编纂。1897 年 12 月，上海南洋公学成立译书院，分国文、算学、舆地、史学、体育五科，组织人员编纂《蒙学课本》三编，这是我国自编教科书之始。1898 年无锡三等学堂开办，自行编辑国文《蒙学课本》七编，作为一般学堂的学生用教科书。商务印书馆成立后，特别是 1903 年在张元济加盟后，编辑"最新教科书"，门类齐全，内容丰富，体例完善，赢得社会好评。教科书是新式教育兴起的产物，各民营书局均涉足教科书的编辑、出版、发行。

1905 年清政府学部成立后，面对方兴未艾的民间教科书编纂，试图纳入统一管理的轨道。1906 年学部首次颁布审定初小、高小暂用书目凡例，申明在学部编辑教科书出版以前，"均采用各家著述先行审定以备各学堂之用"。"凡例"所表达出来的信息是，学部要统编教科书，统一由各学堂使用，改变现行各书局自行编著教科书的格局。不久，京师大学堂译书局、编书局划归学部，成立学部编译图书局，开始编纂教科书。1907 年春，学部编辑的教科书初等小学《国文》、《修身》教科书第一册、教授书第一册颁布。

清政府学部编辑教科书的目的，是想垄断教科书的使用。它下令各地学堂，"课本须遵用部定之本"。对部编教科书的翻印等项，也有明文规定：（一）部编教科书须由学部授权，由各省提学司担任翻印事宜，该省学务公所和制定商店承办，并报部认定。（二）翻印之书，其字体、图画、墨色、页数、字号、版式等都要与部编教科书一致；对纸张质量也有相当要求。（三）翻印之书须在最后一页载明学部图书局编纂，翻印处、发行处名称和地址，以及翻印第几次、年月等项内容，以备核查。（四）翻印之书的价格，不得超过部编之书的定价。（五）翻印书须在每一册粘贴学部印花，并在印骑缝处加盖该翻印机构的圆式图章，以备核查。印花分四种：初等小学教科书、教授书为红色，女子初等小学为橙黄色，高等小学为绿色，女子高等小学为黄绿色。学部对印花票的发放、使用以及印花费等皆有详细规定。
（六）对于违犯以上规定者，各有相当之处罚。

学部统编教科书的出笼，是为了实现"国定教科书"制度，并利用行政权力强行推进，往往书未脱稿，已颁行法令，通用全国。这种情况，必然会造成在教科书编著和供应问题上，打破以前各家竞出教科书的局面，也意味着民间编辑教科书业务，既受到多种掣肘和压抑，又面临着经济利益的巨大损失。

对于清政府学部在教科书问题上的所作所为，陆费逵以一个编辑者的身份，撰写了多篇文章，鲜明地提出了自己的观点。从学部颁布关于教科书"凡例"以来，他对即将出笼的部编教科书就给予密切关注。早在 1906 年，他发表《同业注意》一文，指出："学部编辑之教科书，将次出版矣。今虽未知其详细，然其将来销数必有可观也"。后又发表《论国定教科书》一文，再次提到："今夏学部有审定初等小学教用书之举，近复有教科书之编辑，虽尚未出版，莫由知其详"。"近闻学部有编纂教科书之举，且将颁行国定教科书之举。吾始闻而喜，继而疑，终乃戚然大惧，惧以此阻我全国教育之进步耳。"陆费逵对部编教科书由"喜"到"疑"到"戚然大惧"，表明了反对教科书由封建政府垄断的态度。

反对教科书"国定制"，是陆费逵教科书思想的重要内容。他虽然还没看见部编教科书，但是已经预见到结果。他反对教科书"国定制"的理由是：第一，时机不成熟，事起仓促。陆费逵以日本为例，明治初年日本就想统一教科书，但准备了近 40 年才出现。在国定教科书推出前，有国语调查会、教育研究会做了调查研究，各地学校进行了试验，然后才有国定之说。但即使国定以后，也仍然保留着由文部省检查数种教科书，由各地根据情况选择使用的规定。而现在，学部没进行充分论证，就想一统教科书，缺乏深思熟虑。他坚持认为，即使教科书要国定，也"决非聘十数人，设一局所，仓卒下手，遂可以集事也。"第二，我国地广人众，风俗各异，儿童心理发展的规律，教科书不可强求统一。在陆费逵看来，"盖小学课本之编辑，极非易事，为书仅数册，而必备人生所不可缺之知识，又必审儿童心理发达之顺序，毋遗倒绷之讥。"况且，我国南北差异，"南人不可缺之知识，未必即为北人不可缺少之知识，南人儿童心理发达之顺序，未必即为北人儿童心理发达之顺序。"因此，必须假以时日，详细调查，认真研究，"此所以即使国定亦必有种种预备，而非仓卒下手所可集事也。"第三，教科书必须聘请专家担纲，不是少数人的闭门造车。陆费逵认为，编辑教科书既需要专门知识，又要了解知识传授的特点，至于内容的选取、课程的排序、图画的绘制，均不可掉以轻心。教材编写者，"或延聘专人，或通信顾问，而其人之资格，极宜慎择，不可滥竽充数。"他对学部编写教科书的人员，表示极大怀疑："一部之人才几何，果能尽兼众人之长乎？宦海中人，从事著述，果能人人尽心竭力而毫无所慕乎？书即出版，良否自有公论，果能以一人之手尽掩天下目乎？"第四，陆费逵认为，不可国定教科书，也是由于国民传统的依赖心理所致。他指出："吾国人之心理，最信服政府，苟一国定，则无人敢言其非，而全国风行，虽有民间编辑之善本，亦必不用。国定而善也，吾人固受其福；设有不当，其遗害将何所底止哉！"第五，教科书由国定，造成政府垄断的局面，就会没有竞争，没有竞争则没有进步。陆费逵指出："天演公理，有竞争而后有进步。教科书果为国定，绝人销售，又谁肯虚掷财力心力以经营之？以全国四万万人之教育，而委之学部数十人之手，一成不变，其必无良果可想而知。即令多聘通人，时时改良，更采私家著述，兼收并蓄，而百家俱废，只出一途，竞争不烈，进步必迟，可决然也。"他不无焦虑地说："吾恐教科书国定之后，难期再有进步矣。"

陆费逵的担心并非多余。学部所编教科书的出版，令其非常失望。对国家教育的关切，对教科书重要性的认识，"吾辈既有所知，安敢默尔以遗我国无穷之忧？"强烈的社会使命感、责任感，促使其写成《论学部编纂之教科书》一文，历数其"八点"不足：教材多不合儿童心理；词句多不合论理；间有拘于一隅之处，不合普及之意；图画恶劣，图与文词，且间有不符之处；数字与算术不相联络；时令节气不相应；抄袭近年来出版的各书，有碍私家编著；教授书失之高深，教员生徒皆受困苦。他引用书中的课文实例，以证明自己观点，持之有理，言之有据。

陆费逵对教科书问题的深刻认识，以及他坚决反对教科书"国定制"，在其一系列论述中有明确的体现。他从事实上强调教科书不可"国定"。他认为："唯既为学部编纂，则行且以之课遍国中之儿童，他日国民程度之高下，国势之盛衰强弱，皆将于是乎赖。"文章评论的是教科书，而且单就"不当之处"进行评论，但他矛头指向"国定制"。"小学课本，关系教育，最为重要，部编如此，记者深为教育前途虑。而其有碍私家著述及版权等事，犹小焉者也。"[1] 他以确凿的事实告诉人们，教科书一旦"国定"，则会出现诸如此类的弊病，对我国社会进步，对教育的发达，对人才的成长，必将产生极其恶劣的影响。

---

[1] 陆费逵：《论学部编纂之教科书》，《出版史料》2010 年第 3 期。

推动教科书革新。教科书是反映社会政治、文化和教育变革的一个窗口，清末自编出版教科书活动，正是社会发生巨变的反映，对于近代教育发展起了重要推动作用。但由于新式教育刚刚起步，长期滞后的教育观念急待转型，加之编写者们缺乏经验等原因，清末自编教科书尚处于探索和实验阶段，难以避免地存在着许多不成熟、不完善的地方。"一方面，当时教科书编纂者仍然束缚于传统启蒙教材的模式之中，他们所思考的核心点只不过是在蒙养教材的基础上如何翻新的问题。因而所编教科书也就难免带上了传统教材无学制限制无教法要求的痕迹。程度的深浅当然也就难于把握。另一方面，当时教科书编纂者一味仿外国，以外国教科书的形式套用中国新式教育，忽略了中国教育内容的特质和中国儿童的特点。两相作用，就出现了或是新瓶装旧酒，或是旧瓶装新酒的现象"。① 这就意味着，如何改革教科书存在的两个偏差，限在内容和体例上脱离旧式编写模式及外人所编教科书的影响，使教科书适合儿童心理和中国教育实际，成为摆在教育界和出版界面前的一个重要问题。

1912 年，中华书局成立。陆费逵撰成《中华书局宣言书》，揭起"教科书革命"的旗帜，就是适用民主共和要求，与时俱进，培养共和国民。陆费逵的这一思想，成为自始至终贯穿"中华版"教科书的编辑方针和原则。

其一，以学生为本，应时创新。中华书局甫一成立，陆费逵就提出："民国行共和政体，须养成共和国民"。适宜之教科书，是巩固革命胜利果实的重要工具。再者，处在当今竞争剧烈之世，"务养成独

---

① 王建军：《中国近代教科书发展研究》，广东人民出版社 1996 年版，第 190 页。

立、自尊、自由、平等、勤俭、武勇、绵密、活泼之国民",才能"发达我国势,执二十世纪之牛耳"。① 在教科书编纂过程中,中华书局自觉地贯彻这一出版理念。在选材内容上,力求适应时代和形势变化;在编辑体例上,尽量符合学生、儿童的学习心理。

1912 年 2 月,"中华教科书"开始出版。这是为中华书局的第一套教科书,也是"教科书革命"的第一个成果,其特色有五:"程度较旧本略浅,适合学龄儿童之用,一也。各科联络,初高小衔接,二也。各科不重复,不冲突,三也。修身用德目主义也,尤注重共和国民教育,四也。高小各科略分二循环,有直进之益,无直进之损,五也"。② 比如,《国文》教科书第一、二册,自单字、单句进于短文,以儿童日常习见之材料为主。第三、四年选用极浅易之故事、知识,渐以增进其程度。后四册则用各科知识。人事则注重立身处世之道及辟迷信等。历史则注重古今大事、文明进化及君权、民权之消长。地理则注重物产、都会、名山大川及世界大势。理科则注重日常所见之材料。国民科则注重政体及国民之权利、义务。可见,"中华教科书"被各地学校广泛采用,并非仅仅缘于政治上的原因,还应看到在编写方面上的独具匠心,力求适合儿童心理的特点。以此为起点,中华书局奠定了立足书业的根基。

1913 年,在新的教育宗旨颁布以后,陆费逵积极筹划,组织人力、物力投入。很快中华书局出版"新制教科书"。在《编辑新制中华小学教科书缘起》中指出,这套教科书,"甲、遵守教育部所定教育宗旨,注重道德教育,以实利教育军国民教育辅之,更以美感教

---

① 陆费逵:《陆费逵文选》,中华书局 2011 年版,第 141 页。
② 陈寅:《中华书局一年之回顾》,《中华教育界》1913 年 1 月号。

育完成其道德。乙、开发共和及自由平等之真义，以端儿童之趋向。丙、提倡国粹，以启发国民之爱国心。丁、兼采欧化，以灌输国民之世界知识。戊、注意国民常识，以立国民参政之基础。己、表章汉满蒙回藏之特色，以示五族平等。庚、所选材料，关于时令者，悉按阳历编次，以引起儿童直观之感觉。辛、各科彼此联络，期收教授统一之功。并兼采女子材料，以便男女同校。壬、初高两等各科教科书，俱按照学期之数，每学年分编三册，并照学期之长短，分配课数，无过多过少难以支配之弊。癸、各科均编有教授书，与教科书同时并出，以供教员使用"。较以前相比，"新制教科书"的宗旨更为明晰，选材方面也更加符合时代要求和儿童学习心理。比如，《国文》教科书，考虑得相当周全，"童稚发蒙，始于识字，一切名物，都未知名，就其所知，而渐进于知识之域，舍文字未由，而所谓授以应用之文。为学者将来立身酬世之资，舍教科书亦未由也。同人并立研究，十年于兹，今以经验所得，并参考英美日本读本之体例，编成是书"。根据新的学制，"本书之宗旨，务令儿童知普通之文字，养成其发表正确思想之能力，兼以启发其智德"。为实现这个目的，使儿童易于理解，选材力求简明，文字力求浅显，"第一学年选字，兼以笔划为主，第一册笔划务取简单，二三册由渐增加，至多亦渝二十划"。[1]

　　1916年的"新式教科书"，较为突出地反映了陆费逵敏锐地把握时代脉搏。长期以来，我国编写教科书均是文言文体裁。清末民初，提倡白话文（语体文）的呼声逐渐高涨。所以，编写教科书从文言文而变至白话文（语体文），是教科书近代化的重要标志之一。固

---

① 《编辑新制中华小学教科书缘起》，《中华教育界》1913年1月号。

然，民初数年间，不少出版机构在编纂小学教科书时，开始有意识地运用较浅显的文言，但是，文言无论如何浅显，对儿童来说总不能直接了解，小学教课把五分之四的功夫用在读书上面，结果也只造成了少数勉强能文的高材生，与所谓国民教育相差太远。这种状况，使众多儿童在解字释意上花费大量精力和时间。陆费逵倡导俗体字、语体文，在他的带动下，中华书局以实际行动投入国语运动，一个最重要的表现是在编纂的教科书中。在"新式教科书"里，"各科都用浅显文言编写，而在国文课本末尾附有四课白话文体，实为以后改用国语课本的先导"。① 这在编写教科书的历史上，的确是一个不小的创举。对此，民国教育部称誉："查该书最新颖之处，在每册后各附四课，其附课系用官话演成，间有与本册各课相对者。将来学校添设国语，此可为其先导，开通风气，于教育前途殊有裨益。至各册所用文句，其次序大致均与口语相同。令教员易于讲授，儿童易于领悟。在最近教科书中洵推善本"。随着新文化运动的开展，引起了教育观念的变革，"近人盛倡实用主义，自学辅导主义"。陆费逵就是一个身体力行者，处处为学生着想。他特别指示，在编辑队伍中吸引第一线的教员，"特聘现在师范小学教员或现任小学教员担任编辑。所创各例，皆根据最近研究所得，于初学年采练习主义，期以培植儿童自力研究之基础。于高学年采自学辅导主义，期以养成儿童自力研究之习惯"。②《国文》教科书的选材分为修身、历史、地理、理科、实业、国民知识六大类，并按有系统的组织法排列，既有《麦》、《豆》、《雷雨》、《驱蝇》等自然科学知识的课文，也有《插秧》、《磨粉》、《农业》、

---

① 钱炳寰：《中华书局大事纪要》（1912—1954），中华书局 2002 年版，第 24 页。
② 《新式教科书编纂总案》，《中华教育界》1916 年第 5 卷第 1 期。

《植树》等实用知识的选材，还有《国债》、《电报》、《邮务》、《宗教》
等这些国民当具备的常识，体现了教材切合于实用，适应于将来生活
的原则。

实际上，最能体现中华书局教科书创新特征的，是国语教科书
的编撰。如前所述，受新文化运动的影响，清末以来的国语运动得
以重振。国语统一、言文一致的呼声日渐高涨。对以出版教科书为
主要业务的出版机构来说，国语教科书不能不说是一个诱人的利源。
何况，陆费逵、中华书局本来就置身其中，积极参与。1919 年，陆
费逵兴奋地说："近来各杂志日报，多有用口语文的。教育界也有主
张将小学校国文科，改作国语科的。"在他看来，"这实在是一个好
现象，于传布文化、普及教育，都有很大的益处。我们是顶喜欢顶
赞成的"。①

1920 年 4 月，民国教育部规定，自秋季始，凡国民学校一、二
年级，先改国文为语体文，以收"言文一致"之效。12 月，陆费逵
随即做出反应，中华书局快速出版"新教育国语读本"，称："教育部
采全国教育会联合会议决案，规定国民学校改国文科为国语科，高等
小学言文互用。本局本此方针，并应世界之潮流，编辑之经验，编辑
新教育教科书"。国民学校用《国语读本》，系中华书局与 10 所学校
的著名教员，通力合作编写而成。它采用语体文编写，生字都标有
注音。在内容选材上，国民应具之知识，如历史、地理、博物、理
化、公民常识等，无不以浅显有趣之文字述之。这套教科书，还多赋
予动植物拟人化、口语化的语言，以激起儿童的学习兴趣。这套教

---

① 陆费逵：《陆费逵文选》，中华书局 2011 年版，第 226 页。

科书的选材内容，有的还直接有宣传国语的课文。比如，第四册第三十课《语言与文字》："吾国今日之要图，首在统一语言，次在言文合一。盖惟各地方言渐趋一致，乃可据以规定国语，而通俗之文字，得以实施无阻，次第固不可紊耳。比者中央设读音统一会，制音标、审读法，为语言统一计，并为言文合一计，双方并进，有序可循，沟通全国人民之隔阂，其以此为嚆矢乎？"其后，中华书局"新教材国语读本"，全部改用语体文，"尤注意于语法品词两项，悉按语法系统编排，第一册前段专教注音字母"。[①] 与"新教育教科书"一起，成为早期著名的国语教科书。它们适应时代潮流，教学、教材都从儿童生活上着想，适应儿童生活需要，形式也注重儿童化，务求合于儿童经验。因此，中华版国语教科书受到学校师生的欢迎，京师公立国民学校一二年级全体改授国语者 143 班，采用中华版的有 131 班。

1933 年，为适用教育部颁布的新课程标准纲要，中华书局出版《小学国语读本》。内容上"力求能切合儿童生活，适应社会需要，发扬民族精神，训练生产技能"。文字上"选字谨严，词汇丰富，凡儿童生活及社会生活上习用之字与词，应有尽有。生字分配，各课平均，各册逐渐增多。词类出现，依据儿童心理，严分先后，生字概照新国音兼注音、调，极为正确，语句组织，简捷自然，合于儿童口吻及标准语"。从选材来看，可以说很好地体现了这一原则。许多课文的语言，清新、自然、明快，朗朗上口，易于儿童接受。而且，各课后还归类设有多种练习，方法变化极多，既能引起学习兴趣，又能增进学习效率，确实达到了举一反三的效果。

---

① 钱炳寰：《中华书局大事纪要》(1912—1954)，中华书局 2002 年版，第 48 页。

陆费逵十分重视教科书编写，经常与编辑们交流、讨论，提出一些有益的意见或建议，使教科书更上一层楼。在新课程标准适用《初中国文读本》里，得到了充分体现，其编选宗旨，"一方面顾到文学本身，一方面更注重民族精神之陶冶，现代文化之理解，故除选录成文外，又特约多人，按照初中生程度分别撰述既富兴味、又有内容之文字，编入各册，藉矫从来偏重文艺之趋向"。又充分考虑到为了与小学更好地衔接，以减少教学上的困难，在分量上下了很大的工夫，"第一册概用平易条达、篇幅较短之文字，字数约三万；以下每册递增五千字，逐步加长篇幅，提高程度"。翻开这套教科书的课文，许多当时引领文坛的名家名作出现在我们面前。如第一册里，就有巴金《海上日出》、朱自清《春》、庄泽宣《邮政寄人》、周作人《乌篷船》、沈尹默《新诗两首》、郑振铎《离别》、梁启超《少年中国说的序论》、蔡元培《舍己为人》、龚自珍《病梅馆记》、叶绍钧《牵牛花》、胡适《东西文明的界线》、冰心《东京游记》、廖世承《青年生活》、李石岑《旅居印象记》、徐自华《返钏记》，等等。这些课文，均是持之有据，言之有物，有内容、有思想，足以启发学生心智的积极向上的作品。

在历史教科书编纂上，陆费逵领导下的中华书局，也表现了应时创新、以学生为本的原则。在"中华历史教科书"中，即打破此前以传统帝王纪年的一贯做法，而代之以民国纪元纪年。陆费逵指出，本书的目的"在令儿童知吾国历代之兴亡，文化之进退，国势之盛衰，君权民权之消长"。在体例上，"用圆周法，每二年为一周。第一周用史谈体，以代表一时代之人物、事实为题，注重趣味。第二周开化史体，注重系统及文化。本书第一周之首，附大事年表，以民国纪元纪年。第二周之首，附帝王系统表，以明时代观念"。① 使用的文字，也是浅显易懂，没有深晦难解之语。清末以来，维新派提倡"史界革命"，提出了"略古而详今"的史学新观念。陆费逵以积极的态度接受新史观，并运用到中华版历史教科书的编纂中。1913 年的新编中华历史教科书中，明确提出"采最新史例，略古代而详今世"原则，着重突出："一、民国肇造，五族一家，是编于统一国土融合种族，特为注重。二、择述自黄帝以来开化之概略，历代伟人之言行，与夫最近中外交通之关系，俾儿童既知文化之由来，复知世界大通之情势。三、综陈历代兴亡成败及一切政制文化等要事，著其因果，论其是非，以养成判断审察之能力"。文字方面照顾到儿童的接受能力，"一、力求明显不尚博奥，绝无晦涩芜杂之弊。二、提纲挈领，点缀生新，更无繁琐枯燥之病。每课字数初自百数十字，渐增至二百余字，毫无骤进之弊"。随后出版的"新式高等小学历史教科书"，也"特详近世史，以明现在及将来之关系"。在材料繁简的取舍上，以学生的年龄和接受能力为标准，酌情增删，以不失本意为原则。"事实以精确为归，不尚新奇以炫耳目。文字以易解易明为主，晦者达之，隐者显之"。1923 年 1 月，中华书局出版新中华教科书《初级本国历史》，更是享誉全国。本书贯彻新史学观比较彻底，指出："研究历史的任务，在明瞭人类社会延续之活动，与其活动递嬗之迹象，藉以自认识其现处之地位"。在记述上，"一方面打破帝王兴亡之朝代观念；一方面复依各事迹之因果，认出其起讫以为大段落，且谋此事绩与彼事绩之联络而明其递嬗之迹，以成一整个的历史时代观念"。"吾国现势，

---

① 《申报》1912 年 2 月 23 日。

又几全由近数百年之外交所支配，故本书于此起彼伏等处特注重其所以失败之因缘"。1927 年，随着北伐胜利，国民革命的成功，中华版"新中华教科书历史课本"。其材料选择，无论是本国史，还是世界史，"均略于古代而详于近代，期使儿童明瞭现世界之由来，及近代中外的重要关系"。本书对民族、民权、民生三大主义着重介绍，"使儿童略知关于此三项之事实，在历史上有如何之经过；将来应取如何之态度，以完成新国民的责任"。而且，寓史实于趣味性中，对于史料本身的价值和学生的爱好两者兼顾，"叙述的方法，务取具体的、整个的、合于儿童心理的"。1928 年 10 月，"新中华本国史教科书"表示了重视近世历史的观点，认为："自海通以来，吾国历史，几无一不受世界大势之影响，而创巨痛深者，尤其是帝国主义之侵略；本书于此等处，特为注意"。不难发现，中华书局的历史教科书，以新式历史观作指导，打破以往为帝王将相续家谱的惯例，尤其是对于近代历史的演变，及其与现实社会的密切关系，均给予相当的注重。这些，即使以今天的眼光观之，也有值得可取之处。

在陆费逵的率领下，中华书局在教科书编纂上，紧随时代车轮的前进，首先以学生为本，选材上力求适合社会需要和儿童心理，编排上力求各科之间、上下之间的联络，吸收最新的研究成果，宣扬了新观念、新思想和新知识。

其次，中西兼备，服务民国。陆费逵创办中华书局，与民国一起诞生，从某种意义上说，它就是民国的产物。他在"宣言书"中，痛心地指出："往者异族当国，政体专制，束缚抑压不遗余力，教科图书钤制弥甚。自由真理，共和大义，莫由灌输。即国家界说，亦不得明。最近史事亦忌直书。哀我未来国民，究有何辜，而受此精神上之惨虐也。"① 因此，崇尚民主自由，融合国粹欧化，培育共和国民，成为陆费逵一贯的追求。这一理想，在中华书局出版的教科书中，得到了丰富而又充分的体现。

首先，宣扬民主自由平等观念，以养成健全国民人格为目的。民国初建，万象待新，但最重要的是人的思想观念的更新。长期处在清朝封建统治下的人们，几不知共和国家为何物，更难讲民主自由意识。培育共和国民，弘扬民主思想，以巩固民国根基，成为当时的一个迫切问题。中华书局"中华教科书"以培养共和国民为宗旨，将这一理念贯穿于此后整个教科书的编纂过程中。"新制"中华小学《国文》教科书，选材上十分注意民主观念的传播。第五册第二课《大总统》，"一国之中，人民至众，公举一人，总理国事，是曰大总统，其责任甚重，故必择贤者任举之"。打破君权神授的观念，向学生灌输民主选举制。第三十二课《平等之真义》，"等，阶级也，平等者，平其阶级之谓也。共和政体之国，人民受法律之待遇，不分阶级，故曰平等"。向学生传授法律面前人人平等的观念，以明晰资产阶级的法律精神。第四十五课《宪法》，"宪法者，一国之大经也，其国体如何，主权如何，立法行政司权如何，无不以宪法明定之，舍专制国无不有宪法者。我国蒙新造之邦，宪法未定，然有约法，其性质与宪法略同，其效力与宪法相等，约法第九章规定制定宪法之程序，即发生宪法之根据也"。向学生强调民主国家与专制国家的区别之一，在于是否有宪法，而我国的《临时约法》，实为民主国的重要象征。第十一册第二十二课《国会》，"议员既有议决国事之权，实全国安危所系，

---

① 陆费逵：《陆费逵文选》，中华书局 2011 年版，第 114 页。

故选举之际，必择道德智识咸备者举之"。说明国会的功能，及议员的选举，实际上向学生宣传了国民所应具备的选举权和被选举权。同样，"新编"高等小学国文教科书，也无不贯穿着这种精神。第三册第十九课《自由》，"具自立之精神，力除依赖，则不为今人之奴隶，抱独到之见解，不屑盲从，则不为古人之奴隶，此自由之真谛也"。这种对自由内涵的理解，向学生灌输了培育自立品格，追求真理的精神。还有，诸如《政党》、《政体》、《地方自治》、《自立》、《中华民国》、《中华民国成立记》等课文，从多方面、多角度传播了民主共和观念，强调了健全国民人格的养成。

在陆费逵看来，教科书内容的取材，是提升国民素质的重要手段。所以，在中华书局的各式教科书里，这些充满着民主观念的课文可以说随处可见。"政体之中，民主最善，我国现今，即此政体"。但仅知于此是不够的，由于久长的封建社会，专制政治登峰造极，普通民众毫无人权可言，整个社会缺乏民主、自由、自立的传统。而"惟既有良政体，尤赖有良国民，庶足以维持于不敝也"。培养共和国民，巩固来之不易的民主政体，中华书局教科书蕴含的优秀篇章，通过对莘莘学子的滋润，承担着铸造现代健康人格的使命。

其次，祛除陋俗，弘扬美德，彰显健康向上的价值观念。什么是陋俗呢？简单地说，就是体现在人们观念行为中的一些陈旧过时的不良的风俗、习惯。它作为特定国家、民族区域和人群在一定时代下的一种惯制，所涵盖的内容非常广泛。社会的物质生活是不断进化的，这就要求社会风俗要随着社会的进化而更新。但由于风俗具有稳定性的特征，有些风俗可能要落后于时代。这种落后于时代而产生不良影响的社会风俗，大致可以被归为陋俗范畴。另一方面，有碍于社会进步与发展，有碍于人的身心健康的社会风尚、习惯，也可称为陋俗。刚刚脱胎于清朝社会的民国，一些封建性的陈规陋俗，比如迷信、赌博、算命、缠足、淫秽等，仍然阴魂不散，时时占领着人们的日常生活。尤其是在一些文化教育落后的偏僻乡村，弊习陋俗往往会成为占主导地位的社会风尚。因此提高国民文化素质，祛除有害社会健康的陋俗，是这时期教育界的重要使命。其实，陆费逵对于这些不良风俗，早就有着深刻的体会。如上所述，他考察中国各地教育的同时，用心观察中国社会，大到政府机关、行事作风，小到凡夫走卒、饮食习俗。在他的脑海里，留下了挥之不去的印象。比如，人们不讲卫生、贪小便宜、爱好面子、畜妓纳妾、谰言秽语、童仆女婢、男女不平等、不守时间、办事拖拉，等等。他专门写成《论近日风化之坏及其挽救办法》一文，忧心忡忡地说："天下之事，适中为善，过则为恶。风化之坏，良可慨叹。"有些学校的男执事人员，"或言谈笑谑，或宿娼妓、吃花酒"；女执事人员，"与学生有暗昧情事，或本因渔色而办学者也。华服敷粉，竞尚修饰，主其事者，不惟不加禁抑，或更以身作则"。"商埠都会，女学生如妓女，实难判断"。对于这些不好的风尚习惯，陆费逵提高到一个相当严重的程度，认为："由今之道，无变今之俗，国亡种减，可翘足待也。"①

人们的不良习俗和习惯，是历史、社会演变过程中，长时间积累而养成的结果，因此也需要靠长期的、不断的教育，来改变这些不良的习俗和习惯。陆费逵希望通过教科书的选材，传播一些健康向上的观念，让学生了解不良习惯的危害，做一个健全人格、有道德的公民。

---

① 陆费逵：《陆费逵文选》，中华书局 2011 年版，第 163—164 页。

他的这个思想，始终如一地贯穿在中华版教科书的内容中。（一）反对赌博、迷信。在《戒赌博》课文中说："群居终日，囊钱而来，费时日，荒本业，惟斤斤于胜负，是名赌博。赌博必有胜负，胜者逐饮食，制衣履，盖以为倘来之物，无足重轻也。负者耗母财，竟借贷，借贷不足，又复鬻田宅，市妻子，然愈负愈博，愈博愈负，曾不几时，穷无所归，大可哀矣。要之赌博无论胜负，其丧道德，败名誉，一也，故不可不戒"。叙述了赌博陋俗对家庭、社会和道德的危害性，表示了明确的反对态度。《祛迷信》一课则指出："举一切吉凶休咎之事，以为鬼神实司之，而或求预知，或求禳解，皆谓之迷信，迷信者，不察真理而妄信者也。凡扶预知之术者，必谓吉凶休咎，惟其说是从一定而不可易，然命相墓宅，诸说并陈，恒有抵牾而不可通者，而一言禳解，又谓吉无不可趋，凶无不可避，休咎无不可转移，察其矛盾诬妄，立见迷信者，当可悟也"。指出了吉凶占卜等迷信有违真理，希望沉溺于此陋说之人早日醒悟。（二）反对缠足，倡导学习。作为戕害广大中国妇女的缠足陋习，是封建社会男尊女卑观念潜移默化、恶性膨胀的结果。近代以来，这种陋俗不断受到有识之士的抨击。中华书局教科书多有谴责，在《缠足之害》一课里说："世间残酷伤身之害，害及于全国，而毒流于子孙者，其中国妇女缠足乎？夫不幸而为中国女子，既不识字，又禁其出门，生人之趣，殆已索然，乃复戕其举步之器，使以纤弱之足，载全身之重，步履倾欹。动虞颠陨，非扶助几不能行。呜呼，彼何辜而罹此毒刑乎？……缠足之俗，毋乃类之，今渐就革除，女界之幸，抑岂仅女界之幸耶？"许多课文，反对歧视妇女的陋俗，提倡女子接受教育。《章女》一课，则赞扬了章氏之女爱学习的好习惯，"章君有女，年七岁，甚慧，读书不忘，且能讲解，每日放学归，至父前，述书中之义，无一误者，父甚爱之"。一篇名为《入学》的课文，倡导终身教育，指出："教育无止境，人受教育亦无止境。视其受教育之程度何若，即可知其人之造就何若。诸生于国民教育，既完全领受，今乃进求较高之教育，实为人生之幸福，盖今日文明世界，非学无以自立也，诸生勉乎哉"。（三）反对等级，尊重劳动。中华书局教科书的选文中，多方面地向学生灌输尊重劳动的观念，尤其是对下层社会人们的劳动。在《尊重劳动》课文中，借父亲教育儿子之言，说："儿随父，游工场，见工人，衣敝衣，儿轻视之，父曰人皆平等，工人虽贫，不可轻视也"。《人力车夫》一课，"日光淡淡，白云悠悠，风吹薄冰，河水不流。出门去，雇人力车。街上行人，往来很多；车马纷纷，不知干些甚么。人力车上人，个个穿棉衣，个个袖手坐，还觉风吹来，身上冷不过。车夫单衣已破，他却汗珠儿颗颗往下堕"。以畅快明朗的语言，通过坐车人和拉车人之对比，道出了下层劳动人们之艰辛。《心力并用》一课，则直截了当地说明对体力劳动的轻视，以及由此而造成的危害，说："我国旧时，狃于习惯。习于劳心者，几以躬亲力役为可羞，甚至入役僮奴，出乘舆马，凡所动作，罔不需人。此不特违犯人道，抑亦自陷于文弱矣"。还有《立志》、《公德》、《进化》、《惜阴》、《勤训》、《俭训》、《喻学》、《友爱》、《自立》、《诚实》、《职业》等，以及提倡阅书读报、多到图书馆、参观博物院等良好行为，诸如此类的课文，在中华版教科书里俯拾即是。这对于求学历程中的少年儿童，远离陋俗的侵害，扩大见闻，形成良好的人文素质，无疑会起到重要的作用。

再次，介绍中外名人事迹，传播科学文化知识。陆费逵是一个自学成才的人，他深知文化知识对一个人成长的重要性。他读书阅报，获取新知，从中受益匪浅。因此，他在确立中华书局教科书编辑方针时，把传播文化知识、科技常识，作为重点选材内容。翻开中华书局的教科书，一个个中外名人的事迹展现在我们面前，如孙中山、华盛顿、林肯、纳尔逊、福泽谕吉等。通过对这些人物的介绍，可以使学生了解这些伟人处世为公的品质，从中受到良好人文素质教育。同时，对一些著名的科学家，如爱迪生、达尔文、牛顿、斯蒂芬、詹天佑刻苦钻研、立志于学的故事也多有选材，通过介绍这些科学家的非凡成就，而培育学生热爱科学、追求知识的兴趣。许多课文，比如《显微镜》、《望远镜》、《汽船之发明》、《汽车之发明》、《飞艇飞机》等，对于发明者的姓名、国籍、简要经过，均做了或多或少的介绍。并在讲述这些科学发明的同时，还从多个方面对学生予以启发。比如《汽机》一课，"汽机创自英人瓦特，其最要之具凡三，一曰锅炉，所以蒸汽，一曰汽筒，所以通汽，一曰机轮，而全机动矣。舟车工厂，无不用之，较用人力，其速倍蓰。瓦特幼时，视壶中水沸，壶盖掀动，悟蒸汽具有大力，研究多年，遂创此法，可见人能随处用心，自可悟得至理也"。比如《进化》的课文，"生今之世，所享福利，远胜古人，然世界进化，未有止境，人人间竭其智力，日求进步，则后人所享福利，必又胜于今人矣"。比如《进步》一课，"泰西近百年来，进步甚速，说者谓二十世纪，当更有新发明出见，然反观我国，果足与之颉颃乎？不自奋，何以争存，愿学者之努力也"。榜样的力量是无穷的、巨大的，中华书局教科书对伟人、科学家和科技发明的选材，向学生灌输科学知识，对于激发他们爱科学、学技术，形成进取创新的精神，有重要的启迪意义。

陆费逵从自身经历中，深知历史知识对人的成长的作用。因此，历史教科书的选材，其正确的历史观显得非常重要。在他的影响下，中华书局历史教科书向学生介绍进化的历史观，《新课程标准适用初中本国史》强调："人类社会活动的发生和演化，是交叉错综式的进行而异常复杂的"。历史是社会政治、经济、教育、学术、宗教等诸多因素相互作用的结果，是"记述人类社会的活动，而不记述一两个人个别的活动。在这种记述中，我们不要注重非现代事实的铺排，而要注意那史实从古代演变到现代的经过；换句话说，历史是记述史事的动态，而不是记述史事的静态的"。不仅如此，对于史学的功用问题，也做出了较为客观的结论，认为："吾人想明瞭现代人类社会活动的状况，以及想由此而受得在社会上活动的途径，都非先明瞭人类各种社会活动的演进的历程不可。但是这种种知识，只能从研究历史中得来。所以只有研究历史，才能明白现在，才能发现活动的途径"。这些，有利于学生形成历史地看问题的观念，有利于形成正确的人生观和世界观。本着"略古而详今"原则，还大大加重近代史的分量，使学生从近代历史发展的史实中，洞悉当时中国所处的地位，"不但为要求我中华民族的自由平等，而须团结一致的起来奋斗；同时为要保持东亚和平，世界和平，也得团结一致的起来奋斗"。读史可以知兴替，读史可以使人明智，中华书局各种门类的历史教科书，对于学生综合素质的培育，起到了很大的作用。

其三，宣传爱国，激发民族意识。陆费逵是一位爱国者，他主笔《楚报》，发表言辞激烈的文章，是愤于当权者出卖铁路主权。他考察国内书业状况，发现利权流失，为此而投身书业，创办中华书局缘于此。他更是"教育救国论"者，写下了许多篇章，就是为了启迪民智，奋起救国。当日本发动侵华战争之际，他写成《备战》、《东三省热河早为我国领土考》等文，告诫政府早做准备，谴责日寇的无理行径。

他创办《新中华》，提醒人们勿忘自己是"中国人"。这样一个爱国者，创办了一个爱国的出版机构，自然而然地，在他所领导的中华书局，充满着爱国的思想和行动。其中的重要表现，无疑表现在教科书中。《中华》一课，用简洁的语言向儿童说明："中华土广人众，物产丰富，我为中华人，我爱中华国"。有一篇直接名为《爱国》的课文，则说："人民相聚而成国，国即以其力保护人民，故人民当爱国。所谓爱国之民者，平时则修己力学，惠群济众，振兴实业，力图公举，使社会蒙其休，国家亦隐受其赐，一旦国有战争，则独资助饷，执殳前驱，踊跃赴事，如恐不及也"。近代中国，外敌侵凌，国家无地位，人民受歧视，中华书局教科书多有讲述。在《美禁华工》的课文里，对美、澳等国歧视华人予以揭露："美之铁道农场，其为华工所建筑开辟者何限。徒以国力不竞，我耕人获，利益不平。今澳洲等处，亦禁华工矣。世界茫茫，殆无往非加利福尼亚省也。倘不亟谋自振，华人虽欲自食其力，亦岂可得耶？"《国势》一课，对我国所处的险恶形势，做了深刻的分析。"吾国近时国势，果何如乎？非特国外势力，无自扩张，即国内主权，亦时有履霜坚冰之惧。如领事裁判权，行于租界，则法权有损矣。海关税则，订自外人，则税务见侵矣。借款用途，必经稽核，则财政受制矣。路矿两端，类多让与，则实业被夺矣。外此如大沽吴淞，炮台撤毁，商场路线，兵旅驻屯。以及江海有舰队之巡游，使馆启驻兵之先例，又与军事上有联系。吾国之势，未足与列国较衡，此无庸自讳者也"。以此使学生明了国家所处现状，以激发他们奋起自救之心。《离别》一课，通过作者即将离国求学时的感受，表达了对祖国深深的眷恋之情。"别了，我爱的中国，我全心爱着的中国！我不忍心离了中国而去，更不忍在这大时代中放弃每个人应做的工作而去，抛弃了许多享受的勇士们在后面，他们是正用他们的血建造着新的中国，正在以纯挚的热诚，争斗着。我这样不负责任在离开了中国，我真是一个罪人！然而我终将在这大时代中工作着的，我终将为中国而努力，而呈献了我的身、我的心；我别了中国，为的是求更好的经验，求更好的奋斗的工具。暂别了，暂别了，在各方面争斗着的勇士们，我不久即将以更勇猛的力量加入你们当中了。"阅读这篇充满爱国激情的课文，人们不能不深深地为作者的爱国情操所打动，油然而生为国家学习的志向。在一篇名为《一对孪生兄弟》课文里，采用拟人化的手法，借长江与黄河的对话表达了挽救民族危机的愿望，"长江说：'自从外国人到中国以后，他们常常用势力强迫我，要我做他们的奴隶，替他们运输货物。这种耻辱，我真忍受不下。我正眼巴巴望着中国人，有给我雪耻的一天呢！'"不言而喻，编者寓课文以热爱国家、不忘国耻的良苦用心。

中华书局教科书因为加强爱国主义教育，对于国耻"详为叙述"，由此还引发了一场与日本的外交风波。中华书局出版"新式小学教科书"以后，日本使节向外交部提出交涉，认为在《国文》和《修身》内有排日的内容，是"煽动对日恶感之教科书，不特有碍邦交，且恐将来国交上发生有害之结果"，应设法禁止出售。民国教育部经过审查，也委婉地指出，这些内容"固为激励国民起见，但措辞稍欠含蓄，未免滋人口实"。希望中华书局在编写时，"措辞能稍微含蓄，亦为修辞上应行注意之处，自宜再加斟酌，俾得益臻妥善"。对此，中华书局编辑所以《新式教科书与日本》为题，将《教育部致本局公函》，以及激起这场外交风波的课文内容公布于众：[国民学校用新式国文教科书]（一）第八册第三课日本：日本，岛国也。自明治维新以来，国势骤盛。县我琉球，割我台湾，租我旅大，吞并朝鲜，殖民于奉天吉林，扩张航业商务于我国内地。胶州湾，我重要之军港也。昔租于德，日本乘欧战而夺之，旋复向我国强索权利。我国以力弱未可与战，乃隐忍承认之。夫日本以弹丸之国，朝野上下，并力经营，日以我国为的，伺隙而动，盖利我之弱耳。我国之人，苟能自强，则国耻有时而雪，国威有时而张，愿国人毋自馁也。（二）第八册第十三课国耻：吾国对外交涉，清代失败最甚。（中略）日本取琉球，并朝鲜，上国主权，委弃尽矣。[高等小学校用新式修身教科书]（三）第六册第十五课明国耻：（前略）他若最近之中日新约，日本以哀的美敦书迫我承认，尤为可耻之甚者。我国民而尚具天良乎，于此而不用吾耻，复恶乎用吾耻。

陆费逵主持的中华书局，对日本表示了不妥协的态度，并谴责日方的无理要求。在答复教育部的信函中，指出："部章以提倡国民爱国心为主旨，揭示国耻俾资激励，亦提倡之一端。世界各国教育国民，其教科材料，虽不尽同，而宗旨则一。盖此不过为自策自励之计，并非煽动恶感"。日本公使借此大做文章，故意挑起事端，要求禁止教科书的发行，"有损于本局之营业，关系尤小。使全国青年学子，从此遂忘国耻，关系实大"。"本书新式教科书中所叙国耻，皆系事实，并无挑拨各语"。① 救国必先爱国，爱国必先明国耻。关于这一点，吴研因指出："我以为说现在教科书没有民族思想，是盲目的，说现在教科书是'仇日'，也是一种诬罔。一个民族有一个民族的独立精神跟光荣历史，我们要独立，我们亦是抵抗侵略，并不想侵略人

① 中华书局编辑所：《新式教科书与日本》，《中华教育界》1919 年第 8 卷第 1 期。

家，我们只是根据历史事实立言，并非虚构叫嚣，如果世界上的公理还没有完全毁灭的话，谁可说我们不应如此呢"。① 从这一层面去理解、体味，陆费逵和中华书局没有单纯地从一己之利出发，而是以国家和民族的利益为重，寓爱国主义思想于所编教科书中，其爱国之情操，殷切可见。

教育对社会的发展，具有重要的作用，然而这种作用的发挥，是通过培养人来实现的。教科书作为教育的最重要的工具，又在其中占有着无可替代的地位。以陆费逵为首的中华书局，以出版优良教科书，哺育了一代又一代的青少年儿童，实践着服务民国教育的使命。一方面，灌输国民知识，"举凡政治法律军事爱国爱群平等自由独立等事，俱一一述其概要，务输入参政之知识，养成健全之国民"。另一方面，介绍世界知识，"凡世界有名之事实，著名之胜迹，亦略述其概，以养成学生之世界观念"。

近代民营出版机构的主要业务是教科书，中华书局本身就是教科书革新的产物。当时，商务印书馆与中华书局占有教科书市场的绝对优势。陆费逵在《六十年来中国之出版业与印刷业》一文中，指出全国所用之教科书，商务供给十分之六，中华供给十分之三。时人认为，两家机构之所以能成为出版界的翘楚，唯一的基本条件就是印数最多的教科书。

陆费逵的教科书革新思想，潜移默化为中华书局的出版理念，以致出版的品质优良的教科书，称誉教育界，滋润了一代又一代的青少年学生。在这些教科书里，他们从中获取大量的科技文化知识，对

---

① 吴研因：《清末以来我国小学教科书概观》，宋原放主编：《中国出版史料》（现代部分）第 1 卷上册，山东教育出版社 2001 年版，第 514 页。

于健全人格的塑造，近代化思想意识的形成，均起了不可忽视的作用。许多著名的专家、学者，正是在中华版教科书的引导下，从而激发兴趣走上了学术研究之路。王树民满怀深情地说："1919 年，在保定读小学，所用的课本就是中华书局编印的《小学校新国文教科书》，开头几课的课文是：'人、手、足、刀、尺。山、水、田。狗、牛、羊。'一边是图，一边是字。……大学毕业后，在中学讲授国文和历史、地理，一部分教材选自中华书局的教科书"。① 曹道衡亲切地说："记得我刚上初中的时候，所读的'国文'（即现今的语文）和地理课本，都是中华书局出版的。那时我在校的成绩，以'国文'为较好，也许正由于此，我后来才报考了中文系"。"所以在某种程度上说，正是中华书局出版的一些书帮助我初入文史之门"。② 他所指的"一些书"，自然也包括大宗教科书在内。其实，何止学术大家、文史名流曾受到中华版教科书的哺育，即使那些从中受益而不知名的普通读者、一般百姓，又岂是可以尽数的？李侃说："现在五六十岁以上的知识分子，他们之中的很多人就是在中、小学时代，从中华书局出版的各科教科书中，得到文化科学基础知识的"。③ 此言，并非溢美之辞。

世事沧桑，逝者如斯。时至今日，我们在惊叹现代文化学者取得斐然成就的同时，又能够从他们所接受教育的中华版教科书中，从陆费逵孜孜追求的出版理想中，追寻出更多的值得思考的东西。

---

① 王树民：《我与中华书局之间的奇缘》，中华书局编辑部编：《我与中华书局》，中华书局 2002 年版，第 3 页。

② 曹道衡：《衷心的感谢》，中华书局编辑部编：《我与中华书局》，中华书局 2002 年版，第 71 页。

③ 李侃：《陆费逵创办中华书局概况》，《陆费逵与中华书局》，中华书局 2002 年版，第 88 页。

第七章

编纂工具书

　　从陆费逵的经历来看，他没有上过多少学，即使是私塾教育，也仅仅一年多的时间。作为一代出版家，陆费逵文化知识的来源和出版素养的形成，主要是靠少时的母教，更重要的是靠他坚持不懈的自学。由此，他养成了随时随地查阅字典的习惯，并理解工具书在求知过程中的作用。在创办中华书局以后，他始终将编辑和出版工具书，作为一项重要业务。毫无疑问，《中华大字典》和《辞海》最具有代表性。

一、《中华大字典》

　　《中华大字典》的编著，缘于陆费逵对字典的应用与厚爱，并一直想编纂一部字典的宏愿。他从小时候起，就接受母亲的启蒙教育。但是，就他母亲自身而言，上学也不多，不过三年多的时间，其学识基本上靠自修所得。陆费逵的父亲常游历他方，顾不上家庭，他与弟弟一直由母亲教育。他母亲是传统社会中的一位慈祥、负责任的母亲，在教育陆费逵兄弟们读书过程中，有些拿不准的字词，或稍有疑义的语句，就去查阅字典、类书，就在这样一种耳濡目染中，陆费逵对字典甚是依赖，情有独钟。他的知识见闻主要靠自学而成，常常依靠字典以阅读书报。

　　当时，陆费逵学习所用的字典，也是社会上一般所用的字典，最权威的就是《康熙字典》。《康熙字典》是康熙年间，由清政府投入大量人力、物力所编写，于 1716 年刊行。共收字 47035 个，另有重复的古字 1995 个，共 49030 个。从收字、注音、举例上来说，可谓"搜罗宏富""一时之杰作"。它是封建社会时期一部集大成的字书，在中国辞书史上有重要地位。因而自其问世以来，成为人们阅读古书、查考字义的重要工具。但是，"文字是时代的产物，它的作用在记录事物，替代语言。时代是不断地演进着的，事物和语言是随时代的演进而生变化，文字也就随着事物和语言的变化，一面增加新的，一面废弃不适用的"。① 随着时代发展和社会变迁，语言文字在不断地增加，

---

　　① 徐则敏：《汉字字量问题》，《中华教育界》1937 年第 24 卷第 12 期。

其释义也不断地演进，进而发生一些变化。曾使无数学人受益的《康熙字典》，不可避免地显示出与日益发展着的社会不相适应的一面。陆费逵认为，《康熙字典》有"四大病"，具体表现在：一是解释欠详细、精确；二是里面的错误很多；三是社会上的通俗、通用的词语，多数没有收入；四是编辑体例不完善，不方便查阅。因此，它在当时虽然为"集大成之作"，然而历经二百余年，没有得到修订、完善，更加与时代不相适应了。比如，随着中西文化交流的深入，产生了大量新词语，特别是一些"近日由东文输入者，前清之诏敕，民国之命令，亦往往采用，旧学者读之，又瞠目不能解。索之《康熙字典》，决不可得"。①"若夫近世新增之术语，百科之名词，与夫数百年来俗语之变迁，此皆非求之康熙字典所能得者也。"②还有人详细列举它的弊端，远不止于此，甚至令查阅者不能得其音、得其义，并断言应当废除它，另行编纂才行。还由于，长期的官本位社会造成了人们迷信官府、畏惧官府。所以，《康熙字典》作为一部官书，由朝廷钦定，即使有一些错误，也没有人敢出来纠正，以致遗谬于后人。

陆费逵是一个有心人，时时注意观察、比较，注意发现问题。他在成人后，利用余暇时间学习英语、日语。因为听课的时间少，自学的时间多，英语、日语字典，总是随时携带在身上。渐渐地他发现这些国外的字典，"体裁之善，注释之精，辄心焉向往，以改良吾国字典为己任"。1903年，他在武昌时就"忽发大愿，期以十年编纂一新字典"。但那一年，他毕竟才18岁，"学力薄弱，赞助无人，不数月而困难百出，遂以中辍"。

---

① 林纾：《中华大字典·叙一》，中华书局1915年版，第1页。
② 熊希龄：《中华大字典·叙三》，中华书局1915年版，第3页。

虽然陆费逵在年轻时，有心编纂字典不成，但这是一段难得的经历，成为他一直耿耿于怀的事情。随着知识的增进，字典在学习中的巨大作用，陆费逵体会尤为深刻。他说："世界愈文明，字典之需要愈急。学子之求学，成人之治事，皆有一日不可离之势。欧美诸国之字典，体例、内容之精善，固不待言，其种类之多，亦非吾人所能梦见。即日本区区五岛，近年词书之发行，大有一日千里之观。独吾国寂然无闻，斯亦文野盛衰所由判欤！"①

陆费逵创办中华书局，他立志编著一部字典的愿望，终于能够有条件得以实现。首先要提及的就是《中华大字典》。

《中华大字典》的编纂，牵涉到不少的参与者，是集体智慧的结晶。但其中几个重要人物，不得不提，一个是陈寅。陈寅（1882—1925），字协恭，江苏无锡人，中华书局创办人之一。他为人诚实、勤勉，精于印刷和出版。他在任职文明书局时，于1911年组织有关人员开始有编辑字典之举。中华书局成立后，这部尚未完成的字典作价2000元入股，成为《中华大字典》的前身。陈寅等人编纂字典的草稿，所依据的底本仍然是《康熙字典》。陆费逵决定，在陈寅等人所编辑字典初稿的基础上，组织有关人员完成这部未竟之书。另一个是欧阳溥存，他为字典的编写费尽心力。他是陆费逵的朋友，恰巧这时候来到上海，陆费逵就将修订字典的重任委托于他。欧阳溥存，字仲涛，江西南昌人，与陆费逵交厚。他对于传统国学造诣很深，并对字书与教育的关系有着独到的见解，认为"夫治化之隆，肇于教育，学术之通，本乎文字，许君慨当时小学不修，乃撰解字，以理群类，

---

① 陆费逵：《陆费逵文选》，中华书局2011年版，第190—192页。

某虽非其人，顾欲自效"。[①] 表示要效法前人，编写好字典的愿望。第三个人是徐元诰（1878—1955），字寒松，号鹤仙，江西吉安人。曾留学日本，学习法律，倾向革命，加入同盟会。回国后，他创办江西法政专门学堂，辛亥革命后任江西司法司司长，因参与讨伐袁世凯，而遭到通缉。1913 年进入中华书局，参与修订字典的工作。

编纂《中华大字典》的过程，可谓一波三折。起初陆费逵等人认为，既有《康熙字典》为蓝本，又有陈寅先期的草稿为基础，觉得并不是大不了的事，"当时未尝此中甘苦，视之甚易"，预计大约用 6 个月的时间完成，没有充分估计到这项工作的难度。他们"遂售预约，料量印刷"。但当印刷出若干页后观之，才感到"颇不称意"。这时，欧阳溥存因患病在身回了江西，字典编辑部也随之迁往南昌，重新对其进行修订润色。大约过了两年后，字典完稿，就邮寄到上海。陆费逵和时任编辑所所长的范源廉，从中抽出数卷来阅读，发现"仍多可商之处，于是又加修订，盖至时五易其稿"。时值第一次世界大战之际，陆费逵与欧阳溥存商量，担心拖的时间越久，将来的局势越不可预料。于是他们当即做出决定，将字典付诸印刷，使之尽早流行于世。

但是，在实际排版过程中，又遇到了前所未有的困难。首先，是所需铅字数量的问题，因为当时我国通用的铅字，总计"不足七千"。中华书局拥有的字数虽然较多，"亦不过万余而已"，而这部"字典所用之字，凡四万余"。只好临时雕刻，投资颇巨，费时也多。其次，是校对的工作量之艰巨，超乎常人之想象。因为一本大部头的字书，

---

① 仲涛：《与人求叙中华大字典启》，《大中华》1916 年第 2 卷第 2 期。

"校对二十余次，尚不能必其无误"，而中华书局向来抱有对读者负责的精神，不会轻易将粗糙之品供之于世。就这样，此书前后用时达六年，参与编辑及事务者近40人。1915年，《中华大字典》出版，16开精装四册，缩印本也同时发行。全书达3000余面，400余万字，插图3000余幅，所收单字4.8万余条。单重量就将近15斤，用于编辑印刷的费用，将近5万元之巨，这对刚刚步入书业的中华书局来说，的确是一笔不小的投资。这项堪称艰巨之业的文化工程，凝聚着陆费逵、范源廉、徐元诰、欧阳溥存以及汪长禄等人的心血，反映了他们为发展语言文字事业而不畏其艰、迎难而上的精神。

陆费逵与同人们历尽数年之艰辛，终使《中华大字典》问世，堪称前无古人之作。这是民国建立后的第一部重要辞书。与《康熙字典》相比，收字的数量更为宏丰，并纠正其错误4000余处。

《中华大字典》在许多方面具有创新性，特点鲜明：（一）编辑体例合理，先以《集韵》为标准，进行注音，每个字只注一个反切，另加直音，标明韵部。注音之后是释义，按照字的本义、延伸义、假借义顺序排列，并注意古今义的不同。"每字诸义，分条列证，不相混淆，每义只证一条，间有未晰，兼及笺疏。或别引加按，然惟以证明本义为止。其一义有异说宜两存者，亦立立箸之"。这种一义一例，一义一项，分条解释的排列方式，使人阅之一目了然，极为便利。对于那些"形体虽同，而音义并异者，另为一字，复列其次。其义同音异者，止列一字，兼存诸音"。以两字或重文成义者，与天象、地理、朝代、国邑、官爵、姓名、动植物及各科专门名词，均列在单文各义之后。对于书中所引用的例句，分别注明篇目、书名，以方便读者查考原文。（二）收字范围广泛，古今兼备。对一部好的字典书来说，收字量多，不仅古人用的字要有，更要对当时流行之字进行搜罗。《中华大字典》"古今字义，搜罗详尽，近世法律、政治、经济、实业、理科、哲学、宗教、外国地名、日韩新字、无不收入。原于泰西者，并附英文"。① 比如，这部字典共收集到来自日语或释义上与日语有关的字（词）条117条，虽然在凡例上"没有专门提及日语复辞的收录问题，而实际收录的复辞包括日本人的人名、地名、机关名等专有名词，日本的文物制度方面的传统词语和一些新词译词"②。值得注意的是，这种收字的广泛性，还表现在对于下层民众用语的关注。此前所出版的字典书，大多数只考虑到知识阶级，仅为文人学士查阅考证之用。而对于知识层次低下者，比如广大的中小学校学生，以及一般的普通民众，则充分考虑到"所用之字典，则字数宜较少，义解宜较显，音证宜较简，方适于用"。③《中华大字典》考虑到一般人的知识水平，本着"备事物之遗亡，求知识之增广"的原则，"合旧有者、新增者、输入者，下至俗字，亦匪所不括，俾稗贩之夫，亦得按部数画，向书而求"。④ 以事实证之，这部字典在出版后，受到了普通民众的喜爱，概因于此。(三) 注音较为全面。《中华大字典》以宋代司马温的《集韵》、《切韵》为主要依据，《集韵》没有的，则参考《广韵》等其他字书进行对照，由此改变了旧有的字书、韵书"分途异撰"之弊端。"今叙合诸文，本从形体，更用韵府百六十部目，题识各字之下，藉以通其沟径，利彼学人。其字为韵府所未列者，依所音字补，所音字又为府

① 《中华妇女界》1916年第2卷第1期。
② 沈国威：《〈中华大字典〉：迈向近代工具书的第一步》，《中华书局与中国近现代文化》，上海人民出版社2013年版，第358—359页。
③ 熊希龄：《中华大字典·叙四》，中华书局1915年版。
④ 林纾：《中华大字典·叙一》，中华书局1915年版。

韵所无，或有切无音者，以叠韵收"。①（四）专用名词处理恰当，也体现了陆费逵与同人的独具匠心。随着朝代的兴替和社会的发展，一些地区的名称、管辖范围，也总是处在变动不定中。比如遇到外国的地名，则在采用和释义上更要慎重。《中华大字典》"凡古今中外之地名，悉详沿革，标明今地，依字采辑。其不可考者，则详所出何书，山川之名，亦仿乎此"。②表现了字典编撰者力求便利读者，以及求实求真的态度。

《中华大字典》的创新性特点，以及处处为读者应用的考虑，受到时人的称誉，被赞为"现在唯一之字书"。当时，陆费逵邀请为之作序（叙）者，都是响当当的大家。林纾在"叙一"中说："中国文明方胎，即请以中华书局之字典为萌芽可也。"李家驹在"叙二"中说："是书之善，数言尽之，其于学者检字，可云至便，洵近世未有之作也。"熊希龄在"叙三"中认为："是书有裨文化，无待言矣。"廖平在"叙四"中指出："余喜是书有裨字学，不惟国粹赖以保存，抑且有广大之沟通之益也。"梁启超在"叙五"中说："兹编匡俗正谬，远稽旧文，名物训诂，时标新解。下至域内方言，海邦术语，兼搜博采，致资研索。"王宠惠在"叙六"认为，《中华大字典》"实为吾国空前之作，比之外国字典，虽不克云完善，然已可与相提并论，足洗吾国无字典之讥矣"。③

《中华大字典》出版后，获得了极高的社会声誉与经济效益，奠定了中华书局辞书出版的基础。

---

① 《中华大字典·凡例》，中华书局1915年版，第1页。

② 《中华大字典·凡例》，中华书局1915年版，第2页。

③ 《中华大字典·叙》，中华书局1915年版，第8页。

二、《辞海》

《中华大字典》问世后，受到社会各界的好评，陆费逵与中华书局受到鼓舞，由此拉开了编辑出版大型工具书的序幕。1936年《辞海》的出版，堪称中华书局标志性的、具有里程碑意义的文化工程。它凝聚了陆费逵等中华书局同人的大量心血，反映了老一代出版人不畏艰难，献身我国辞书事业的精神。

《辞海》编纂应当追溯到1915年。中华书局出版《中华大字典》后，为之付出不少心血的徐元诰，及时提出应在此基础上，"续编大辞典"。这个建议，得到时任编辑所所长范源廉的赞同，陆费逵大为支持。其实，这正是陆费逵一贯倡导和追求的。共同的理想，共同的事业，把他们紧密联系在一起。首先是编辑体例的确定，他们"商讨体例，从事进行"。陆费逵等人认为，辞书为一般人治学应用的工具，其职责在于分析固有词类的意义与用法，希望供给读者以确切的解释，使他们在遇到疑难问题时，能够马上得到解决。编纂辞书一定要观察和考虑使用者的需要，在读者需要时能够雪中送炭，即"在供给一种人人必备之工具。故所选之辞类，以能应人人之需要为主"。① 这说明，陆费逵等人编纂《辞海》，一开始就以普通辞书定位，确立"广收博取"的方针，目的是为了方便读者使用，便于解决困惑问题。随后，他们进一步认识到："现代学艺之进展，人事之迁移，新陈代谢，瞬息万变；因

---

① 《必备之工具书〈辞海〉》，《中华教育界》1936年第24卷第2期。

之语言之孳乳递演，亦绝尘而驰，一日千里。苟非推陈出新，顺时以应，则辞书之用有时而穷"。① 因此，陆费逵做出决定，准备"编一本以字带词，普通语词和百科条目兼而有之的大型综合性词典，当时便讨论体例，进行选词"。② 编写目标与体例一旦确定下来，他们为编写这部收词更多、体例更加完备的字书，开始了大量的工作，并定名为《辞海》，取"百川归海"之意。

但是，编撰一部规模浩大的《辞海》，决非三年五载之功，具体实施起来，所遇到的困难实是界外人士难以体会的。1916 年，范源廉出任北洋政府教育总长，具体主持《辞海》编纂的徐元诰，也随政局的变化，屡任公职，几进几出。又适值中华书局遭遇"民六危机"，资金周转困难，编纂《辞海》的工作，时断时续。1927 年，徐元诰任职最高法院，到底离开了中华书局。期间，陆费逵一方面物色合适的人选主持其事，另一方面觉得商务印书馆的《辞源》出版在先，占有工具书市场很高的份额，如果《辞海》没有自己的特点和创新点，则很难赢得读者的青睐。对编纂工作并不急于求成，而是做出了《辞海》"不能不出，也不必早出"的决策，指出要在收词范围、引用书籍、解释方法等方面下工夫。过了十几年时间，《辞海》在《中华大字典》的基础上，已收词几万条，达数十万字，其"文辞的大部分，总算有了一个毛坯了"③。不久，陆费逵聘请舒新城主持《辞海》的编纂。

舒新城（1893—1960），湖南溆浦人，少年中国学会会员，近代

---

① 《辞海编辑大纲》，《辞海》（上册），中华书局 1936 年版。
② 钱子惠：《〈辞海〉编纂的前前后后》，俞筱尧、刘彦捷编：《陆费逵与中华书局》，中华书局 2002 年版，第 53 页。
③ 金寒英：《辞海创刊的经过》，《文史资料选辑》，文史资料出版社 1984 年版，第175 页。

著名教育家，长期从事中国教育史研究。"五四"运动以后，陆费逵充分认识到，新文化运动风起云涌，聘请一些学有所成的专家学者入局担任编辑，这是在竞争激烈的书业市场上保持优势的关键，因此不少知识界、教育界的人士被其聘为书局编辑。1922 年，陆费逵与舒新城认识，感到他既是一位在教育界中颇具号召力的难得的人才，又有编辑辞典的经验，如果征得他的同意，则是编纂《辞海》的不二人选。于是，陆费逵多次邀请舒新城，希望他能够主持《辞海》的工作，前后凡七次。但舒新城忙于教学业务和教育史研究，一直迟迟没有表态。1928 年，在陆费逵的诚恳相邀下，舒新城终于答应了主持《辞海》的要求，同时又表示，还要继续完成教育史的研究。舒新城在南京黄泥岗何家花园设立中华辞典编辑部，以局外编辑的名义，继徐元诰之后，担起主编《辞海》的重任。舒新城接手《辞海》后，招募编辑人员，投入编写。按照他原来的设想，可以在二三年内把这部辞书编好，但数月后发现，这个想法是不切实际的，因为他觉得，已编成的部分，"已死之旧辞太多，流行之新辞太少"。有些词语的解释没有注明出处，也没有标点符号。所以，他决定"变更方针，删旧增新"，并改加新式标点。舒新城借鉴《韦氏大辞典》的收词标准语编写方法，组织人员编写了二三万条新词条。这年 9 月，因原址修路拆屋，辞典编辑部迁往杭州上西大街长颐里。同时，为扩大编辑力量又在报纸上刊登广告，公开招募编辑和助理编辑人员，并开始翻译外国百科全书的词条。这样，从事《辞海》的编辑有 20 多人，其中有编辑十几人，助理编辑人员和练习生有六七人。练习生的年龄都比较年轻，最小的不过十五六岁，文化程度相当于高小或初中毕业。

陆费逵一直关注《辞海》的编纂，他借筹备西湖博览会事宜的机会，经常奔波于上海、杭州之间。为了集中力量编好《辞海》，他与舒新城经过商量，决定把中华辞典编辑部迁往上海。1930 年 1 月，陆费逵聘请舒新城正式入局，担任编辑所所长兼图书馆馆长、函授学校校长，定期五年。原在杭州的中华辞典编辑部及其工作人员并入编辑所，成立辞典部。同来的刘范猷任辞典部副主任，张相任编辑所副所长兼辞典部主任。辞典部的主要职责，仍然是编纂《辞海》，因为舒新城总管全所的业务，不能专注于此，实际上由副所长张相具体负责。但张相因大量精力要投入教科书的工作，事务繁多，难免顾此失彼。辞典部的工作，实际上由副部长刘范猷负责。他"搜罗整理，十年如一日，致力尤多"。一年多后，陆费逵决定由沈颐主持辞典部，全面负责《辞海》的编纂工作。作为中华书局的创办人之一，沈颐认真负责，业务精湛，有过编写教育部《中国大辞典》的经历，在语言文字学方面，有很深的造诣。对于《辞海》后面的工作，他"主持人之力为最"①。他们两人的工作，得到陆费逵的赞赏。邹梦禅满怀深情地回忆说，沈颐"工作一直是一丝不苟，正如其人之端正，使人肃然起敬，当时他已经五十多岁了，但红彤彤的脸，显得十分精神，语言不多，却饶有风趣；刘先生是位四十多岁的老夫子，显得十分精神，满头白发，朴实无华，踏实认真。这两位先生对工作高度负责，对一字一词以及定义、引证，连标点符号等决不轻易放过。所以所有条目必附夹原书，便于核对。往往二百字左右的条稿而义项较多的则附夹原书达十多种，必一一核实而后安"②。

　　沈颐担任辞典部主任以后，《辞海》编纂进入全面修订、增补、

---

①　陆费逵：《陆费逵文选》，中华书局 2011 年版，第 429 页。

②　中华书局编辑部：《回忆中华书局》（上编），中华书局 1987 年版，第 157 页。

审阅和定稿的紧张时期。据身与其境的周颂棣介绍,《辞海》的编纂方法,是按词目的性质,各个编辑分类包干,即根据某一个编辑的专长来分配各专业的稿子,大致分语言、文字、政治、经济、文学、历史、生物、数学、物理、化学、卫生、体育、医学、图书、地名、人名、地理、美术、佛学、哲学、工农业、军事、考古、音乐、地质等若干门。辞典部迁到上海以后,人员有进有出,主要编辑人员大致稳定在十四五人左右,连同练习生和其他助理编辑人员,不到 30 人。单字及一般词语(包括复词、成语典故、中国人名地名以及文史方面其他许多词语)数量较多,参加修订编写的人数也较多,主要有邹梦禅、朱丹九、胡君复、金寒英、周云青等人。百科部分,则一个人要分担许多部门条目的修订编写工作。例如,陈润泉包干数理化以及天文、气象等自然科学的条目;徐嗣同包干政治、经济、法律等社会科学条目以及有关日本的历史地理、人名地名的条目;华纯甫负责宗教(主要是佛学名词)、生理、卫生医药以及部分动植物的条目;周颂棣分担的条目数量也不少,包括哲学、文艺、教育、外国历史地理、人名地名(日本除外)等许多部门的条目。总数大略在一万条。至于稿件的整理、保藏、抄录、誉清,资料的查阅、核对等项工作,都是由十几位年轻的练习生分任。在各学科中,也有少数部分的条目,是请编辑所内其他部门的人帮助修订或审阅的。例如,音乐条目,是请教科书部朱稣典同志编写的。又如,生物方面的条目,是由华汝成等人帮助整理和审阅的。还有,附录中的《中外历史大事年表》,是由姚绍华等同志纂辑的。也有极少数部分的条目,送请书局外面特约的专家审阅。例如,语文方面,就有一百多条的条目,是请黎锦熙审阅定稿的。那时,《辞海》已经编写成的全部初稿条目和资料卡片,都是按照部首及笔画顺序，分别装盛在薄铁皮制成的长方形抽屉内。而所用编条目的稿纸和资料卡片，都是用比较坚厚的毛道林纸印成的。稿纸长约12厘米，宽约9厘米，每纸四行，每行十四格，一张稿纸只能写56个字；但四旁留出的地方很宽，以便修改。编写成的条目，除了附件条和解释极简单的少数词目以外，用纸最少两张，多达十数张甚至二三十张。凡是用纸超过两张以上的条目，都用大头针别定或用回形针夹住。因为稿纸的面积小，纸张质地厚实，盛放在铁皮抽屉内，就能够直竖起来，不致倒状。这样在查阅和调取稿件时，都比较方便。

著名学者郑振铎曾指出："任何辞书，特别是大型辞书，在编纂的时候不进行资料建设是难以想象的"。[①] 编撰《辞海》，正是如此。沈颐要求全体编辑人员，去阅读宋、元、明、清以来的小说、笔记、评话和戏曲之类的作品，如《大宋宣和遗事》、《水浒》、《红楼梦》、《儿女英雄传》、《西厢记》、《元曲选》等，搜集流行的俗词俗语（口头词语），并做成资料卡片，供写稿时选择，作为《辞海》新补充的一部分词目。他又安排专人负责从各种报刊杂志、图书上搜集新词语及外来词语。《辞海》在资料搜集方面，确是尽其所能及的。同时，他指定刘范猷每日阅看各种报纸和新出版的重要杂志、图书，注意搜集新词新语（包括外来语）。沈颐还下定决心，要把《辞海》收入的全部词条，从头到尾，由他自己逐条审阅。在此后的四年时间里，他每天都在忙着审稿。在他的带动下，参与的编辑也尽其所能，竭其所力，广泛搜集。金寒英深有体会地描述，那时的自己，"无日不沉浸在书海之中，每天左手执书，右手握管，甚至寝于斯，食于斯，我那壮年

---

① 郑振铎：《字典资料工作的反思》，《辞书研究》1988年第2期。

的时代的大部分精力，就消耗于此。"①

在沈颐的主持下，刘范猷、罗伯诚、华纯甫、陈润泉、周颂棣、胡君复、朱丹九、徐嗣同、金寒英、邹梦禅、常友慷、周云青等人各司其职，各负其责，先后参与的编辑有一百数十人。又经黎锦熙、彭世芳、徐凌霄、周宪文、武堉干、王祖廉、金兆梓、陆费执等人校阅，历时 20 年之久。1936 年 11 月，《辞海》上册出版，1937 年 6 月出版下册。有几种不同的版本，甲、乙两种 16 开本，分别用圣书纸、道林纸钱，定价 20 至 24 元。丙、丁两种 32 开缩印本，同样用两种纸印，定价为 10 至 12 元。1938 年又印 32 开次道林纸本称戊种，定价 6.5 元。《辞海》正文以十二地支分集，每集含若干部首，并配有检字表、国音常用字读音表、韵目表、中外历史大事年表、中华民国行政区划表、中华民国商埠表、中外度量衡币制表、化学元素表、译名西文索引等新式索引。主编徐元浩、舒新城、沈颐、张相，书前有黎锦熙撰写的序，陆费逵撰写的《编印缘起》，有林森、吴敬恒、陈立夫题词及蔡元培的长篇题词。全书收单字 1.3 万余条，复词 10 余万条，800 多万字。旧辞以应用为主，采集新辞占三分之一以上。

《辞海》行将付梓之时，陆费逵怀着兴奋而又崇敬的心情，撰写了《编印缘起》。他客观地道出了编写过程中诸位同人的努力，特别遭遇到的五项困难。正是因为克服了这项困难，才使得《辞海》具备了鲜明的特色。舒新城说："文中所述五项困难，均属事实，亦即本书之特点"。②

---

① 金寒英：《辞海创刊的经过》，《文史资料选辑》，文史资料出版社 1984 年版，第 182 页。

② 钱炳寰：《中华书局大事纪要》(1912—1954)，中华书局 2002 年版，第 143 页。

陆费逵总结《辞海》的特点：(一)选辞广博而严谨。他指出,《辞海》在编写过程中,对于搜集的新、旧辞,在取舍上颇费思量。虽然在一开始就确立了编撰范围,"旧籍中恒见之辞类;历史上重要之名物制度;流行较广之新辞;行文时习用之成语典故;社会上农工商各业之重要用语;行文时常用之古今地名;最重要之名人名著;科学文艺上习见习用之术语。"① 但是关于旧辞,哪些属于被淘汰的,哪些属于尚在应用的,非一时所能明断。至于新辞,"不但搜集困难,而且舶来名辞,译音、译意重复冲突,决定取舍甚困难"。往往是有的"已选之辞,不数月而改删,已定之稿,不一年而屡易。总计撰成之稿,凡三十万余条,并修改重复计之,殆不下五十万条,今仅留十万条有奇,殆无异于披沙拣金矣"。可见,《辞海》选择词条之严格,非轻率应付、急功近利者所能做到。(二)解释慎重、客观。陆费逵说,在编撰《辞海》时,对于每一条辞目的解释,都会认真对待,"于群言庞杂之中,必一一分别其异同,归纳其类似,故一条辞目之编成定稿,往往翻检群书至数十种,而结果所得则仅数字之定义或数十百字之说明而已。"之所以这样做,目的只有一个,就是力争得出一个较为客观、准确的解释。至于那些虽属同一辞目,"而兼含新旧各科之意义者",则分派任务,责任到人,几个编辑分头撰写,再"合数人之稿归纳为一,或综合解释,或分项标明,去其重复,合其异说,始获定稿焉"。因此,《辞海》内各条目的解释,是经过一番爬梳整理、比较综合的功夫,所追求的是给读者一个较为满意、详尽准确的答案。比如,"世界"一条,过去仅有"宇宙之说",而没涉及"现在之

---

① 《编辑大纲》,《辞海》(上册),中华书局 1936 年版,第 1 页。

真实世界"。编辑们认为不妥，于是加以增进。（三）引注篇名。这是《辞海》又一个突出的特点。陆费逵认为，我国过去的类书、字书，仅注明书名而不注篇名，有的居然按照索引而查无可考者。有鉴于此，在编写《中华大字典》时，他们核对原书，就对比出若干条错误。因此，《辞海》在编写时，力求避免这个弊端，不嫌繁琐，"凡引用之古书，仍复查对原书，加注篇名"。无疑，这大大增加了编辑们的劳动强度，但正因为如此，使得《辞海》"不致沿前人之讹，且可使学者检阅原书；我国字书、类书相沿之积弊，或可从此稍减矣"。（四）使用新式标点。陆费逵指出，我国大多数古籍不加标点，语句难以句读而歧义横生，争论不休。为消除这一弊端，《辞海》应用新式标点。但在进行断句时，却不是一件容易的事，编辑同人竭尽心力，相互讨论，多方比较，才得以最终确定。有时候，为了确定二三句之符号，要费尽二三个人一天的功夫。引用同一本书，因为引证有详有略，有繁有简，则标点的方法会略为不同。比如，引用一大段需要用分号，有引一二句则无须用分号，有时分号又变为句号。诸如此类，比较过去仅有断句的做法，面临的困难，不言而喻。"至于人地名、书名之加线，不唯费力，且占篇幅不少，盖全书所用之书名线多至二十万左右，人地名线则为数更多也"。①（五）校印精审。陆费逵说，《辞海》所收字、词的数量之多，为空前所未有。全书总词条数约十万以上，总字数七八百万。再加之使用新式标点，仅点号就达二百万个，校对起来更是费尽功夫。标号的人名、地名、书名线约五十万。大本为了节省篇幅，就用新五号字；缩写本为了不伤害读者眼睛，字体约等于

---

① 陆费逵：《编印缘起》，《辞海》（上册），中华书局 1936 年版，第 3 页。

六号字。每面字数约二千个，各种符号约七八百。一般说来，普通书籍每人每天可校对七八十页，每本书印刷所要校对三遍，编辑所校对三遍，此书则每人每天不过校对七八页。印刷所须校对三次，编辑所校对十次，名词术语还有夹用其他国家文字者，需要请专家校对。至于普通汉字，电报书不过七八千字，各印书局铜模少者五六千，多者七八千。为了印刷《辞海》，中华书局特别加制铜模八千多个，共计已有一万六千个，还不能完全满足要求。遇到生僻字、新字，还需要临时雕刻。这种字体，平时不常见，但丝毫不能有所讹误。

在排印《辞海》时，陆费逵又做了大量行之有效的工作。比如，原材料的储备，铅字的浇铸，字架、木盘、木台等的添置，刻字人手的加强，还特地新辟了一个车间，专门作为排版装订《辞海》的场所。排版工作也临时雇用，大约有近百人。《辞海》印刷完毕后，陆费逵指示，不能拆去排好的铅字版，以便在再版时可以随时修正。并让同人随时注意，遇有错误则随时记录下来。又安排张相、金兆梓具体负责，收集汇总的意见或建议。

对于"一·二八事变"、"上海事变"、"塘沽协定"等，属于当时较为敏感的问题。舒新城认为应当收录，他说："我国积弱，不能与强邻抗衡，彼诬我者我不与辩，已属屈辱，而彼加于我之事实亦默不提，未免不近人情。《辞海》出版今日，应是今日的东西，绝不能单提往事而不及今日之事，尤不有不提今日人人伤心之事。如恐外交上有问题，则以政府公布之事实为准绳，不加臆测之辞可也。故我主张将此类词目如实叙述录之。再将日本近出词典检阅，既有上海事件之辞目，且叙述甚详，颠倒是非之处尤多。我以立场不同，绝不能将日诬我之词一一抄入，替政府增罪名，替强邻造反证。但中华民国国民之观点万不可移动"。①

《辞海》出版以后，赢得了广泛的社会声誉。在几位名家学者的题词中，可以看到他们言简意赅的评价。唐文治称之为："烛墨海以智灯，纳新旧于一冶；征引详博，抉择精严，可谓集辞书之大成，示学子以津梁"。邵裴子则评价说："其所收新旧辞均以应用为主，勿滥勿漏，足为普通辞书之准绳。且引书悉著篇名，打破自来援据含混之病，尤便于学者。观其样张所载，辞目既富，而注释则采事博、征文富、说明详。一脔之味，已可知味。且收释单字甚备，实以辞典而兼字典。学人行箧，携此已足。吾国已有之辞书，固不独以此书为晚出，且亦此为兼美矣"。②黎锦熙从语言学专业的角度，在"序言"中指出："整理国故，吸收新知，最系统的工作，就在编一部大类书；正名辨物，赏奇析疑，最具体化的工作，就在编一部大辞典"。"没有一种博大精深具有系统的研究调查工作来做编纂辞典的准备，无论什么辞典，都是不能担负'正名辨物'和'赏奇析疑'这两种重大的任务的，而尤其是'赏奇'"。对于"赏奇析疑"，《辞海》"总算能担负起一部分的任务了"；而对于"正名辨物"的工作，"总算有相当的贡献了"。③蔡元培认为："《辞海》之编，收单字一万三千余，犹《尔雅》'释诂'、'释言'诸篇，收复词十万余条，则犹'释训'以下诸篇。而其内容之丰富与扼要，又适合于今人之所需，诚有用之书也。"金兆梓说，《辞海》"除选辞精当、切实外，对于一辞之来源出处，务须一一查出原书核对，求其确实无误，绝非獭祭《佩文韵府》等旧类书而成

---

① 钱炳寰:《中华书局大事纪要》(1912—1954)，中华书局 2002 年版，第 143 页。

② 邵裴子:《题词》，《辞海》(上册)，中华书局 1936 年版。

③ 黎锦熙:《辞海·序》，《辞海》(上册)，中华书局 1936 年版。

之作。且每一辞皆注出其书名、篇名，以便阅者得由此而追溯原书。而于条文又皆加以新式标点，使阅者不致惑于歧义，亦非仅用旧式句读者可比。"① 即使以今天的眼光来看，《辞海》"无论在体例、条目的收列、释义等方面都取得了新的成就"②。

自《辞海》问世以来，无数学子深受其益，对于传播科学文化知识，起了不可估量的作用。著名作家谢冰莹有言，五六十年来，我从工具书中获益最大的是《辞海》。这位老师，无所不知，而且随你如何麻烦他，从不生气，因此成了我的最佳伴侣。③ 人民领袖毛泽东很重视从工具书中获取知识，《辞海》是他使用最多的工具书之一。1957 年，他深情地说："《辞海》我从二十年前使用到现在。在陕北打仗的时候也带着，后来在延川敌情紧急的情况下，不得不丢下埋藏起来，后来就找不到了"。④ 曹道衡回忆说："到我年龄稍大，懂得自己去阅一些书籍时，遇到疑难问题，总不免去查工具书。这时我渐渐地感觉到中华书局出版的《辞海》比当时一些同类的工具书为优越。因为它比较详备而且对辞语、典故的解释都注明出处，对读者有很大的帮助"。⑤ 中华人民共和国建立后，《辞海》仍然成为读书人案头必备书。1999 年，新《辞海》在旧版《辞海》的基础上得以修订。新《辞海》配彩图 16000 幅，1980 万字，图文并茂。有学者感叹，"一代一代的辞海人献了青春献终身，一批一批的专家前赴后继，终于为 12 亿中

---

① 俞筱尧、刘彦捷：《陆费逵与中华书局》，中华书局 2002 年版，第 369 页。

② 李开：《现代词典学教程》，南京大学出版社 1990 年版，第 95 页。

③ 俞筱尧、刘彦捷：《陆费逵与中华书局》，中华书局 2002 年版，第 6 页。

④ 龚育之等：《毛泽东的读书生活》（增订版），生活·读书·新知三联书店 1997 版，第 9 页。

⑤ 曹道衡：《衷心的感谢》，《我与中华书局》，中华书局 2002 年版，第 71 页。

国人奉上了这部煌煌大典"。① 到 2009 年，《辞海》已经修订五次，出至第六版。

民国时期，《辞海》前后历经 20 年，终于出版发行，其间，陆费逵可谓殚精竭虑，费尽心血。从开始筹备工作、厘定编写体例，到聘用主编、组织人员，直至印刷排版，他始终不辞劳苦，忙于其间。他对辞典竭尽心力，以改良我国字典为己任，并有"吾行年五十，从事出版印刷业三十年矣，天如假我以年，吾当贾其余勇，再以一二十年之岁月，经营一百条之大辞书也！"② 虽然《辞海》上署名四位主编，陆费逵没有列在其中，但主编之一的张相曾经断言："伯鸿先生乃《辞海》之真正主编者也。"③

蔡元培指出："一社会学术之消长，观其各种辞典之有无、多寡而知之。各国专门学术，无不各有其辞典，或繁或简，不一而足。盖当学术发展之期，专门学术之名词与术语，孳乳浸多，学者不胜其记忆，势不得不有资于检阅之书；既得检阅之书，则得以所节之心力与时间，增进其研究，而学术益以进步；学术益进步，而前此所检阅者，又病其简浅而不适于用，则检阅之书，又不得不改编。互为因果，流转不已，此学术进步之社会，所以有种种专门之辞典也"。④ 由此可见，辞书的种类和数量实为一个社会学术进步的重要标志。知识是人类文明和智慧的结晶。作为各种知识汇总聚合的工具书，在传播文化、交流思想和促进学术发展中，起着不可替代的

---

① 至诚：《百年辞海》，《世纪行》2000 年第 3 期。

② 陆费逵：《陆费逵文选》，中华书局 2011 年版，第 431—432 页。

③ 俞筱尧、刘彦捷：《陆费逵与中华书局》，中华书局 2002 年版，第 6 页。

④ 蔡元培：《〈植物学大辞典〉序》，中国蔡元培研究会编：《蔡元培全集》（第 3 卷），浙江教育出版社 1997 年版，第 175 页。

作用。编纂出版涵盖各科知识的综合性工具书，于搜集资料、设计体例、解释字词等环节上，非编撰一般书籍所能同日而语。毫无疑问，没有陆费逵这样一位出版家的高瞻远瞩，没有他用尽心尽力的执着，没有他的精心组织和策划，作为永存文化史册的《辞海》，要想面世是不可想象的。

第八章

辑印古籍图书

陆费逵自小受传统文化熏陶，对古典文献有着很深的感情。"五四"新文化时期，"整理国故"运动兴起，陆费逵持欢迎的态度，组织人员搜集、整理古书，推动中华书局出版大量古籍图书，对传统文化的保存与传承，贡献颇巨。

一、"整理国故"运动

陆费逵是中国传统文化的坚守者。中华书局一成立，他就在"宣言"中公开申明，要"融和国粹欧化"，这里的"国粹"就是指的传统文化。"国粹"借以表现的形式或载体，当然有各种各样，但毫无疑问，古籍文献书刊是最主要的载体。陆费逵从少时的母教开始，就受到传统文化的熏陶。他学习过《四书》、《五经》等儒学经典，有着较为深厚的国学功底。一些有名的国学名著，成为他平时"编书撰文"，经常查考利用"获益非鲜"的书籍，自身学问的增长，有赖于大量古书的阅读。再加之书香门第的家学渊源，不断强化其对古典文化的感情。弘扬先人业绩，继承祖上遗风的愿望，成为陆费逵出版理念的重要成分。

这个时期，引起人们对传统文化重视的，还在于"整理国故"运动的兴起。1919 年"五四"新文化运动，人们如饥似渴地吸收外来文化，并对本土固有的传统文化，开始进行了理性反思。新文化运动主将之一的胡适，发表《新思潮的意义》一文，提出了"研究问题，输入学理，整理国故，再造文明"的口号，公开表明"若要知道什么是国粹，什么是国渣，先须要用评判的态度，科学的精神，去做一番整理国故的工夫"。"从乱七八糟里面寻出一个脉络来；从无头无脑里面寻出一个前因后果来；从胡说谬解里面寻出一个真意义来，从武断迷信里面寻出一个真价值来"。[①] 不久，他在《〈国学季刊〉发刊宣言》一文中，全面而又系统地阐述了"整理国故"的主张，指出要用"历史的眼光"，来认清"国故学"的使命是"整理中国一切文化历史"，其目的是"使古书人人能用"、"人人能读"。并断言，"整理国故"必须努力的三大方向："第一，用历史的眼光来扩大国学研究的范围。第二，用系统的整理来部勒国学研究的资料。第三，用比较的研究来

---

① 胡适：《新思潮的意义》，《胡适文存》（一集、第 4 卷），黄山书社 1996 年版，第 557 页。

帮助国学的材料的整理与解释"。① 不言而喻,"整理国故"不是复古过去,不是流连古董,而是倡导用一种客观的、理性的和科学的方法,来审视传统文化,做一番"去伪存真"、"去粗取精"的功夫,使国学中的优秀成分得以传承,并发扬光大。

陆费逵对于"整理国故"运动持欢迎态度,并为此做出积极的回应,决定投入到这场运动中去,因为这与陆费逵的想法与中华书局的使命,可以说不谋而合。对此,张闻天抑制不住喜悦的心情,寄希望陆费逵与中华书局:"整理国故,把没有用的东西淘汰,以为后辈青年的便利"。并建议,在整理国故问题上一定要放宽眼界,与复古守旧者划清界限,不能叫一般的遗老去整理。他认为,担当这一重任的编辑人员须具备三个条件:"一、对于国故有彻底的研究;对于西洋学说也十分了解。二、有世界的眼光。三、有科学的见解"。② 陆费逵受益于古书,但并不迷信于古书。他认为有选择地阅读《孟子》、《论语》、《礼记》、《左传》等经典,吸收合理性的养分,不能就以为是复古、倒退和守旧。他主张传统文化应当随时代变化而变化,随条件变化而取舍。他的这种态度,在所撰《孝道正义》一文中有着鲜明的体现。他以"孝道"为例,认为:"孝为我国伦理之本原,然论者以为害国家之罪魁"。因而,有人"几视父母皆蛇蝎虎狼,一若共和国民,必反孝为仇而后可"。但是,实际上只是"摘取吾国世俗之谬说,视为吾国之天经地义而痛下针砭"而已。在陆费逵的心目中,那些"世

---

① 胡适:《〈国学季刊〉发刊宣言》,《胡适文存》(二集、第 1 卷),黄山书社 1996 年版,第 6、10、13 页。

② 张闻天:《对于中华书局"新思潮社"管见》,《张闻天早期文集》,中共党史出版社 1990 年版,第 36、38 页。

俗谬说"，如"父要子死，子不得不死""割股疗亲，居丧毁身""九世同居""丧葬之奢侈""蔽于风水"等等之类，不能算是孝道之真义，理应祛除。而对于那些好的方面，比如尊敬老人、孝敬老人，理应保留。他断言："孝道，为吾国伦理之特色，必当保存。唯谬说陋俗必屏弃之"。总之，"当随时变迁而已。"① 正是由于有了这样的思想认识，陆费逵对"整理国故"运动有了准确的理解，并倾注了极大的热情。而"整理国故"之基础，首先要对国学古籍有一定的阅读和了解。当时，许多学者就必读书目、阅读方法以及版本等问题，各自阐述了自己的见解。最著名的当为胡适的《一个最低限度的国学书目》、梁启超的《国学入门书要目及其读法》等。对此，陆费逵撰文发表了自己的看法，认为"梁任公、胡适之两先生各有一种书目发表，但是各有数千册，不但读不了，而且买不起"。受读书力、购买力的限制，一般青年人"不能人人做到，所以我现在再降格以求，定一个最低限度"。② 因此，从普通读者的利益考虑，陆费逵写成《最低限度当读之国学书》和《国学入门书》两篇文章，对当读书目、阅读重点和版本问题，详细地予以指导。（见下页表）

陆费逵对传统的经、史、子、集等国学书籍做了认真而细致的研究，并将自己的心得体会介绍给那些致力于从事国学研究的人们，反映了他对"整理国故"运动的热情关注。不难看出，他处处站在读者的角度，从读者的现实状况来考虑，进行选择并介绍书目。当然，他的这个理想付诸实践，还在于中华书局出版一大批惠及学林的传统文化名著。其中，最著名的当属出版《四部备要》和《古今图书集成》。

① 陆费逵：《孝道正义》，《中华教育界》1919 年第 8 卷第 2 期。
② 陆费逵：《陆费逵文选》，中华书局 2011 年版，第 325 页。

陆费逵所列"最低限度当读之国学书"

书名	读书建议	版本
《四书》	最要，当熟读。先《论语》，次《孟子》，次《学》、《庸》。	中华书局聚珍仿宋版最佳，石印本及坊刻本不可靠。
《诗经》	就能了解而欢喜的熟读。	朱注版较佳，古注中华书局聚珍仿宋版佳。
《易经》	文言系辞当熟读。	古注中华书局聚珍仿宋版佳。
《礼记》	可选读《檀弓》、《学记》、《乐记》等篇。	陈注局版佳，古注中华书局聚珍仿宋版佳。
《左传》	可选读若干篇。	中华书局聚珍仿宋版佳。
《说文解字》、《文字蒙求》、《文字通诠》	三书可任读一种，《文字通诠》尤精而易读。	中华书局、商务印书馆均有影印本。
《史记》	此书为我国史学界创作，识力亘绝古今，文字尤佳，宜全阅。并选读二三十篇。	中华书局聚珍仿宋版、局版均佳。
《正续通鉴辑览》	所续《清史》虽不精，然此外并无佳本。如无力买此书，任何《纲鉴》阅一种均可。	文明书局印行。
《清朝全史》	日人稻叶君山著。其中不能免误，但较完备之清史只此一种。近代史事应该详知，此书不得不读。	中华书局印。
《中华地理大全》	在现在各地理书中最详。	中华书局印行。
《老子》	全书仅五千言，为子部最要之书，当熟读。注乏善本。	中华书局《老子古义》，可与他子互证。
《胡适中国哲学史大纲》上册	此书叙孔子不佳，但叙墨子……等极佳，可当诸子思想史读。读此一书，可窥诸子大略矣。	商务印书馆印行。
《古文辞类纂》、《经史百家杂抄》	可就此两书选读一二百篇。如尚嫌宽泛，则读《古文释义》、《古文观止》亦无不可。	中华书局聚珍仿宋版较佳。
《古诗选》、《今体诗选》	可就此书选读三四百首。如嫌宽泛，则读《唐诗三百首》、《宋元明诗三百首》亦可。	中华书局聚珍仿宋版、局版均佳。

（续表）

书名	读书建议	版本
《宋词三百首》、《花间集》、《绝妙好词笺》	词选此三书最佳，可浏览一过，就最喜的熟诵。	中华书局聚珍仿宋版。
《陶渊明集》、《王临川集》、《曾文正公诗文集》、《曾文正公家书》、《饮冰室文集》	专集浩如烟海，无从读起。此四家均文从字顺，而陶之淡，王之深刻，曾之集大成（家书文字浅鲜，且于修养及人情世故有关，宜先读），梁之代表近二十年思想，均为现代青年所必读。且陶、王二家著作，选本不多载，故必读专集。	中华书局聚珍仿宋版、中华书局印行。

　　这两部大部头古典书籍的出版，堪称近代出版业的世纪文化工程。这是一个了不起的成就，中华书局传承古代之文明，并奠定自身在文化学术上之地位，基本上由此而来。

二、《四部备要》

　　清朝乾隆年间，正式下诏搜求天下图书，将征集到的书籍，加以校勘、整理、成编，是为《四库全书》。为此，清政府专门设立《四库全书》馆，汇聚文人学士，全面负责这项浩大的工程。《四库全书》分经、史、子、集四部，共收书3470部、计79018卷，存目6793部、93551卷，共计10263部、172860卷。前后调集4000余人，历时15年才告完成。《四库全书》一共抄了7部，部数、卷数、册数、页数，各不相同，并特建南北7阁以贮藏。分别为北京紫禁城内的文渊阁、热河行宫内的文津阁、辽宁沈阳的文溯阁、北京圆明园内的文源阁、江苏扬州的文汇阁、江苏镇江的文宗阁、浙江杭州的文澜阁。尽管由于秉承统治阶级的旨意，许多被整理的古书内容失其本真，甚至被人称为中国文化史上的一场浩劫。鲁迅就曾经认为："单看雍正乾隆两朝的对于中国人著作的手段，就足够令人惊心动魄。全毁，抽毁，剜去之类也且不说，最阴险的是删改了古书的内容。乾隆朝的纂修《四库全书》，是许多人颂为一代之盛业的，但他们却搞乱了古书的格式，还修改了古人的文章；不但藏之内廷，还颁之文风较盛之处，使天下士子阅读，永不会觉得我们中国的作者里面，也曾经有过很有些骨气的人"。① 但从另一个角度讲，它毕竟对众多的中国古籍，下了一番爬梳整理的功夫，是封建朝代屈指可数的大型修书工程之一，因此也被称为古籍丛书中最丰富和最完备的集大成之作。

陆费逵与《四库全书》有很深的家学渊源，他的太高祖宗伯公陆费墀，"通籍入翰林"。《四库全书》开始之时，"以编修任总校官，后任副总裁，前后二十年，任职之专且久，鲜与匹焉。"陆费墀晚年时期，回到老家嘉兴，在城外购置房屋，将阁楼命名为"枝荫"，藏有《四库全书》的副本。后来，在太平天国运动中，这些藏书被毁于战火。陆费逵说，自己每当阅读《四库总目》及家学传统，总是引以自豪和心驰神往。早在1915年，就有人向陆费逵建议，应当印刷出版《四库全书》，但因卷数太多、校订困难而作罢。这时期，除了家学原因和技术条件已经具备以外，促使陆费逵辑印《国部备要》的动机，主要还在于应"整理国故"运动之需要，出于保存和提供给人们研读传统国学的需要。在他所写的《校印〈四部备要〉缘起》、《增辑〈四

---

① 鲁迅：《且介亭杂文·病后杂谈之余——关于舒"愤懑"》，《鲁迅全集》（第6卷），人民文学出版社1981年版，第182页。

部备要〉缘起》、《〈四部备要〉说明书》、《重印〈四部备要〉缘起》
和《〈四部备要〉改印洋装缘起》等数篇文章中，做了反复而详尽的
说明，称："吾国学术，统于四部。然四库著录之书，浩如烟海；坊肆
流传之籍，棼若乱丝。承学之士，别择维艰；善本价昂，购置匪易。
本局同人有鉴于此，爰于前年择吾人应读之书，求通行善本，汇而集
之，颜曰《四部备要》。提纲挈领，取便研求；廉价发行，以广传布"。
又说："迩来购置善本殊艰，欲办一图书馆，不第费巨，且苦无从着
手。此书择要校印，陆续出版，既可供社会图书馆之求，又可便学者
研究国学之需，或亦不无小补欤！……岂唯流通古籍，抑亦保存国粹
之幸也已。"还指出："中国书籍如此之多，学者欲研究中国学问，应
读何书？何书最要？初学之人颇苦无从下手。精刻之书，版多无存，
购买价值既大，且不易觅得；石印本印刷既不精，错误又多。此读书
者人人感觉之痛苦也"。①

陆费逵对《四部备要》的出版方针，主要是考虑下列几个方面：
第一，以读者实用为主。《四部备要》各种版本的编辑出版，并没有
一味地追求珍本、孤本，而是依据宋元明清善本为原本，尤其是多用
清代的精刻本。这种做法，主要考虑的是读者的实用，是为了更方便
人们研究国学之需要。在陆费逵看来，读书而不得要领，无从选择有
用和急需之书，会让读者白白地浪费大量精力而功效甚微，何况对于
卷帙浩繁的《四库全书》。在他的指导下，中华书局有选择性地刊印
经、史、子、集中的有用之书，如《十三经注》、《十三经注疏》、《十三
经清人注疏》、《段洨说文》、《二十四史》、《正续资治通鉴》，以及朱、

① 陆费逵：《陆费逵文选》，中华书局 2011 年版，第 337—343 页。

陆、王全书、宋明学案、各大家文集、诗文词选集等，均包含在内，使广大有志于研究传统文化的莘莘学子有了一个建设性的指针，读之而有所适从和有所收获。还有，在字体方面除了古雅精美外，也充分为读者考虑。陆费逵说，字体大小，斟酌再三，照顾到适合阅读，不伤害眼睛。最难解决的，比如《二十四史》，字太大则分量太多，字太小则"前四史"注释太小。于是，将"前四史"正文用二号字，注释用三号长体，《晋书》以后则用四号字，篇幅可省一半，字体大小各适其宜。此外，应诵习之书，如《五经古注》、《四书集注》、《国语》、《国策》、周秦诸子、《楚辞》、李白、杜甫、韩愈、柳宗元各专集等均用二号字，此外则分别用二号长体、三号、三号长体、四号。

第二，保存与普及传统文化。近代以来，由于内忧外患，频经变乱，我国许多古典文献书籍，毁于战火者不胜枚举。比如，江南三阁的文宗阁、文汇阁和文澜阁之《四库全书》，在太平天国战争中化为灰烬。以致有学者表现出深深的忧虑，"四库全书为吾国最大典籍，书成不及百载，而文汇文宗文澜文源次第毁于兵燹，顷所存者只文渊文溯文津三本，若不亟为影印，以广流传，恐不再五十年不沦胥以亡，即以饱群蠹，好古之士宁不伤心？"[1] 其实，保存古籍最重要的途径和方法，就在于印行出版，使其拥有最广大的读者，流通于世。在陆费逵主持下，中华书局在出版这部大型古书时，充分考虑到适合人们的求购心理，以便更好地使之流通。于是，就选择乾嘉以来清代学者的精校之本，使初学者得以较快入门，仿照《四库全书荟要》体例，分量、选书与之相似。所不同而又胜出《荟要》处的地方，比如，日讲经书、

---

① 叶恭绰：《刊行四库全书提案》，转引自王余光等：《中国新图书出版业的文化贡献》，武汉大学出版社1998年版，第234页。

清代历朝圣训、谕旨、文集等书专备御用者摒弃不采，采集方针随时代而稍有不同。乾嘉以来的名著，比如，《说文》、《周礼》、古文、诗歌、文集等。再说，价格定位上也能权衡社会承受力的大小，充分地考虑到普通人们的购书心理，购者人数增多，则古籍广为流传。第三，满足社会举办图书馆的藏书需求。新文化运动时期，留学归来的海外学子，对欧美发达国家的图书馆事业羡慕不已，因而发起建立新图书馆，倡导读书活动，以开启民智的倡议。至 1925 年，近代新图书馆运动兴起。其主旨"一为保存文化，一为建设文化"。中华教育改进社图书馆教育委员会提议，"将美国退还庚款的三分之一建设图书馆八所，分布中国各要地，为各该区域的图书馆的模范"。1928 年，全国教育会议大会通过，请大学院（即教育部）通令全国各学校均须设置图书馆，并以每年全校经费的 5% 以上用以购书。①《四部备要》甫一出版，就受到人们的青睐，奉天省当局购置《四部备要》五集 90 余部，分别颁给省立的学校和各县的图书馆；京、津、沪、粤各埠绅商有人预约购置多部捐赠故乡及有关系的学校或图书馆；各地旅居上海的学界人中，有许多筹集资金定购并捐赠给故乡或图书馆的各校校友，也有筹资购之捐赠母校图书馆者。陆费逵热爱传统文化，由此形成出版古书名著的理念，适应当时图书馆购书的需要，从而以另一种方式为古老文明的延续做着不懈的努力。

陆费逵为了从《四库全书》中选择出重要古籍，编辑出版《四部备要》，亲自物色并选择人员，组成了较强的编辑队伍。决定由古书部主任高时显（1878—1952，字野侯、欣木，又号可庵，清末举人）

---

① 李泽彰：《三十五年来中国之出版业》，张静庐辑注：《中国现代出版史料》（丁编、下卷），中华书局 1959 年版，第 388 页。

主持，丁竹孙、吴志抱等 10 多人分任校对之责。从 1922—1936 年，先后印行和再版多种形式和规格的《四部备要》，共计 11300 卷，收书 355 种，附录 2 种。内含：经部 52 种，附录 1 种；史部 73 种；子部 83 种，附录 1 种；集部 147 种。这部大型古书以"聚珍仿宋"技术印刷，印出之书，款式古雅，字体优美，古色古香。

《四部备要》各种版本和出版时间

书名	时间	备注
《四部备要》(1—5 集)	1922—1934 年出版	包含经史子集 11000 余卷，分订 2000 余册，二十四史均在内。
《四部备要》(聚珍仿宋版洋装本)	1936 年出版	16 开，精、平装，甲种精装 100 册，乙种精装 100 册，丙种平装 280 册。本书据中华书局出版的线装排印本 4 页合 1 页，分栏缩印而成。两书的子目相同。
《四部备要》(聚珍仿宋版洋装本)(除二十四史)	1936 年出版	16 开，精、平装，甲种精装 78 册，乙种精装 78 册，丙种平装 230 册。本书是不包括二十四史的《四部备要》，其余部分与全套《四部备要》的点句本册数相同。
《四部备要》(重印聚珍仿宋版)	1927 年出版	2500 册，12 开，线装。全书共 351 种，11305 卷，取经史子集最重要之书，据善本排印。其中加句点者占半数。
《四部备要》(洋装点句本)	1936 年出版	119 册，16 开。本书从四部要籍中精选 126 种（二十四史全部包括在内），正文、注释，均加句点，便于初学古籍。

《四部备要》各种版本，是为了适应读者的需要。就在第 1—5 集问世后，在收到读者的意见后，不断改进。比如，陆费逵认为，读者提出三点要求，一是价格要便宜一点，以便有能力购买；二是改用洋装，减少册数，以便于收藏；三是应当出版"缩本"，字体不能过小。

这些意见，陆费逵都一一给予回应。所以，《四部备要》出版后，以其"选辑之精严，校对之精审，字体之优美，印刷之精良"，以及方便读者利用等优点，受到学界的广泛称赞。当时，著名学者陈高佣撰文予以较高的评价，指出："此书之选辑，从其系统上看来，真可说是中国文化史之标准材料，例如经部各书，行刊《十三经古注》，经注而需疏解，乃有《十三经注疏》，经学发展至清，纂诂最精，又有清代《十三经注疏》，因朱子所辑四书在中国近代文化上影响最大，乃更校印《四书集注》，如此有系统有条理之选辑，真可说是一部经学发展史。又如子部对于儒家书籍自先秦以至清代，应有尽有，吾人如欲研究二千余年维系中华民族与支配中国思想之儒家思想，于此中求之，已绰绰有余。至其对于宋明理学之书，采辑特多，尤足见其用意之深；……至其对于诵读之书用大字排印，浏览之书用较小字排印，一方面力求经济，一方面又务使读者不至有损目力，此种经营擘划，实为近年辑印古书之所仅见者"。[1] 著名教育家严修、梁启超等人难抑喜悦之情，甚至称为"旷古所无"。并说，这是"盖自印古书者，从无如此之精且多者也"。社会上对古籍书刊有比较大的需求，《四部备要》恰逢其时，乃至 1922 年发售预约、1924 年发售第二集预约、1926 年发售全部预约，"均满额截止"。还一度出现了"各地顾客纷纷惠购，愧无以应；有加价征求而不获者"，"各方读者、各地学校及图书馆纷来"的情形。[2]《四部备要》出版后，惠及学林，影响甚巨。曹道衡饱含深情地回忆说："当时有不少长辈认为年青人如有志于文史研究，应该从《四部备要》中的各种书籍入手。有一位老师曾以《诗

---

① 陈高佣：《中国文化与中国古籍》，《新中华》1934 年第 2 卷第 5 期。

② 陆费逵：《陆费逵文选》，中华书局 2011 年版，第 343—345 页。

经》为例，讲到《备要》中不但有《毛诗正义》，还有马瑞辰的《毛诗传笺通释》和陈奂的《诗毛氏传疏》，对刚着手研读《诗经》的人来说，最为合用。正因为如此，我当时很想有一部《四部备要》。……我上图书馆看书，一般都要借阅《备要》，因为《备要》所收各书，都用清代著名学者的校注本。所以某种程度上说，正是中华书局出版的一些书帮助我初入文史研究之门"。① 酷爱读书的毛泽东主席，在由陕北进北京后，工作人员特地为他买了一部《四部备要》。了解他读书的人回忆说："《四部备要》对中国的主要古籍收辑得比较全，据我了解，不说全部，恐怕绝大部分，毛泽东都读过了"。② 直到现在，有的学者认为：近几十年来凡读古书的人，差不多都接触过《四部备要》，"津逮学人数十年，爰及今日，微波尚传"。③ 固然，出版的书籍拥有最大数量的读者群，并由此而从中获取利润，是每一个出版家孜孜以求的目标。但是，大凡有见识的出版家，更应当提供高品位的文化产品来转移社会风气，以此作为企业遵循的行动指针。诚如当时有人所期望于出版界的那样："出版家应有两方面的努力，一为提高文化，一为普及文化，以此来增进中国民族的智识与实力，正是今日中国出版家最大的使命"。④ 陆费逵竭尽心力，领导和组织中华书局同人，不失时机地整理出版《四部备要》，不能不说有商业利益的动机在内，但同时为提高文化和普及文化于民族大众，应当说没有辜负进步人士的美好愿望。今天，每当人们提及陆费逵与中华书局，总是情

---

① 曹道衡：《衷心的感谢》，《我与中华书局》，中华书局年 2002 年版，第 71—72 页。

② 龚育之等：《毛泽东的读书生活》(增订版)，生活·读书·新知三联书店 1997 年版，第 188 页。

③ 李鼎霞：《〈四部丛刊〉和〈四部备要〉》，《文史知识》1982 年第 3 期。

④ 挈非：《所望于出版界》，《图书展望》1935 年第 2 期。

不自禁地与《四部备要》联系在一起，不是没有道理的。

三、《古今图书集成》

影印《古今图书集成》一书，突出地反映了陆费逵的出版方针。类书，作为我国古籍中的特有品种，有着很长的编纂历史。它以"随类相从"（即摘录各种书上的有关材料，按照内容予以归类编排，以便于读者查考的书籍）的编排原则，对读者求学搜索资料帮助甚大。清朝历经康熙、雍正两代编辑而成的《古今图书集成》，是现存最大、分类详密、源流明晰的一部类书。此书为著名学者陈梦雷编辑，他读书五十余年，就力所能及之藏书，广泛涉猎，辑成《古今图书集成》。全书共 15000 多卷，包括历象、方舆、明伦、博物、理学、经济 6 汇编，32 典，目录 40 卷，收入古书 6117 部。每部又分为汇考、总论、图、表、列传、艺文、选句、纪事、杂录、外编等目。它收集了从上古到明末清初的古典文献资料，内容极为丰富，"凡在六合之内，巨细毕举。其在十三经、二十一史者，只字不遗；其在稗史子集者，十亦只删一二，较之前代《太平御览》、《册府元龟》精详何止十倍"。可以说，这是一部上至天文，下及地理，涵盖人伦世事、典章制度、经书史册等，贯穿古今。甚至山川草木、百工制造、琴棋诗画、医药秘方等，也广为收录，实乃一部包罗万象的百科全书。自问世以来，以其集学术性和实用性于一身的特点，受到中外学者的推崇。但是，《古今图书集成》成书后数百年来，仅存有三种印本。一是雍正初年，以铜活字印刷 64 部（又称殿版铜活字本）；二是 1884 年，上海图书集成局以扁体字排印（又称扁字体本），但"讹误甚多"；三是 1890 年，清政府总理衙门委托同文书局，照原书大小影印了 100 部（又称同文局石印本），"以若干部运京，若干部留沪。留沪之书不久即遭火厄，故流传甚少"。① 由于该书卷帙浩繁，书品阔大，除官府公家外，私人很少有购置者。据康有为称，由于此书流传甚少，有人要将其翻印时查问，却"只有湖南及广东共三本"，后历经"革乱"，造成"海内传本寥寥，京师经庚子破后，存本亦稀"。② 不但雍正时的铜活字本难觅，即使后来的扁字本、石印本也已弥足珍贵，除少数图书馆收藏外，外间已难觅其迹。

陆费逵从少年时代起，就听说过这部书。但仅闻其名，而未见其书，心向往之。青年时期，他在编书撰文时，经常查阅此书，从中受益匪浅。他觉得，我国的图书浩如烟海，每当研究一个问题时，总是查阅多种图书，不但费时费力，而且无从下手。例如研究田赋，即使将《周礼》、《论语》、《孟子》、《管子》、《二十四史》、《通典》、《通考》以及各政论家专集尽行检阅，也不能避免遗漏。而《古今图书集成》则每一个事项将有关系之书分条列入，一检阅就可以得到，古人说事半功倍，这可以说"事一功万"。1926 年，他在主持刊行《四部备要》全书之际，古书部主任高时显提出，应当重印《古今图书集成》。陆费逵深有同感，并从利于学术研究的角度，深入阐述了重印该书的重要性。

起初，在重印《古今图书集成》的时候，陆费逵等人本想以扁字体版为底本影印，或用聚珍仿宋版排印。但经过整理后才发现该版本脱卷缺页、错字少行之处，简直不可胜数。舒新城力主用铜活字

---

① 陆费逵：《陆费逵文选》，中华书局 2011 年版，第 423 页。
② 钱炳寰：《中华书局大事纪要》(1912—1954)，中华书局 2002 年版，第 127—128 页。

版本，然而求之多年而不得。同文书局的石印本，也是残缺不全。陆费逵想尽一切办法，搜求殿版铜活字的《古今图书集成》。功夫不负有心人。1933 年冬，旅沪富商陈炳谦听说此事，将自己所藏铜字本贡献了出来。关于索得此书的经过，陆费逵记述说，这部书原藏康有为处，后来由简照南以一万元购得。简氏去世后，有外国人想购买。陈炳谦听说后，极力劝阻，简氏遂将书交于陈炳谦。陈氏得此书后，想建图书馆使之闻于世，恰巧对路踢三谈起这事，路又告知陆费逵。陆费逵掩饰不住激动之情，就亲自拜访陈炳谦，商讨交由中华书局影印出版，并问及出价。陈炳谦慨然应允，并说如为利益考虑，则早已售于他人。如今要印行，则无条件取去，将来赠送两部书即可。陆费逵感佩不已地说："其慷慨，其爱国，其热心文化，其笃于友谊，都非他人所能及。"① 得到这一部珍贵古籍，陆费逵抑制不住内心喜悦，说："是书旧藏孔氏（岳雪楼）、叶氏（华溪），继藏康氏（有为），全书五千零二十册，仅有六十二册抄配。每册首均有孔氏、叶氏、康氏藏书之印。武进陶氏谓'同文印本缺十余叶，以与故宫所藏四部对勘，所缺相符，岂六十四部一律耶？'乃一经核对，则《草木典》所缺之一页，此本居然存在，且确系铜活字本，并非配补，诚人间瑰宝已"。② 此书初得，在中华书局编辑所公开展览一个星期，观者络绎不绝。

为了使这部"人间瑰宝"尽快问世，陆费逵组织人力、物力开始了影印工作，大家分工负责，相互协作。在编辑所，由古书部主任丁辅之具体主持；在出版所，由陆费叔辰具体主管；在印刷所，由孙莘人具体负责。与此同时，"向江南造纸厂签订定制纸合同，所有

---

① 钱炳寰：《中华书局大事纪要》（1912—1954），中华书局 2002 年版，第 127 页。

② 陆费逵：《陆费逵文选》，中华书局 2011 年版，第 424 页。

正书、封面和底稿三项用纸，均按特定尺幅重磅加工定制，适合胶版的印刷。"① 整个工作采取流水线方式，环环相扣，有条不紊。其中遇到了一个主要问题是，影印底本即陈氏收藏版本 62 册的手抄写稿，字体大小不一致。陆费逵四处奔走联络，联系浙江省图书馆，得到时任馆长陈叔谅的帮助，从中借出文渊阁藏本，以作参照，用以补缺。又从该馆获同文书局石印本，将其书后所附的、殿本所无的考证 24 卷，全部影印，"两美既合，庶成完璧"。影印底本问题解决以后，还遇到成本高、价格贵的问题。有人主张，将原书缩成小六开本。但原书将近 50 万页，预约售价二千元左右，即使缩至十开本，也要售价千元以上。陆费逵认为："当兹四海困穷之时，能以千元购书者究有几人？非普及之道也"。他建议用五开本印，以原书四页合一页，全书约 12 万页，售价需五六百元。张相、金兆梓提出建议，五开本四页合一页，与三开本九页合一页，字体大小相同，而减少订口及天地之余白，售价可减少，而字体并不减少，实为最经济之办法。这个建议，得到了陆费逵的同意。全书用三开本影印即将原书 9 页裁去边框中缝，拼成 1 页缩小印制，每本加印书根、书名、册次，装订 800 册，每册定价 1 元。"此洋洋大观之中国百科，全书遂能以最廉之价供学子之求矣。"② 当时，限于影印技术的水平，描修、制版印刷脱节、铅皮存版和底稿储藏等难题，纷纷接踵而来。曾经亲历其中的孙荜人说："从加工编稿起一直到制版看样付印、装订成册、分期交书止，加工的工序复杂而艰巨，在每道工序过程中，很难按预期进行，以致延期出版，并向订户说明延期原因。而另一

---

① 中华书局编辑部：《回忆中华书局》（上编），中华书局 1987 年版，第 169 页。
② 陆费逵：《陆费逵文选》，中华书局 2011 年版，第 425 页。

个延期出版原因，在受时局的影响，使印制工作时停时续"。"全书经编稿拼成整页，总页数达四万五千页以上，这是一项巨大的工作量。工作采取流水作业方式，边编稿边发裱，边校对，边描修，边照相，边阅看铅皮反样，边制版印刷，边发订作装帧。由于缺乏影印大部书的经验，在每道工序过程中发生了不少问题，需要更多的时间来解决"。①就这样，陆费逵殚精竭虑，积极谋划，与中华书局同人一起，克服了常人难以想象的困难，团结协作，日夜奋战，从1934年10月出版第1期64册，至1940年2月全部出齐。共印行1500部，其中个别的分典，如艺术典、医部等加印1000部。这项大型文化工程的完成，再次证明了陆费逵对文化理想的执着，对传承中华文明的坚定信念。

《古今图书集成》的影印出版，得到了时人的称赞："当此世方多故，古籍消亡，在在可虑。出其珍异，贡诸当世，实为保存之良法，固不仅获流通之益而已也"。②肯定了陆费逵及中华书局以影印之法，保存古典文献的壮举。不仅如此，无数学子从中受益。著名甲骨文学者胡厚宣说："中华影印殿版《古今图书集成》出版，我把它看成是研究国学的百科全书。就买了带原装木箱的一部，时光流逝，往复迁徙，我还一直保存到今天"。③一生博览群书的毛泽东主席，解放后要求工作人员给他配置的书籍中，《古今图书集成》名列在内，可见该书在他心目中的位置，是多么重要。

---

① 中华书局编辑部：《回忆中华书局》（上编），中华书局1987年版，第169页。

② 定域、慕骞：《对于中华商务两大书局影印珍籍之意见》，《浙江图书馆馆刊》1934年第3卷第1期。

③ 中华书局编辑部：《回忆中华书局》（上编），中华书局1987年版，第272页。

第九章

经营管理的"陆费逵风格"

陆费逵创办并经营中华书局，历时 30 年，贡献了自己毕生的精力，可谓殚精竭虑，鞠躬尽瘁。在近代政局动荡、经济落后的形势下，他信念坚定，思想敏锐，行动果断。在经营管理上，陆费逵是一个重感情、讲义气，富有人格魅力的人。他为人和蔼，从不盛气凌人，营造了一个宽松、和谐的工作环境。中华书局犹如一个大家庭，形成了在经营管理上颇具特色的"陆费"风格。

一、营造和谐的环境

陆费逵是一个性格鲜明的人，他行事果

敢、处事敏捷，又待人平等，即之也温。在中华书局里工作的人，对他总是怀有一种敬仰有加的亲近感。有这样几件事情，能说明他与同事的密切关系 。

"大头先生""伯鸿先生"。现代管理学告诉我们，一个人的事业成就除依赖于其超人的智慧外，还必须具备丰富的情商。在某种程度上，后者对事业发展起着决定的作用。情商包括的内容很多，其中为人真诚、正直和随和，不拘小节就是重要组成部分。他说："与人交际，以和为贵。平日与人相处，和易者人恒近之，傲狠者人恒远之。居下而和易，可免倾轧。居上而和易，可得人心。"那些坑蒙拐骗者，"一经为人察觉，在个人则身败名裂，不能厕身社会，在商店则信用坠落。"① 陆费逵形貌魁伟，头特别大，声音洪亮。他所戴的呢帽，是在一家叫马敦和帽庄定制的。1930 年，陆费逵率人去日本，把帽子弄丢了，在日本的商店中，竟然找不到合乎其头寸的呢帽。同事们背后都叫他"大头先生""陆大头"。对此，他并不在意，久之也就习以为常，并在与熟人通信中颇有趣味地具名"大头"。有一次，他邀请舒新城等人吃饭，在便条上就署名"大头先生"。1929 年，他在给同事的信中说："十八年来，公司之外患内乱，时局之外患内乱，总算尝饱满。'大头'的额角高，总算没有跌倒。现在同业的压力减少一点，本身的生存力增多一点。我想我们审慎从事，不必因为时局乐观而猛晋，亦不必因为悲观而停顿，仍旧审慎其所审慎罢。"② 从中，我们可以看出他为人随和的性格。

他身为中华书局局长（后改称总经理），总是礼贤下士，没有架

---

① 陆费逵：《陆费逵文选》，中华书局 2011 年版，第 315 页。

② 俞筱尧、刘彦捷：《陆费逵与中华书局》，中华书局 2002 年版，第 335 页。

子。对书局同人，不仅公私信件，称呼别人总是"某先生""某兄"或"某弟"（对学生），自称弟或兄，同事称呼其"伯鸿先生"，而不称总经理。一旦有陌生人来局办事，说找"陆费总经理"，竟有人不知"陆费"为何人者。而一旦说找"伯鸿先生"，则无人不知。"他说话声音洪亮，在总经理室中与人谈话，有时笑起来，整个办公室都可听到。记忆力很强，所遇之人，所经之事，若干年后，犹不忘记。"在他人的印象中，"陆费伯鸿精明强干，秉性刚爽，大权独揽，办事有决断，有魄力。用人信任不疑，有'见事明，处事敏'之称。"① 陆费逵指出，一个人无论做事、待人，应当光明磊落，不欺人，不诈伪，不怀私见。能够不欺人，不诈伪，则对人就有信用，不患不能立于社会。不怀私见，则开诚布公，推己及人，易得他人的襄助，事业因之容易成功，容易发展。他还说，一个人的智慧和能力是有限的，所以要虚心采纳他人的意见，兼听则明，同时又要贡献自己的所长。宽宏大度作为一种美德，具备之则公心自多，私心就少，必能待人以忠恕，遇事容忍。凡成功大事业的人，度量无不宽宏。② 他是这样说的，也是这样做的。他事业成功的原因之一，就在于他是一个心地光明、坦荡、大度与虚心的人。

担当责任。担当责任是人的重要品质，既是一个团队合作的基础，也是凝聚力必不可少的条件。陆费逵就是这样一个人。我们从他对"民六危机"的处置中，就可以看得出来，在他的数篇总结文章中，总是从自身寻找原因。比如，陆费逵在《我为什么献身书业》一文中，说："民国六年的风潮闹得几乎不了，原因很复杂，就我本身

---

① 中华书局编辑部：《回忆中华书局》（上编），中华书局 1987 年版，第 25 页。
② 陆费逵：《陆费逵文选》，中华书局 2011 年版，第 362 页。

想起来，有三种缺点：第一经济缺乏，没有应变的财力；第二经验不足，没有预防的眼光和处变的方法；第三能力不足，没有指挥全局的手腕。"① 诸如此类，敢于揽过，勇于担当。在中华书局的机构中，许多职员他都亲自面试、任用，一旦出现了问题或错误，他都自觉承担责任，不找借口，不推诿于人。有一件事情能说明他的包容之心，即"《闲话扬州》风波"。1934 年，中华书局出版《闲话扬州》一书，作者为易君左，少负文名。在本书中，有这样的话："一个上午，就只有皮包水，一个下午就只有水包皮，这一天就完了！晚上呢？自然有别的办法——最作兴的看戏。"这引起了扬州人的不满。这年 6 月，江都妇救会代表郭坚忍在镇江法院提出诉讼。因为陆费逵是法人，在出版物版权页上印有"发行者陆费逵"，自然要出庭。扬州八邑旅沪同乡会登报，要求封闭中华书局。后经调停，该书停止发售。事后，陆费逵对于此书审稿的编辑、编辑所长并没有怨言。在中华书局的出版事务中，特别是一些书籍，陆费逵出力不可谓不多，但从不居功自傲，绝不掠人之美。比如，在出版的图书中，他不挂主编、总编辑的名义，即使是出力最多的《辞海》，也仅仅是写了一篇《编印缘起》作为序文，而没有在版权页上挂个主编，事实上他完全有资格这样做。陆费逵担任总经理数十年来，事无巨细，总要操心，发言报告，总是自己动笔，始终没有聘用专职秘书。有人问他，为什么不聘用秘书代劳。他笑着解释说，有事情要向秘书说明原委，交代如何措辞，如何题目，如何分段，写成稿子后，还必须修改定稿，有不合意的部分，要重新拟稿，这样来回一番，既费精力，又费时间，不如一开始就自己亲笔写作。

---

① 钱炳寰：《中华书局大事纪要》(1912—1954)，中华书局 2002 年版，第 34 页。

区别工作性质。进入中华书局的员工，按不同的性质，分为学生、练习生、学习员，这三种人员的区别在原有文化程度的高低。（一）学生。小学五年程度，其待遇每月给予津贴，第一年10元，第二年11元，第三年13元。三年期满考核合格，即为职工，月薪16元。如不到小学五年程度，资质可造者，先试用半年到一年，每月津贴9元，第二年起，待遇与五年程度者同。（二）练习生。初中二年程度，每月津贴第一年12元，第二年14元，二年期满合格者为职员，月薪最低18元。（三）学习员。高中二年程度，每月津贴16元，一年期满考核合格者即为职员职工，月薪最低20元。以上是1932年的规定，旧有学生中有合乎练习生、学习员资格者，得自行声明，定期考试，考试依照标准程度，不问有无文凭证书。在中华书局各部门中，其职能性质不同，对于员工的要求也不同。特别是在工作时间上的规定，更反映了陆费逵实事求是、灵活机动的管理风格。中华书局设立一处三所，即总办事处、编辑所、印刷所、发行所，处、所下设立各部。员工的来源，主要有两部分，一是经熟人介绍入局；二是聘请或经考试录用。因为是出版企业，必须有一定的文化水平。在总办事处和编辑所的人员，需要有一定的经验、专长和文化程度，比如绘画、会计和文书。编辑人员基本上是经人推荐和聘请而来。在总办事处，工作时间为七小时（后改为八小时），编辑所为六小时（供午餐），印刷所为八小时，发行所的门市部与办公部门，时间更长一些。这种区别，充分考虑到工作性质的不同。一个出版机构，编辑人员对于出版物的质量，至关重要。他们的能力与水平，决定着出版物的质量。可以说，保证产品质量是企业发展的生命线。在编辑所的人员，一般来说学历较高，有一定的学术素养，应当具备选题、策划的能力。所以他们的工作时间较短，就是考虑到他们要利用更多的业余时间，来多读书，了解更多的前沿知识。这种区别工作性质不同，而采取的不同的做法，反映了陆费逵在管理上的明智之举。

合理的奖惩制度。在陆费逵的领导下，中华书局制订了较为完善的奖惩制度，一般说来，除非遇到突发情况，在每年的六月底调整工资，年终加薪。书局有盈余，可以分到红利，一般相当于一个月左右的工资。根据每个人的出勤情况，以及对书局的贡献大小来提高员工的工资。上班用签到的方式，迟到者可以放宽15分钟，但要在签到簿上注明。这些举措，在提高员工出勤率和工作效率，激励人们严谨、守时与进取心方面，有着不可忽视的促进作用。但在夏天，遇有高温天气，下午就放假。陆费逵不搞"平均主义""大锅饭"，而是奖惩有据。由各部门的主管人员，根据各人的出勤率、对书局的贡献大小，来分别确定各人的工资水平。有的人发得多一些，有的人发得少一些；有的人提得快一些，有的人提得慢一些。其中，有年限工资和能力工资，前者依据工作年限长短来确定，后者依据能力大小来确定，这种做法是比较合理的。每年六月和十二月底，特别是遇到时局紧张和发生战争时，员工也有被裁减的危险。被裁减者可以领到两个月的薪水，但这类人是极少数，因为培养一个编辑、印刷熟练工不容易，要经历数年的时间。职工勤勤恳恳工作，一般可以长期聘用下去。限于当时的实际情况，人们找个职业比较困难，除非有所高就或工资较高的职业，一般是不会选择离开书局的。只是在抗日战争时期，书局营业受到影响，解雇的员工比较多。按照当时的生活水平，中华书局的待遇还是不错的。据吴铁声的回忆，他1930年考入书局，名义上是缮校，分派到推广部，作为一个普通职员，月薪25元。除去房租 5 元，寄回家里 10 元，尚余 10 元，维持个人生活没问题。当时物价平稳，到饭馆吃客饭，一元钱可买八张饭票，每张饭票供应一菜一汤，在包饭作吃包饭更便宜。抗日战争前，他有过几次加薪，有两次是各加数元，有一次加 10 元。自从进局以后，每天晚上去夜校补习，外语、会计都学过。[1]

优待员工。在陆费逵的主持下，中华书局对员工给予优惠。其待遇，编译员月薪 80 元以上，缮校 25—40 元，分局正副经理 40—100 元，账房 20—30 元，柜员、学习员 15—20 元，练习生月津贴 12—14 元，学生每月津贴 9—12 元。因为在书局的编辑人员，大部分都是有文化的人，既担任审稿的编辑，又是作者，他们往往在工作之余，从事自己喜好的学术研究。许多在学术界有成就的编辑，如舒新城、左舜生、钱歌川等人，都把书稿交由书局出版。钱歌川就说过，自从成为中华书局一分子之后，书稿就很少给别家出版了。当然，同人的书稿是在公司六小时后，回家在灯下编写出来的。那时候，他经常每天工作十二小时。而"中华书局不缺现金，随时可付出大笔稿费，不会因此而要作者抽取版税的。中华书局对同人的照顾无微不至，同人编写的任何稿件，都要尽量收购，以增进同人的收入，希望大家能过更舒适的生活。"[2] 不但在稿件上予以优待，而且关心员工的成长。陆费逵对于有成就的员工，总是通过不同的方式，给以特别的关心。钱歌川担任编辑时，曾首次引进 850 字的《基本英语》，后又出了一套"基本英语丛书"，又编了一本《基本英语课本》，并由电台定时播出，举办空中教学，又请赵元任灌音，制成了一套唱片。这些工作在

---

[1] 中华书局编辑部：《回忆中华书局》（上编），中华书局 1987 年版，第 81 页。

[2] 中华书局编辑部：《回忆中华书局》（上编），中华书局 1987 年版，第 102 页。

社会反响很好，销量不错。陆费逵对钱歌川非常赞赏，青睐有加。他在《新中华》杂志上发表的随笔，如《吃鸡赘语》之类，陆费逵在百忙之中抽出时间阅读。在遇到员工进修提高时，非但不设障碍，而且给予经济上的支持。1936 年，钱歌川要去英国游学，属于请假进修，以一年为期。对此，陆费逵同意他去，不但没有被停薪，薪水仍按月发放给他的亲属作为生活费用，而且还资助旅费。对此，他很受感动，总是铭记在心。他深情地说："中华书局在陆费伯鸿先生领导下，无形中形成了一种传统，我们无论走到何处，只要有中华书局的地方，就一定可以获得照顾。我在赴欧途中经过新加坡，就受到当地分局经理们的热烈欢迎。抗战期中，我妻独自一人由海外回国，经过人地生疏而又正遭敌机轰炸的桂林，陷入困境，幸找到中华书局，就一切都顺利了。"① 关心员工的利益，不仅表现在待遇上，还表现在子女上学等事宜。在陆费逵的主持下，中华书局办有中华小学校，以便利同人的子女就学。后因事停办，想恢复办学，终因校舍无着、主持乏人而未实现。1936 年，陆费逵出面协调，与国华小学达成协议，以该校为公司特约小学。并捐助该校建筑校舍费用 500 元，又借给款项 1500 元。同人子女入该校初高级小学者，订有办法七条：（一）月薪不满三十元者，学费全部由公司津贴。（二）三十元以上不满五十元者，津贴四分之三。（三）五十元以上者津贴二分之一。（四）在校肄业期内所用本局之教科书，概由公司供给。（五）以本人子女为限，如父母已去世，学龄期内之弟妹亦可享受，但以二人为限。（六）欲享此项待遇者，开学前半个月申请，并觅成年同事一人保证（保证与

---

① 中华书局编辑部：《回忆中华书局》（上编），中华书局 1987 年版，第 105 页。

第五条符合，如冒充照津贴数五倍赔偿）。（七）小学六年内只得留级二次，且不得二次连续，不得改名，有不守校规被令退学者，均取消优待。①

还有一件事情，能说明陆费逵包容之性格。据早期中华书局同人称，陆费逵相信"风水"之说。有一段时期，凡是公司各部门办公室的桌子摆放，都要请风水先生去看。有一次，一位姓荣的风水师来后，看到印刷所唐驼的工作台时，要调整其方位。但唐驼说："先生既能预知凶吉，我现在要考验你一下。请将我的桌子搬在你所认为最凶险的七煞口。我如坐下去不久就死，风水之说可信；我坐下去不死，还请不必多找藉口，打道回府。"此风水先生不知所措，悻悻而去。因为唐驼对于风水问题，有自己的看法，他说："信仰自由。我不信风水是我的事，他人也不必以此赞扬我。伯鸿也没有说过，凡批评他信风水者，一律都不录用。反观有不同意见者，在中华皆身居高位，可见他之信风水一事，并不祸及作为甄别人才之参考。如果人们只把伯鸿信风水之事，专作为茶余酒后的谈论或讥讽资料，而不重视他在中华和文教方面的功绩，似有欠公道。"②作为企业总经理，陆费逵并不以自己爱好或信仰强加于人，不但"己所不欲，勿施于人"，即使"己所欲"，亦"勿施于人"。

抗日战争爆发后，陆费逵去香港，驻九龙中华书局香港印刷厂办公，成立驻港办事处，书局的重要事务，由他做出决定，由专人发公函通知各所属机构。

---

① 钱炳寰：《中华书局大事纪要》（1912—1954），中华书局 2002 年版，第 148—149 页。

② 俞筱尧、刘彦捷：《陆费逵与中华书局》，中华书局 2002 年版，第 10 页。

二、重视人才

1912年中华书局建立后,陆费逵认为,作为一个出版企业,必须拥有一大批人才。当然在他的心目中,并非只有学历高、学问高者属于人才,因为出版涉及编辑、印刷、发行等诸环节,只要在这方面肯干、能吃苦、有经验,就会不拘一格任用到合适的岗位上去。如前所述,陆费逵对于中华书局的进人,一是采取聘用之法,大多是学有专长的学者;二是通过熟人介绍、推荐;三是采用考试(加面试)的方法。

考试录用。通过此种方式入局,一般员工通过这种途径,先从基层人员做起,然后再通过学习、工作努力而得到提升。1912年10月,第一次招考学习编辑员和学习事务员,录取31人。先试用3个月,期满订立学习3年、工作10年的合同。1913年5月,在陆费逵主持下,董事局制定了《任用职员规程》,规定进用职员,除特别延聘者外,一律需经考试,并试用合格后正式录用。即以考试为原则,举荐为例外。据不完全统计,从1912年到1936年的25年中,书局在《申报》上刊登的招聘及招考广告,共有20多次,包括编辑、缮校、书记、分局正副经理、账房、柜员、庶务,以及各种学习员、学生等,分别要求具有大学本科、专科以及高中文化程度。每次录用的人数少则三四人,多的如1936年一次录取42人。历年招考录用人数在200名以上。考试的方法分为两种,一种是先报名,经审查合格者,函约面试,适用中高级职员,一种是集体考试。比如,1936年5月,书局的一次招聘考试,报名者1700多名,初选后参加考试者320余人,为录取42人的8倍。其中,编辑所录用20余人,应试者160多人。

陆费逵对于考题，确定了基本的原则，认为应分为四种，考缮校、账务者，除考试专业知识外，有英语、国文、算术、常识；考学习员、练习生者，考英语、国文、算术、历史、地理、自然、商业等，分别依照高、初中的标准。每门五道题，一题极易，两题普通，两题高深。对于选取人员进入中华书局，陆费逵虽然很忙，但总会抽出时间主持。他深知，人才对于企业发展的重要性。据中华书局编辑陈伯吹的回忆，他 1919 年秋天，看到中华书局在报纸上登广告，招收练习生，就前来报考。当笔试结束后，由总经理陆费逵亲自主持面试。在口试时，陆费逵看了他的作文后问："你在这篇文字里写的'一齐人傅之，众楚人咻之'是何所指而言？此两句出自何书？"[1] 陈对答无误，陆费逵很高兴。虽然这次他没有被录取，但从中看出陆费逵对面试的重视程度，非同一般。对于前来书局求职者，陆费逵表现得很热情，即使一时没有空缺，也会设法予以帮助。张文治中学毕业后，曾留校做了一段时间图书管理员。一边工作，一边学习，涉猎较广，想编一本《国学文录》，便写信给陆费逵，讲了编纂经过及希望去上海工作。陆费逵当即复信，对他的工作给予充分肯定，只是书局暂无适当位置，就介绍他住在族兄家，在教书之余，可以从事编书工作。正是在这样的安排下，张文治在《国学文录》的基础上，屡经修改，出版《国学治要》一书。后来，他终于如愿以偿，进入中华书局做了编辑，并在出版《四部备要》、《辞海》等工作中，出力甚多。中华书局招聘员工的考试，比较严格。1930 年，登报招考编校、账务、柜员、学生等十余人，4 月 25 日报名截止，合格者则发通知面试，声明"为

---

① 中华书局编辑部：《回忆中华书局》（上编），中华书局 1987 年版，第 110—111 页。

事择人，毫无情面，请托无效".[①] 对于每次的录取标准，陆费逵总是从实际出发，从公司利益与个人发展考虑。比如，编辑所以用缮校及学习员为宜，练习生程度低，用之为编辑，对公司不合适，对个人会耽误其前途。他经常强调，录取的标准，第一为对人对事之态度，以忠实为主（不知以为知者，是作人治事之大忌）；第二是中文精通；第三是常识丰富；第四是服务经验；第五是专门知识。当然，陆费逵又强调，这些条件随着岗位的需要，会做出适当的调整，并非"专门知识"一定要列在最后。

委托代培和职员训练所。在陆费逵的主持下，进用职员，除招考外，还采取招收学员加以训练的办法，分为委托代培和自办训练所二种方式。1922 年 9 月，书局委托国语专修学校开办国语商业夜校，招收学员 60 名，设有国语、商业及书业常识（编辑、出版、印刷）等课程，毕业后根据学员的实际，量才录用。陆费逵曾亲自去做讲座，题为《书业商之修养》。职员训练所是培养训练中华书局员工的机构，是招收员工入职前的培训。按陆费逵的想法，要把中华书局办成一个现代化企业，应当成立一个训练所，培养一大批骨干人员。职员训练所设立于 1935 年 9 月，地址在静安寺路。由舒新城、王瑾士、薛季安、武佛航等组成委员会，主要由武佛航负责。在报纸上登广告，招考学员，分业务员、账务员、营业员等几大类。第一期招收学员 30 人。该所不收学费，供食宿，每月根据考试成绩发奖金四元到十二元，或令退学。学习期限为一年，前半年学习，全日制；后半年，白天送往各科室实习，晚间上课。12 月下旬，又招收了第二期。课程设

---

① 钱炳寰：《中华书局大事纪要》(1912—1954)，中华书局 2002 年版，第 98 页。

置有教育学、政治经济、会议以及各项业务。还设夜课，训练在职员工。编辑所派往任课者有赵懿翔、周伯棣、蒋镜芙、吴志抱等，也聘请局外人士来进课。学员结业后正式入局工作，该所至1936年结束。

聘用人才。陆费逵重视招揽人才入局，他深知，这是企业走向成功的最关键因素。1913年，聘请沈知方入局，任副局长。沈知方在出版界有名声，曾任职商务印书馆，与陆费逵同事过。此人精明能干，颇具商业头脑。只是在中华书局期间，挪用款项投机纸张生意亏本，后离职而去。同年，聘范文廉为编辑所所长，主持编"新制""新编""新式"教科书。编撰《辞海》时，与徐元诰主张注明章篇，亲自规划。到1916年，出任教育总长。陆费逵对他评价极高，认为："范静生先生，目光远大，不计利害，在局虽四年，然服务勤劳，时间恪守，编辑基础于以立，社会声誉于以隆，而东山再起之后，对于公司尤多擘画维持。"[①]1915年1月，中华书局《大中华》杂志创刊。陆费逵聘梁启超任《大中华》杂志主任撰述。他说："梁任公先生学术文章，海内自有定评。窃谓我国中上流人稍有常识者，固先生之功居多，而青年学子作应用文字，其得力于先生尤众。吾大中华杂志社与先生订有三年契约，主持撰述。"[②]梁启超号称"言论界之骄子"，他担任主任撰述，进一步扩大了杂志在学术界的影响。《大中华》杂志在当时颇一时之盛，与聘任梁启超之举有密切的关系。此外，担任杂志撰述的还有王宠惠、范源廉、汤明永、吴贯因、蓝公武、梁启勋、袁希涛、谢蒙、杨锦森、欧阳溥存、张相、林纾、蒋方震、黄远庸等，都是一时之选。

---

① 钱炳寰：《中华书局大事纪要》(1912—1954)，中华书局2002年版，第98页。
② 钱炳寰：《中华书局大事纪要》(1912—1954)，中华书局2002年版，第18页。

　　"民六危机"以后，陆费逵求贤若渴，许多时候都是亲自登门拜访，以把人才引入书局之中。

　　"少年中国学会"会员加入中华书局，更反映了陆费逵识才用才的智略。"少年中国学会"于 1919 年 7 月在北京成立，是由一些不满社会的现状、接受西学影响、试图通过学理的研究，集合全国的青年，为中国创造新生命，为东亚辟一新纪元的知识分子发起的，主要代表人物有李大钊、王光祈、曾琦、周无、陈淯、张尚龄、雷宝菁等人，以"本科学的精神，为社会的活动，以创造'少年中国'"为宗旨，以"奋斗、实践、坚忍、俭朴"为信条，出版《少年中国》、《少年世界》刊物。作为"五四"时期影响较大的一个团体，汇集当时的一批风云人物，如李大钊、毛泽东、王光祈、杨贤江、张闻天、恽代英、田汉、周太玄、周佛海、刘仁静、陈启天、左舜生、余家菊、舒新城等人，遍及政治、文化、教育等领域。"五四"时期，新文化浪潮激荡着全国，也激荡着出版界。刚刚经历了"民六危机"的陆费逵，敏锐地认识到，面对眼花缭乱的新思想、新理论，"欲乘风气之先，整顿书局内部"，要紧跟时代潮流，必须延聘具有新思想的人才入局。正是有了这种认识，陆费逵亲自登门，与南洋商业专门学校的校长郭虞棠商讨，郭当即告诉他，在"少年中国学会"中人才济济，如左舜生即为可用之才。陆费逵听从其言，辗转而认识左舜生。左舜生在"少年中国学会"创立时，被推为评议部评议员，后历任评议部主任，成为学会的实际主持人。1920 年，陆费逵聘任左舜生进入中华书局，主持编辑所的新书部工作。更为重要的是，左舜生的加盟，起了良好的示范效应，把许多"少年中国学会"的会员介绍入局，如陈启天、余家菊、田汉、张闻天、李璜、葛刍、金海观等人。他们进入中华书局以后，注入了新鲜血液，或主持"丛书"的出版，或主持刊物的编辑，大大增强了中华书局编辑的力量。他们中的许多人热心于出版事业，以多译书籍，革新思想为己任，决心把世界最新学说介绍进来。

左舜生进入新书部以后，着手"新文化丛书"的出版工作，向学术界发出征稿信，请他们将最新译作交由书局出版，并请他们介绍从事这类工作的其他朋友。大约不出两个月，国内外有不少人回信，确定了十几种稿件。一些非常著名的译作，比如马君武译达尔文的《物种原始》、黑格尔的《一元哲学》，刘衡如、吴蔚人译罗素的《政治理想》，余家菊译的《人生之意义与价值》，吴蔚人、冯巽译的《达自由之路》，刘伯明译的《西洋古代中世纪哲学史大纲》、《近代西洋哲学史大纲》，沈泽民译的《社会主义运动》，李达译的《社会问题总览》、《唯物史观解释》，等等，皆为一时之译著。与"新文化丛书"齐名的是"少年中国学会丛书"，也是得益于他们加盟中华书局，得以结出的重大成果。1922 年，中华书局开始出版"少年中国学会丛书"。恽代英在致学会同人的信中，指出该"丛书"的编辑方针："（一）发表研究心得，以引起一般的注意及学者的讨论；（二）介绍正确的科学知识，为知识界供给所需的材料；（三）介绍正确的世界知识，以养成一般人正确的人生观及社会观；（四）指导研究方法，参考材料，以引起一般人更进步的好学心（应采用 Bibliography 法）；（五）文字浅显通俗，力避专门名辞；（六）材料搜集要力求完备，而综括叙述出来，这样比直接译专著好；（七）编辑要有系统，使人易看懂。"[1]"少年中国学会丛书"包括

---

① 恽代英：《对于少年中国学会丛书编辑方针的意见》，张允侯等编：《五四时期的社团》（一），生活·读书·新知三联书店 1979 年版，第 257—258 页。

李劼人译莫泊桑的《人心》、都德的《小物件》，周太玄译补勒的《古动物学》、田泽译的《哈姆雷特》、毛咏棠等译的《人的生活》、田汉译的《莎乐美》、《罗密欧与朱丽叶》、《日本现代剧选》、《咖啡店之一夜》，以及王光祈《德国人之婚姻问题》、《少年中国运动》，张闻天译《青春的梦》、著《盲音乐家》，余家菊著《英国教育要览》等，其内容所涉，既有自然科学知识，又有世界文学名著，大到国家民族，小到个人婚姻等问题，这些译作多次再版，在当时知识分子中影响很大。

聘黎锦晖入局。1920 年 1 月，教育部要求全国各国民学校将初级国文改为语体文，并规定"首宜教授注音字母，正其发音"。开办国语讲习班，由各地选送学员。陆费逵本来就是国语运动的积极提倡者、参与者，在国语教科书出版上捷足先登。为此，早在 1919 年，陆费逵来到北京，拜访著名的语言学家黎锦熙，恰巧其弟黎锦晖完成了一部稿子，就介绍给他。陆费逵带回后，定名为新教材教科书《国语课本》，呈部审定，出版发行。陆费逵来信商量，一是署名"黎均全"（黎锦晖字均全）；二是稿酬问题。黎锦晖表示由书局决定，决不计较。陆费逵认为他重事业、轻名利，与自己志同道合，愿结为朋友。1920 年冬，陆费逵亲自专门来北京，邀请黎锦晖到中华书局做编辑。黎锦晖为陆费逵的真情所感佩，二话没说，慨然应允。1921 年春，黎锦晖打起背包，奔赴上海，任职编辑所教科书部，编写新教育教科书《国语课本》，因适应形势，销路大畅。陆费逵认为："书局的经济好转，此书大有功劳。"这年 11 月，教育部"国语读音统一会"在上海创办"国语专修学校"，经费由中华书局负担。陆费逵派黎锦晖担任半天的教务主任，兼职教员。招收了专修班、讲习科各一个班。黎锦晖又建议，购置了书刊、乐器，搞起了课外活动，吸引书局总厂和总店的同事，凡爱好音乐的，来者不拒。1922 年 1 月，黎锦晖担任"语专"的校长，决定设立附属小学。开学之前，他以"语专"的名义组织了 3 个国语宣传队，宣传改用国语的好处，收到了很好的效果。从这年起，"语专"每年都举办暑期讲习班，招收校长和国语教员，聘请国语界名人为讲师。黎锦晖借此认识了不少教育界人士，征集了许多地方的民歌、民族乐曲、儿童音乐。据黎锦晖回忆："一年来，我的工作热情和成绩，获得陆费伯鸿的重视，他随时注意我的一切情况，认为我年轻力壮，不怕辛劳，还可以多负责任，借此锻炼才能。……因此，两人一碰头，便纵谈发燕尾服业务，而且说到做到。以下各事：如白话课本、儿童文学丛书、儿童定期刊物的编行；大规模暑期讲习班、新的小学教学法、学校使用拼音字、扩大课外文娱活动等的实验，都是新创的事，接着又新创了儿童音乐和歌舞，这些对于以后音乐活动的开展和演变，都有重要的关系。"[①] 不久，中华书局设立国语部（后称国语文学部），陆费逵调黎锦晖担任部长。随后，黎锦晖又介绍许多男女青年当编辑，有陆衣言、马国英、蒋镜芙等人。大家一起出主意，想办法，定计划，很快就出了一批《儿童文学丛书》。1922 年 4 月，又创办《小朋友》周刊，出版到 1000 期，销路为全国定期刊物冠军。黎锦晖编写的《麻雀与小孩》、《葡萄仙子》、《月明之夜》、《小小画家》、《最后的胜利》等 12 部儿童歌舞剧本，连载了数百期，适应了全国不少中学师生的需要。同时，又创刊《小弟弟》、《小妹妹》两种旬刊和常识画册，以适应幼儿的需要。又编印《国语月刊》。全体 18 人发起"一日一书运动"，一年内果然编出 361 本书。对此，陆费逵大为赞赏，宣布国语文学部全体

---

① 俞筱尧、刘彦捷：《陆费逵与中华书局》，中华书局 2002 年版，第 34 页。

放假 10 天，由书局奖励去杭州旅游。

聘舒新城入局。1922 年秋，陆费逵到吴淞中国公学演讲，恰遇在该校任教的舒新城。舒新城是一位著名的教育家，在教育界与知识界颇有影响，陆费逵一见如故，恳切希望他能够入局任职，主持教科书的编辑工作。第二年，两人再次见面，陆费逵旧话重提，力邀其加盟书局。但舒新城认为，自己致力于教育史研究，婉辞了陆费逵的邀请。1925 年 6 月，陆费逵再次见到舒新城，再次力邀其加入书局。舒新城表白说，自己有意创办一个学院，以编纂词典的稿酬作为筹款的计划。陆费逵得知后，不便勉强，并以自己的经验建议舒新城，应首先编辑百科性质的辞典，至于出版，答应代刊，必要时中华书局可以购稿或预支版税，在资料查找上，可以提供方便。此后，舒新城编辑辞典遇到经济困难，陆费逵给予了极大的帮助。在与陆费逵的交往中，舒新城认为，陆费逵性格爽直，事无大小，每一言而决不作态，不迟疑。对于朋友往往一言订交，终身如故。精诚所至，金石为开，陆费逵真诚的数次相邀，令舒新城大为感动。终于，1928 年 4 月，舒新城答应到上海，与中华书局签约，陆费逵委以主持编纂《辞海》的重任。先设编辑室于南京，后至杭州，再迁上海。1930 年，舒新城担任编辑所所长，兼任中华图书馆馆长、中华函授学校校长等职。舒新城是一个学者，在教育界、学术界有广泛的人脉关系，他加入中华书局，对于书局人才的集聚，对于《辞海》、教育类图书等出版业务的开展，都起了不小的作用。

1925 年，陆费逵与书局职工谈话，表白自己对于人才与待遇的看法。他指出，公司同人的待遇，比上不足，比下有余，自己担任总经理，月薪自 1912 年以来，平均二百元。在选取人才方面，"用人一本人才主义，识人未周容或有之，见贤不举绝对无之。加薪除循资按格外，时有不次之升拔。就总店言之，副店长薛季安进局十三年，月薪十六元加至一百元；总店书记兼西书柜主任徐增奎，本系月三元之学生，八年之间加至五十元；刘蒲孙由十余元之店员，一跃而为兰州分局经理；王伯城以进局不足一年之学生，派往安庆分局代理账房，试办及格即行补实，现调升安庆分局账房。……上级职员亦非股东，就总店论，店长李默非本教育家，任万竹小学校长十年，民元以来为本局编书，以稿费附股，故有分司股本一千三百元，近八年股利仅得六十五元，副店长薛季安现在并非股东，而两君早到晚散，完全与同人相同。"①不难看出，陆费逵的用人思想，持公以允，不徇私情，以能力为本，薪水与能力相符。对于公司的营业，"当家才知柴米贵"，陆费逵深知当家不易，公司生存需要靠大家的努力，慎重对待开支、降低成本问题。他公开申明："我和诸董事决无为股东谋厚利的意思，只求（一）公司能够维持，股东得相当的利息；（二）员工得相当之待遇。此两层是一定的道理。公司不能维持，我们在这里做甚么呢？股东苦了多年，现在旧债还清，如再不能得相当的利息，股东要开这个店做甚么呢？同人的待遇，要将本人能力资格、社会经济状况、同业待遇情形作比例。如果过薄，同人必不干了。如果过优而使公司开支大、成本高，致不能与人竞争，结果公司固然损失，同人也有损无益。所以，我们要双方顾到，方能保全这个文化实业，方能有我们共同工作的团体。"②对于自己的薪水，陆费逵也是遵循公司的规定。最初定为二百元，自1917年"民六危机"后，每月只支公费一百元。至公司情况好转，1921—1931年月支二百元。仍低于当时编辑、印

---

①　钱炳寰：《中华书局大事纪要》（1912—1954），中华书局2002年版，第74页。

②　钱炳寰：《中华书局大事纪要》（1912—1954），中华书局2002年版，第114页。

刷、发行三所所长的薪水。1932 年后，月支三百元。1936 年，公司据拟定干部加薪问题，所谓干部，即三所正副所长及理事共约十人。他们的加薪与一般职工每年或每两年加一次不同，大约每五年或十年普加一次，加的数目也较大。这次由各所长拟议中的加薪数：所长加六十元，理事四十元，副所长三十元。这样，所长薪水可至三百元，编辑所长更高于此数。舒新城向董事会提议将总经理薪水加至五百元。陆费逵认为，若公司情形不好，股东或以干部支薪太多所致，反使办事困难，故只接受加至四百元之数。

1932 年，舒新城谈到中华书局的用人，说："讲人选，我们要替教育与文化上做点事，自然需要专门的知识，然而为经济限制，不能养活专门的学者；同时，又不愿自作聪明，也不能不要求相当的人才。老实说，我们用人的条件严于官厅及学校，待遇却不能超过官厅及学校。我们的同事所以还能维系，第一是靠着各人的志愿与兴趣；第二是靠着同事的感情；第三是靠着用人的大公无私，进退黜陟不讲情面；第四是靠着生活比较的稳定。凡属真正的事情，总需要熟练人员去处理，在事业上感到熟练人员之必要。所以我们的同事，在未到公司以前，固然要经过很多的考验，除去干部的职员，差不多都是经过考试的；既进公司经过一相当试验期之后，除自动离职或公司营业方针有变更外，中途是很不容易去职的。我们公司创立不过二十一年，同事服务达到十年以上的很多，并有将近二十年的。这种长期持续工作，于社会及个人都是利多害少。"[1] 实际上，这是舒新城以自己的亲身经历，所得出的实际结论，这是一种富有真情的表露。他是湘

---

　　① 舒新城：《中华书局编辑所》，《图书评论》1932 年第 1 卷第 1 期。

西人，秉性耿直，最不喜欢别人迂曲；做事很倔强，最看不惯别人势利。他在来中华书局以前，无论作教师，作校长，作学校职员，每每感到一种说不出的不安，只怪他自己不会适应环境。然而说来也奇怪，到了中华书局以后，事务繁忙，不时也有不安之感，但在陆费逵的率领下，中华书局本身则绝无可以使他不安的处所。这不是他适应环境的能力加大了，而是中华书局的各个方面都能容忍他这样的一个人。究其原因，他回忆说，陆费逵为人和易，常与同事共起居，共操作，无等级观念，"三十年来，对公司同人，不论公私信件，致人均称某先生或某兄或某弟（对学生），自称弟或兄。同人致彼亦只称伯鸿先生，而不称总经理。故有人向中华书局询问伯鸿先生无人不知，如询问陆费总经理则反有人答不出。"① 正是由于陆费逵这种为人处世的风格，形成了中华书局同人之间，相互帮助、相互提高、相互切磋、融洽相处的内部关系。在中华书局，人们"彼此切磋，文字尽管互相改削，毫无文人自是的积习；彼此均以学术和公司为前提，无私人利害意气之争；办公大家依时进退，很少有迟到或早退的；因努力工作之故，有几位用功的人，肚子很宽，简直可以成一个专门图书馆；俭朴成风，没有一个着华丽衣服的——同事间之婚丧喜庆，除去平日有私交者外，概不送礼"。② "我在中华编辑所办公室坐了十几个月，坐在百余同人的当中，我的脑子里至今还无那些不愉快的印象。……最使我悦服的，于办事之余，偶得一点闲谈的机会，便什么都不分，什么都不管，自由自在地大家谈作一堆。我常想，这样的事业环境，似乎不是现在一般社会所能有，而我在中华，曾亲切地享受

---

① 俞筱尧、刘彦捷：《陆费逵与中华书局》，中华书局 2002 年版，第 348 页。
② 舒新城：《中华书局编辑所》，《图书评论》1932 年第 1 卷第 1 期。

了十几个月。"① 比如，张文治入局后，张相、朱文叔是他的领导，但遇事彼此有商量，不搞"一言堂"。1955 年，他在自传中写道："吾在书局二十余年，先后承张献之、金子敦、朱文叔、姚绍华、杨复耀诸先生之指导鼓励，在教科部编注中学国文课本，在古书部分校《四部备要》，在辞典部修改《辞海》单字及旧词稿，在图书馆审查旧书内容及版本。……每当工作之时，常觉学问之事广博深微，而吾所知所能极有限，且惭且愧。"② 陈伯吹回忆说："我幸运的是编辑所内有那么多良师、畏友，不仅物质经济生活不虞匮乏，就是在精神上，思想上的学习进修，打譬如说，如进花坞：史学、文学、教育、政治和经济，等等，随时随地都可以请教得益。当时的编辑所长舒新城先生，是一位教育家、辞书家，长于类编、辑集，对摄影艺术，深有研究，晚年更擅长医学卫生，其治学方法，窃谓有班固之风；朱文叔的语文，张筱楼的数学，卢文迪的政论文，华汝成的生物学，葛绥成、许仁生的地理测绘，吕伯攸、鲍维湘的儿童文艺读物的编写，沈子丞的绘画，朱谱萱、吴铁声的外语研究……他们几乎可以组成一个活的图书馆。"③ 这是陆费逵的风格，也是中华书局的风格。

三、拓展印刷业务

陆费逵经营中华书局，十分看重印刷技术的提高。他明确指出：

---

① 俞筱尧、刘彦捷：《陆费逵与中华书局》，中华书局 2002 年版，第 330 页。
② 中华书局编辑部：《回忆中华书局》（上编），中华书局 1987 年版，第 130 页。
③ 中华书局编辑部：《回忆中华书局》（上编），中华书局 1987 年版，第 115 页。

"印刷为文明利器,一国之文化系焉。果使我局印刷放一异彩,不徒为我局实力之发展,亦足以观国民文化之进步。"① 正是在这一思想的指导下,中华书局的印刷技术进步很快,不仅满足了印制各类出版物的需要,而且还承揽了其他印刷业务,走上综合性经营的道路。此举,看得出陆费逵经营战略的成功。

近代时期,出版业一般属于综合性的企业,集编辑、印刷、发行于一体,印刷在其中的重要地位不言而喻。中华书局最早的"中华教科书",是由外面的印刷厂印制的。刚成立时,设有编辑所、事务所。到营业时,又设立营业所、发行所。随着"中华教科书"的走红,没有印刷所的出版业,当然是不完备的企业,陆费逵深知这一点。不久,中华书局于福州路惠福里设立印刷所,拥有印机 6 台。1913 年,印刷所迁至东百老汇路 AB29 号,添置印机至 16 台。到 1914 年,印刷所的机构建置有职员组、账务课、庶务课、工务课、纸栈课、职工组、排版课、铸字课、电镀课、铅印课、装订课、(另行租屋者有)石印印刷部、写真制版部、第二至第九装订部。印刷能力有了初步发展,每天排字至 200 页,铅印可达百万小张,彩印可十万,能雕刻精细的黄杨木版以及铜版、钢版,并开始出售中西文铜字铅模、电镀铜镍版,承印彩色印件如月份牌等。所用西文字模购自美国名厂,故英文印刷之精美为国内一流。1915 年,印刷力量进一步扩充和提高。一是盘入文明书局,增强了印刷实力,"照像铜版,当时日本能制,我国不能制。(文明同人)赵鸿雪本工书画,解机械,精照相,往日本欲习照相制版,日人不肯真实教授,赵君遂自己研究成功"。② 二是

---

① 钱炳寰:《中华书局大事纪要》(1912—1954),中华书局 2002 年版,第 27 页。
② 钱炳寰:《中华书局大事纪要》(1912—1954),中华书局 2002 年版,第 22—23 页。

合并民立图书公司的印刷所。三是并入右文印刷所、彩文印刷局、中新印书局。这样以来，印刷机械增至大小数百台，除自印收件外，开始承接社会的大宗印件。

1916 年，印刷所迁到静安寺路总厂，机构分事务所，铅印、石印、证券印刷、写真制版、装订五部及货栈，另附设的仪器标本制作部则在厂外。又进一步扩充印刷力量，特别是彩印方面，设备可印 46×34 英寸大橡皮机并铅版机，套印彩色迅速精美。添铅印、石印机 20 余部，定购橡皮机、亚版机各一部及世界最大照相机等。陆费逵始终将提高印刷实力，作为书局业务拓展的重要条件。他主持制订的书局第三期发展规划中，在印刷上做出了三个决定：（一）添购新式器械增广印刷之实力；（二）延聘高等技师灌输欧美之技术；（三）派人出洋留学养成完备之人才（已选派数人出洋研习印刷技术）。事实上，中华书局在印刷上独树一帜，正是得益于这种远见卓识。

"民六危机"发生后，中华书局的印刷力量只得维持现状，没有得到扩充。直到 1921 年，盘并聚珍仿宋印书局，可以说是陆费逵重视印刷的得意之笔。该局由丁辅之、丁善之兄弟创办于 1916 年，拥有的铜模铅字有头号、二号、四号、三号、三号长体夹注各欧体宋字共五种。有摹写样本陆续刻铸者，有顶号、初号、三号、五号及头号、四号长体夹注，又长短体字及西夏字体共八种，申请专利 30 年。中华书局设立聚珍仿宋部，丁辅之任主任，订合同 10 年。这种聚珍仿宋版技术，系仿北宋古体书所称欧体字者，有方体、长体、扁体，字体精雅，隽秀美观。以之印制名片，备受社会人士喜爱；以之印制古籍，可与明清翻印宋、仿宋之书籍相媲美。《四部备要》的成功，在很大程度上，得益这种印刷技术的获得。陆费逵不止一次称赞它："方形欧体，古雅动人，以之刊行古书，当可与宋椠元刊媲美。""字体精雅，印行之书，直可与明清翻宋仿宋诸精椠媲美。"①

陆费逵重视人才的引进。在印刷所内，先后担任所长的有陈寅、俞复、唐驼、王瑾士等人，都是印刷界的知名人士，既懂技术又会管理。比如，唐驼品性高洁，注意培训人才。王瑾士原是文明书局石印厂的学徒，并入中华书局以后，被逐步提拔为管理员、工务部长、副所长、所长兼香港分厂监督，他对于印钞业务发展，出力甚多。1917年，印刷所通过招聘人员，增强了技术力量，有留英的唐镜元，留日的丁乃刚，还延聘有外籍技师从事研究工作。这些外籍技师有日本的津金良吉、冈野和杉山正义，德国的史密茨。1921年，陆费逵在总厂设立雕刻课，聘请留日著名雕刻家逢吉为技师兼主任。沈逢吉1909年去日本留学，入日本凸版株式会社，师从细贝为次郎，专门学习雕刻技术。他是当时最负盛名的雕刻家，为中国印钞事业奠基人之一。陆费逵对沈逢吉十分器重，得知他身体不好，予以特别的关照："沈逢吉可照原订计划进行，创设雕刻课培植雕刻人才，病时可长期在家安心休养，学生可去他家中面聆教益，医药费等由伯鸿、唐驼负责。"② 他入局后，招收学徒十余人随之学艺，赵俊等人日后成为雕刻界著名人物。先进机械的购进与雕刻人才的引进，为日后承接有价证券奠定了坚实的基础。到1924年，印刷所添置机器，完成扩建厂房，约用费二十余万。除印刷各类图书外，又承印南洋兄弟烟草公司烟壳等大宗印件。获得这宗印件后，中华书局获利不少。绘石、雕

---

① 钱炳寰：《中华书局大事纪要》(1912—1954)，中华书局 2002 年版，第 55—56 页。
② 俞筱尧、刘彦捷：《陆费逵与中华书局》，中华书局 2002 年版，第 14 页。

刻、落石、彩印、电镀、零印，都是印制这批印件的主力。"大联珠"烟壳为雕刻课与绘石课合作而成，"白金龙"烟壳的压印铜模，为雕刻课与电镀课合刻，而由零件课压印而成。这批印件的成功印制，充分显示了中华书局的印刷实力，在社会上获得了声誉。这时期，印刷所内涌现出来几位比较有名的人才。黄凤来，为上海最有名的绘石精细小品制作能手，人称"黄一鼎"。蒋仁寿，制版技术名列第一。郑梅清，分色制版才艺，业界领先。由于拥有了这样一批人才，又购置了先进机械，陆费逵开拓印刷业务的理想得以实现。

1930 年，陆费逵率队第二次出访日本，目的在于考察印刷厂及出版事业，同行的有编辑所长舒新城、印刷所长王瑾士及钱歌川。这次出访共计 40 多天，他发现，日本最大的印刷企业之一的株式印刷会社，非常注重印刷有价证券业务，这给了他很大的启发。作为一家综合性出版业，不独出版图书，也应当承揽社会上的印刷物件，不失为书局的利源之一，且可以补足某些图书的亏空。同时，他们带回新四号、新五号字模。此后中学教科书、中华百科丛书即改用四号字排印，既节省了篇幅，又有利于保护视力。1934 年，就印刷技术而言，中华书局位于出版业前列。特别在彩印方面，技术设备与管理日益完善，已具备承印大宗高档印件的能力。据印刷所登报广告说："敝局从事印刷二十余年，彩印尤所特长，执印刷界之牛耳，亦已十年于兹。备有全张橡皮机九部，对开四部（可日印折合对开纸一百万张），以及铝版机、石印机、影印机、凹版机、雕刻机等，印刷公债票、股票等等所用之号码机多至七百余具。历年承印财政部之公债票、库券，各银行公司之股票、钞票、支票，各大公司工厂之商标，以及申报馆最近发行丁文江等编绘《中国分省新图》，南洋兄弟烟草公司之香烟壳纸等,无不物美价廉,克期交货。"① 这年,中央银行 10、20、50 铜元券,由中华印刷所印制。第二年,又承印中央银行 1 角、2 角、2 角 5 分及中央银行四川兑换券 1 元凹版券。由于实际印量约增一倍,房屋、机器不堪敷用。于是,添造二层楼房 25 幢,作装订、图版栈房及新添轮印机的机房;又添造三层楼房 3 幢,作印刷所事务室。至此,印刷所的设备已经比较齐全,有铅版、石版、橡皮版、铝版、凹凸版、珂罗版,照相铜版、锌版、三色铜版,雕刻钢版、铜版、木版、电镀钢版、镍版、聚珍仿宋版等。印刷调整机构,事务方面设事务、营业、工务、承印四部。工厂方面设聚珍仿宋、铅印、石印、轮印、照相制版、雕刻、电镀、装订八部。

1936 年下半年,添置印刷机械百余万元,主要为印钞券凹凸版大电机及附属设备。此后,在印刷技术上、质量上有了进一步提高,印钞可与英德两国相媲美,称亚洲第一。承印中央银行 1 元风景凹版券、中山像 1 元凹版券、5 角大成殿凹版券、广东省银行 2 角券、广西省银行 5 角券。随着印钞业务的增加,又颁布专门章程规定:此后印刷大宗特别营业在十万元以上者,提 1%—2%,以一部分作公益金,一部分奖励总经理、印刷所长(非印刷所承接者略少)、经手人、高等技师。支配款项在一千元以下者,由总经理决定;超过一千元者开单由董事会议通过。分局承揽大批印刷营业,照旧提 10% 或 5% 给分局。1939 年,中华书局购置德制之世界上最新式印钞机 5 架,安装在香港印刷厂。这种大型滚筒轮凹版机,所用印钞纸为整张,自动上墨揩墨送纸,印制各种凹版有价证券。这个时期,承接外来印件

---

① 钱炳寰:《中华书局大事纪要》(1912—1954),中华书局 2002 年版,第 128 页。

成为书局的重要财政来源。

陆费逵重视印刷业，重视引进与培养印刷人才，重视印刷设备的更新，在经营上取得了巨大的成功。在那个年代，出版业一要生存，二要发展，没有敏锐的营业眼光，采取果断的方针，就会陷入被动之中。陆费逵熟悉书业，特别是当时书业的现状，毅然做出重视印刷业务的决策，是十分英明的，值得赞赏的。开明书店创办人章锡琛，对于当时几家出版社的业务，做出了这样的评价："'商务'原是从印刷业扩展到出版业，不但历来在出版界占有优势，在印刷界也声望最大。'商务'股本 500 万元，营业额最多的年份不超过 2000 万元，周转率之低颇难想象。欧美的一般书，印数都在一万计，多的可以到几十万以上，中国除教科书和通用工具书以外，一般都只有几千，销数差的甚至只有几百。'商务''中华''世界'所以能成为出版界的翘楚，唯一的基本条件是印数最多的教科书，'商务''中华'更依靠印刷业的扩展。'世界'因为这两方面不及两家，就一直靠借债度日。规模不及'世界'的大东书局，只有书局的空名，实际上并没有什么出版物，经济基础却比'世界'稳固，就专靠兜揽印花的印刷作为主要营业。其他各小出版家，如果没有教科书或其销数较大的出版物，往往都倏起倏灭，不能维持到十年二十年之久，更谈不上什么发展。王云五放弃了印刷业，让'中华'不费力夺取了他们的地盘，眼看着'中华'在出版业衰落时期专向印刷方面发展，把公债券和纸币的印刷包揽到手，获取大量利润。"[①]应当说，这个结论是实事求是的。

---

① 俞筱尧、刘彦捷：《陆费逵与中华书局》，中华书局 2002 年版，第 20—21 页。

四、竞争出新

陆费逵创办中华书局，一开始就深知，中国书业市场这块蛋糕有限，必然面临着同业特别是商务印书馆的竞争。其实，对此他早就有思想上和心理上的准备，凭借自己早年历练的书业经验，他认为要成为后起之秀，就要承认现实，直视竞争，在选题思路上不断开拓。出版竞争与推陈出新，成为陆费逵应对竞争的基本策略，亦成为中华书局奠定在出版业中地位的主要动力。

中华书局最初的五位创办人，有四人曾在商务印书馆担任过编辑职务。陆费逵曾任商务编译所编辑、出版部部长和《教育杂志》主编；戴克敦、沈颐曾是商务编辑骨干，参与过诸多商务版教科书的编写；沈继方原在商务负责保管合同、书柬、重要契据文件，深受商务总经理夏瑞芳的器重。中华书局创立后，以教科书出版为龙头，不断开拓其他出版业务。如出版中西名著，发行期刊杂志，整理国故，影印古籍，探索再造文明之路。民国时期，中华书局成长为第二大综合性的民营出版业。商务印书馆和中华书局出版物的种类、数量，在民国出版业中一直名列前茅，占有全国出版总量的绝对比例。但是，从另一个意义上讲，两个最大出版机构的兴盛，与它们竞争有着密切的关系。有人说，中国图书业走进市场，严格意义上说，恐怕应到1912年中华书局创立，与商务印书馆形成竞争态势才算形成完备。这样说不无道理。

出版物是一种文化商品，而商品生产的特点是竞争，在竞争中生产的出版物不断推陈出新，不断进步，从而带来了文化市场的繁

荣。中华书局诞生后，数年间成为颇具实力的民营出版机构，其上升
势头令书业界不可小觑。商务总经理王云五在《悼念陆费伯鸿》一文
中说："他独树一帜后，在营业上和商务竞争剧烈。商务印行教科书
起家，其后出版范围渐广，伯鸿先生都不肯放过。商务印行《四部丛
刊》，中华便辑印《四部备要》；商务编印《辞源》，中华就出《辞海》。"①
郑逸梅曾描述说，商务印书馆和中华书局这两大出版机构的发行所都
在河南路，两家相处比邻，彼此竞争激烈。如商务印书馆发行《新字
典》、《学生字典》、《国音字典》、《辞源》、《中国古今地名大辞典》、《百
衲本二十四史》、《清稗类钞》、《东方杂志》、《教育杂志》、《妇女杂志》、
《少年杂志》、《小说月报》、《儿童世界》、《英语周刊》等，中华书局
便跟着发行《中华大字典》、《新式学生字典》、《标准国音小字典》、《辞
海》、《中外地名辞典》、《聚珍仿宋版二十四史》、《清朝野史大观》、《新
中华》、《中华教育界》、《中华妇女界》、《中华学生界》、《中华小说界》、
《小朋友》、《中华英文周报》。正是有了相互之间的竞争，才使得"商
务""中华"焕发活力，也最终演成近代出版业的辉煌时代。两家展
开竞争的出版领域，主要集中在教科书、古籍和工具书方面。但是，
"中华"与"商务"的竞争，决不是单纯地跟在后面，不是你先出我
后出的问题，而是反映了陆费逵勇于创新、敢于超越的精神。

（一）教科书竞争策略。就近代出版业的出书种类和数量而言，
教科书占有最重要的地位，这是任何一个出版机构都不可忽视的。
商务印书馆和中华书局都是综合性的出版机构，但都将教科书视为
最主要的业务。从某种意义上来说，中华书局的崛起，缘于近代教

---

① 俞筱尧、刘彦捷：《陆费逵与中华书局》，中华书局 2002 年版，第 364 页。

科书的出版竞争。陆费逵创办中华书局，就是以面目一新的教科书为起点。

商务印书馆成立后，开创了教科书编撰的新局面，一直占据着教科书市场的绝对优势。商务版"最新教科书"，成为当时教科书编著的典范。陆费逵创办中华书局之动机，选择了教科书为突破口。显然，没有创新特色是难有立足之地的。他智察千里之外，抓住辛亥革命爆发民国建立、政体更新的机遇，提出"教科书革命"的口号，强调教科书内容上的变革。于是，适应新形势的"中华教科书"相继出版。与之形成鲜明对比的是，商务印书馆在清末时期所编的教科书未及修订，在此时的教科书之争中处于被动。

不过，商务毕竟是拥有雄厚财力和人才资源的出版机构，不会轻易坐视教科书市场的流失，其应变能力也远非寻常出版业所能相比。1912年秋，商务印书馆推出"共和国教科书"，包括初级和高等小学、中学教科书多种，以及教员用书。这套教科书，以"力图博采世界最新主义，期以养成共和国民之人格"为目的，宣扬民主、自由思想，编写上力求浅显活泼。[1] 因此，"各校纷纷采用，呈大销特销之势。商务印书馆由此在教科书市场上重振雄风，成为与中华书局匹敌的竞争对手"。[2]

陆费逵聘请范源廉入主编辑所，并考察地方上教科书行销情况，及时策划"新制教科书"，并于1913年开始出版。这套教科书适应新学制，每学期各1册，与新学制相吻合。其与旧制不同点有三：

---

[1] 《共和国新国文编辑大意》，庄俞、沈颐编：《共和国教科书新国文》，春季始业。商务印书馆1912年版，第1页。

[2] 王建军：《中国近代教科书发展研究》，广东教育出版社1996年版，第214页。

（1）旧章春季始业，新章暑假后开始，时令不同，教材各异；（2）旧章一学年分两学期，长短相若，新章第一学期长，第二、三学期短，课数不相同；（3）旧章高小四年毕业，新章改三年，课程时间也有更改。因此，从新教育的需要出发，体现时代特色，受到当时舆论的较高评价。如初等小学《国文》（全12册），1913年6月26日的《神州日报》评论说："兹编文字新颖，材料切当，而程度恰与初等相合。前六册多采描写风景，叙述事物之文，于美育之旨颇合。历史地理材料则于后六册，始一一采入，颇能体验儿童心理发达之序，所选教材，亦极扼要"。6月27日的《时事新报》则指出，它具有选字精当、文体皆以应用为主、国民知识完备，以及多采寓言童话、颇合儿童心理等优点。[①]"新制教科书"受到许多学校师生的欢迎，很显然，这是针对商务印书馆《共和国教科书》展开的竞争。

伴随社会形势的变迁、新教育思潮的兴盛，以及不同时期新学制的颁布，中华书局和商务印书馆相继出版各式教科书。中华版"新式""新编""新课程标准""修正课程标准"教科书等；商务版"实用""新法""新学制"等教科书。在推行国语浪潮激荡下，两家竞相出版国语教科书，门类繁多，争奇斗妍。中华版"新教材教科书国语读本"（1920年）、"新教育教科书国语读本"（1920年）、"新小学教科书国语读本"（1923年）、"新中华教科书国语读本"（1927年），以及"新课程标准"和"修正课程标准"国语教科书等；商务版"新体国语教科书"（1919年）、"新法国语教科书"（1921年）、"新学制国语教科书"（1923年）、"新时代国语教科书"（1927年）、"复兴国语

_____
① 《中华教育界》，1913年7月号。

教科书"（1933 年）等。这些应运而出的教科书，既是时代发展的需求，又是双方竞争的结果。

陆费逵指出，双方在竞争手段上，表现在廉价竞争、广告竞争、资本竞争、放账竞争，甚至轶出范围之竞争。两家公开竞销教科书，在报刊杂志上（主要是《申报》和各自拥有的杂志）展开了宣传。今天这家启事，明天那家声明，各自说明本版书的优点。"中华"以课本分量合于授课时间，内容注重国民教育，尤重于国耻割地赔款，印刷精良，封面耐用等为言；"商务"则以售价低廉减轻学生负担，便于普及教育等为据。双方还利用各种机会扩大各自的影响，如参加博览会，利用节日、店庆、假期等降价销售教科书。1917 年 5 月 26 日，中华书局以"共和再造周年纪念"为名，总、分局举行廉价一个月的售书活动，本版教科书由五折减为三折、其他书五折、外版书六折发售。[1] 当国语运动大会在全国召开之际，又称："本局现为应全国国语运动大会要求，特将本局出版的国语图书从十五年一月一日起至三十一日止，上海总店全国分局一律五折发售，以资提倡"。[2] 中华书局国语图书五折大廉价一个月，包括各种国语教科书、国语丛书、国语小丛书、参考用书等。

陆费逵认为，竞争特别是轶出范围之争，对双方都是不利的。因此，他与商务总经理夏瑞芳联系，谋求双方的合作事宜，即"积极的联合"。在一些重大事情上，如定价、广告、赠品等方面，双方采取一致行动。于是，两家就教科书的价格问题，多次进行协商，并一度达成协议。甚至为了抵制新兴的世界书局，还共同出资设立国民书

---

[1]　钱炳寰：《中华书局大事纪要》（1912—1954），中华书局 2002 年版，第 31 页。

[2]　《中华教育界》，1926 年第 15 卷第 7 期（封底）。

局。但双方毕竟是独立的企业主体，合作乃一时之举，竞争仍是主题。张元济在 1926 年 6 月 29 日的商务董事会上，为讨论建馆 30 周年纪念事宜，不无抱怨地说："商务小学教科书原以对折出售，后与中华书局订约，提为七折。近来世界书局起而竞争，其书定价约与商务相同，而以对折以下发售。商务曾设一国民书局，一面维持七折之约，一面可与世界竞争。但此书店设立后仍有种种窒碍，中华亦不能通力合作，致使世界销路日增，各处分馆纷纷告急。总务处遂思借三十年纪念之名加大折扣，中华未予同意，遂决定与之解约，其后可以自由减价"。[1] 民国时期学校教育的发展，造就了教科书稳定而广阔的需求，成为民营出版业竞相角逐的主战场，"有的以质的改进，内容充实，印刷精美来争取读者（学校教师与学生们）；有的以编著方便，工料减低，回佣优厚来争取顾主（学校职员与各地贩卖同行）"。[2]"商务"与"中华"始终处于竞争的最前沿，各自视对方为最强大的对手，还要应对来自世界书局、大东书局、开明书店等其他出版机构的挑战。两家出版业的决策人对竞争的激烈性和残酷性均有着较为深刻的体会，因为商品价格问题，是任何一个参与竞争的企业不能回避、也不能不重视的问题。双方的教科书之争，围绕着节省成本、降低价格等问题绞尽脑汁，力求取得主动。中华书局刚一步入书业市场，商务印书馆就开始商讨应对策略，对教科书的降价问题多有讨论。1912 年 6 月 3 日，张元济"约印、夏、高、俞志贤诸人到编译所，议定新编教科书廉价发售、照定价永远对折"。[3]（印、夏、高

---

① 张树年主编：《张元济年谱》，商务印书馆 1991 年版，第 272 页。

② 张静庐：《在出版界二十年》，上海书店 1984 年版，第 149 页。

③ 张元济著：《张元济日记》（上），河北教育出版社 2001 年版，第 2—3 页。

分别指：印锡章、夏粹芳、高梦旦。）同年 9 月 18 日，郑孝胥"至印书馆，商教科书减价事"。11 月 11 日，"夜，赴张菊生之约，商议初高等小学教科书扩充销路事，将以敌中华书局"。11 月 16 日，"至印书馆，菊生、瑞芳复商加赠教科书事，计每年须损十五万"。① 吴铁声在《解放前中华书局琐记》一文中说，当时商务印书馆的倾销办法是："购教科书一元，加赠书券五角，购杂书一元，加赠书券一元"，中华书局也不得不照此办理。商务高梦旦有言，这样下去，不是两败俱伤，而是两败俱亡。陆费逵认为竞争之事，彼此防不胜防，重要的办事之人耗精力于此实多，书局发生"民六危机"，一个重要的缘由是"同业竞争激烈，售价几不敷成本"。②

尽管如此，两大书局的教科书出版竞争，对于促进其内容的革新、编辑体例的完备，以及民国教育的发展，还是起了很大的积极作用。如果说，时代的发展对教科书提出了新的更高的要求，成为商务、中华推陈出新的内在动力。那么，相互竞争的局面，又是它们不断创新、形成特色的外在驱动力。

为了应对教科书的竞争，陆费逵十分清楚地认为，必须在"质量"上下工夫。为此，他采取的举措，主要表现在：

其一，加强教科书编辑人员的力量。"对于出版社来说，人是至关重要的，是命脉。不用说出版社的生产资料——原稿也是人的作业，更须强调指出的是，在完全没有一般企业那种生产设备的出版社

---

① 中国历史博物馆编、劳祖德整理：《郑孝胥日记》（第 3 册），中华书局 1993 年版，第 1442 页。
② 陆费逵：《陆费逵文选》，中华书局 2011 年版，第 387 页。

里，人就是出版社的机器设备"。① 陆费逵深知教科书编写人员素质的重要性，从一开始就组织强大的编辑力量。戴克敦、沈颐、钱歌川、李登辉、姚汉章、金兆梓、黎锦晖等人，具有编写教科书的丰富经验。"朱文叔的语文，张筱楼的数学，卢文迪的政论文，华汝成的生物学，葛绥成、许仁生的地理测绘，吕伯攸、鲍维湘的儿童文艺读物的编写，沈子丞的绘画，朱谱萱、吴铁声的外语研究……"，均为当时的佼佼者。② 有的著名专家如黎锦熙、吴研因、吕思勉等人，陆费逵聘请他们为教科书的审订人或编撰者。同时，他还做出指示，在报刊上向教育界人士，尤其是中小学教师和学生等，公开征求对于教科书的意见，以作为修订教科书的重要依据。中华版教科书素负盛名，能够立足教科书市场，拥有人才是基础、是关键，是在竞争中取得优势的法宝。

其二，重视教科书的编撰质量。市场经济下的企业竞争，最根本的在于提高商品的质量，"人有我优"是赢得顾客青睐的前提。对于教科书来说，它不是一般为人所用的商品，而是面向广大青少年，供给知识、培养性情、提高素质的精神商品。陆费逵对此有明晰的认识，十分重视提高教科书的编撰质量。在他看来，广告宣传、价格低廉、服务态度等，只是竞争的一种辅助性手段，良好的质量才是确立自身优势的关键。

教科书质量的良好与否，一个重要的标准在于是否应时创新，顺应社会发展潮流。"一套教科书的编辑出版，往往需要二三年或更长

---

① （日）清水英夫著：《现代出版学》，沈洵澧、乐惟清译，中国书籍出版社 1991 年版，第 145—146 页。

② 陈伯吹：《我和中华书局》，《回忆中华书局》（上编），中华书局 1987 年版，第 115 页。

的时间才能出齐。其间学制或有变更，课程内容或须增减，内容或许改动，因此原定计划的种数册数，亦须随之增损，或增或减，年有不同"。① 经常是一部还未出齐，又要赶编第二部。最能反映教科书竞争趋势的，是国语教科书的编撰。陆费逵是国语运动的倡导者，很清楚国语教科书的广阔前景。所以未雨绸缪，很早推出的《新式国文》教科书，有意识地由文言文向白话文过渡。吴研因指出："《新式国文》正课是用文言编的，力求浅显，句不倒装、字不精减，以使接近白话。附课每册四课，完全是用白话文编的。……为什么用白话文附课呢？原来他们鉴于南北双方在提倡用白话文教儿童，为了适应需要，又怕全国不能通行，所以仍以文言为本，附上白话文应景。虽然如此，但是在语文教科书历史上，这也不能不算是可以一提的创举"。②

陆费逵充分认识到教科书以质求胜的重要性，因而注重内容和形式的创新，是其一以贯之的原则。编辑所长舒新城说："中小学教科书之供给，为事实驱策，我们不能不努力进行；但在量上只求各科完备，而在质上则拟力求改进。我们无论何种社会，无论何种政体，有三种人生的基本要素，是国民必不可不具的，也是我国民过去所最缺少的：科学的智识；生产的技能；勤俭的习惯。在各科书中，除按照官厅的规程外，特别注意于此三种基本要素的培养"。③中华书局能够在竞争激烈的教科书市场中，争得一些份额，杀出一片新天地来，与这种"在质上力求改进"的追求有密切的关系。

---

① 钱炳寰：《中华书局大事纪要》(1912—1954)，中华书局 2002 年版，第 6 页。

② 吴研因：《旧中国的小学语文教材》，中国人民政治协商会议全国委员会文史资料委员会编：《文史资料选辑》(第 40 辑)，中国文史出版社 2000 年版，第 221 页。

③ 舒新城：《中华书局编辑所》，《图书评论》，1932 年第 1 卷第 1 期。

　　其三，保持企业的生机活力。陆费逵指出："中华一成立，首先发行'中华教科书'，我国教科书因有竞争之故，乃大进步"。[①] 他对竞争有着正确的认识，竞争是压力，也是动力。办事人员感到压力，才有所创新，企业因之增强旺盛的活力。事实上也正是如此，竞争使教科书从质量、价格和服务上得到改观，最终受益的是广大的中小学生。价廉质优的教科书，对孜孜求知的莘莘学子特别是农村学生来说，无疑是一个利好消息。当时全国小学采用的教科书，"非商务出版的，即为中华出版的，而后者虽系后起，却是后起之秀"。[②] 竞争不仅使企业保持活力，而且对于社会进步，也是成就斐然。以国语运动为例，"中华书局总经理陆费逵当国语运动发生之初，早知国语教育势必实现，所以参加国音推行会，创办国语专修学校，制造国音留声机片，出版大宗国语用书，赶造国语教科书，不遗余力。商务印书馆表面上稍稍落后，而追踪的结果成绩至少不下于中华。一九二五年世界书局发行国语教科书，意外地卷起了一个推销国语用书底大波澜。当时三个书局互相竞争，只求把国语书销出去，蚀本奉送不算，有时奉送了还要倒贴。结果三家书局因此亏耗百余万元，而促进国语运动底力量，事实上比无论那项国语运动都浩大"。[③]

　　（二）工具书竞争策略。民国时期的书业市场，与欧美国家相比，显得很不成熟，"欧美的一般图书，印数都以万计，多的可以到几十万以上，中国除教科书和通用的工具书以外，一般都只有几千，

[①]　钱炳寰：《中华书局大事纪要》(1912—1954)，中华书局 2002 年版，第 9 页。

[②]　陈伯吹：《我和中华书局》，《回忆中华书局》(上编)，中华书局 1987 年版，第 111 页。

[③]　乐炳嗣：《十年来的国语运动》，宋原放主编、陈江辑注：《中国出版史料》(现代部分)(第 1 卷上册)，山东教育出版社，第 241—242 页。

销数差的只有几百"。① 这说明，工具书是出版业的一大利源所在，不可避免地会成为出版竞争领域。

陆费逵创办中华书局后，将工具书作为重要的出版业务。1915年的《中华大字典》与商务印书馆《新字典》相比，在收集字数方面突出了"大"的特色。虽然从时间上来说是后出，"但从内容上讲，不是模仿而是竞争。竞争与仿效的差别在于前者是'争胜'，后者是'争利'；虽然商业争胜的目的也是为利。中华与商务之间是争胜。争胜就能给读者带来好处，从而再获得自己的经济利益"。② 所以，《中华大字典》决非模仿之作，而有着自身之特色。不仅在当时被誉为"唯一之字书"，而且至今"仍为收字最多的汉语字典"。③ 商务版和中华版的工具书，占有当时该项市场的相当份额，应当说是相互竞争、不断创新的结果。两家的工具书，数量上不分上下，质量上各有千秋。大多数中华版辞书在商务版辞书之后问世，但由于在体例和内容上的创新，也深受广大读者的喜爱，在竞争中并非完全处于下风。

中华版《辞海》，就是在商务版《辞源》之后，推陈出新的一部典范之作。《辞源》推向市场后获得了成功，引起了中华书局的密切关注。金寒英在《〈辞海〉创刊的经过》一文中说："商务紧接着《新字典》之后，又出版了《辞源》。这部辞书，恰恰适合了那时文化自学者的需要。当时全国风行，销路之广与获利之厚，为其他同类书所不及。不过任何产品的来源，多瞒不过内行人的眼睛。中华总经理陆

---

① 章锡琛：《漫谈商务印书馆》，《文史资料精选》(第1册)，中国文史出版社第374页。
② 汪家镕：《〈辞源〉〈辞海〉的开创性》，《辞书研究》，2001年第4期。
③ 吴铁声：《解放前中华书局琐记》，《回忆中华书局》(上编)，中华书局1987年版，第82页。

费逵（伯鸿）、编辑所长范源廉（静生）、大字典主编徐元诰（鹤仙）等，都是老于此道的人。他们一看《辞源》的体制，就知道其中的原料，一大部分脱胎于《新字典》。于是如法炮制，要在本局《中华大字典》的基础上，另编一种大辞书，定名为《辞海》。但是，商务版《辞源》从选材、内容到编排上，许多方面具有创新性，并先行一步而占据着销售市场。对中华书局来说，"已有商务的《辞源》在前，《辞海》如果没有一些优点，那是不容易吸引读者的"。① 陆费逵决定编写《辞海》，不仅需要很大的勇气，而且面临着如何超越《辞源》的问题。实践证明，《辞海》是一部具有自身特色的创新之作。不否认《辞海》在编辑上对《辞源》的借鉴，但更多的是创新，并"纠正了《辞源》的一些缺点、错误，内容和体例，都比较好"。②《辞海》"一方面继承中国古代辞书的优良传统，另一方面又吸收了国外辞书编纂的先进经验"，"所收的词条学科性、知识性都较广泛，是一部具有较高成就的百科辞典"。③《辞源》和《辞海》可以相互参照，但不能相互替代。《辞源》"开创了我国现代词典时期"，而《辞海》"后出转精，无论在体例、条目的收例、释义等方面都取得了新的成就"，"是我国又一部开创性现代词典"。④

（三）古籍竞争策略。鸦片战争以后，面对传统文化衰落的现状，"保存吾国数千年之文明，不至因时势而失坠"，"能使古书多流

①　金寒英：《〈辞海〉创刊的经过》，中国人民政治协商会议全国委员会/文史资料研究会编：《文史资料选辑》（第94辑），文史资料出版社1984年版，第174页。
②　刘叶秋：《中国字典史略》，中华书局1992年版，第245页。
③　林玉山：《中国辞书编纂的历史分期、概况和特点》，《编辑学刊》1991年第2期。
④　李开：《现代词典学教程》，南京大学出版社1990年版，第87、95页。

传一部，即于保存上多一份效力"，成为有见识的出版家之追求。① 在
"整理国故"思潮的激励下，古典文献保存的呼声日高，国学研究引
起人们的广泛关注。因此，出版古籍，满足社会需求，演成两大出
版业竞争的又一个热点领域。20世纪初年，在张元济入主编译所后，
商务印书馆就开始有计划地搜集和出版古籍名著。在为数众多的商务
版古籍中，《四部丛刊》和《百衲本二十四史》最为突出。陆费逵创
立中华书局之初，即将印行古书作为重要业务，其种类和数量也取得
很大成绩。在中华版古籍中，《四部备要》和《古今图书集成》最有
代表性。两大出版业竞出古籍丛书、尺牍、日记、文集、历史、文学
等，面向不同层次的读者，占据了当时古籍市场的绝对优势。

中华书局与商务印书馆角逐古籍出版市场，最引人注目的是《四
部备要》与《四部丛刊》之争。两书都选自经、史、子、集，但由于
双方选题指导思想不同，因而各有特点，均具重要的学术价值。两书
受到读者的喜爱，销路颇广，这是两大出版业竞争出新的又一成功
例证。

商务出版《四部丛刊》，实际上贯穿了张元济的"善本"思想，
即非常重视选本的问题，"皆采用最善之本影印"。显然，这主要考
虑是从古文献的收藏、保存为立足点。以初编本为例，"经部的《孟
子》赵歧注，用原藏清内府的宋刊大字本；史部的《资治通鉴》，用
涵芬楼宋刊本；子部的《列子》张湛注，用的是南宋初年杭州刻宋元
递修本，黄氏士礼居旧藏，《百宋一廛书目》著录，当时在铁琴铜剑
楼，号称北宋刊本，虽然不确切，却极为名贵；集部的如群碧楼所藏

---

① 《张元济傅增湘论书尺牍》，商务印书馆1983年版，第283页。

宋书棚本《李群玉诗集》、《碧云集》、《披沙集》，是群碧楼的镇库之宝，群碧楼即由前两书取名。像这些一流的版本，《丛刊》中屡见"。① 在随后的重印和再编过程中，不断更换底本，以更好的善本和稀见秘本代之，"此非喜为更张也：书囊无底，善本难穷，随时搜访，不敢自足"。② 一些稿本如《嘉庆重修一统志》（即《大清一统志》，共526卷），堪称稀世珍本，被《四部丛刊续编》收辑在内。又如"顾亭林的《天下郡国利病书》，查东山的《罪惟录》，都是手稿本，为外间所未见，也列入三编之中"。③《四部丛刊》对我国稀少古本的保存与流传，做出了重要贡献。

关于《四部备要》的出版，与张元济的思想不同，陆费逵的指导思想是以"实用"为主，没有一味地去追求旧本，而是以较为流行带注的善本书为主，这就为一般读者阅读古典文献提供了便利。在排版印刷上，《四部备要》采用聚珍仿宋技术，字体精美，销路看好，多次再版以供社会需求。正是由于选本的立足点不一，两书各具特色，互为补充，均是津逮学人的著名古籍丛书。

为竞销各自的古籍丛书，"商务刊登广告，说《四部丛刊》照古本影印，不像一般排印本之鲁鱼亥豕，错误百出"。显然，这是针对《四部备要》而来的。"陆费伯鸿不甘缄默，也刊出广告，说《四部备要》根据善本排印，经过多次校对，还订正了原本错误，不像影印古本，有的以讹传讹，印刷上墨污，'大'字变了'犬'字、'太'字等

---

① 李鼎霞：《〈四部丛刊〉与〈四部备要〉》，《文史知识》1982年第3期。

② 张元济：《四部丛刊刊成记》，张静庐辑注：《中国现代出版史料》（甲编），中华书局，第357页。

③ 郑逸梅：《书报话旧》，学林出版社1983年版，第16页。

等，贻误读者"。不久，又刊出广告悬赏征求"读者来信"，称"如能指出《四部备要》排印错误者，每一字酬洋一元"。[①] 引起许多读者的广泛关注，有的读者来信指出其中的错别字，为此中华书局支出数千元。但该书再版时得以改正，进一步提高了质量，使广大读者深受其惠。此举有商业竞争的成分，但也显示出陆费逵出精品、出佳品的信心与决心，以及对读者认真负责的态度。《四部备要》与《四部丛刊》的竞争，"两家出版社不是取巧，而是在产品质量上下了真功夫，因而都赢得了学术界的赞誉。经过了半个多世纪的风雨，这两部丛书，依然以自己的独有特点，受到学术界的重视，就清楚地说明了这一点"。[②]"唯因此而华夏文化，先贤名著，赖以益广流传，益获阐扬，与夫承学之士从此益得窥缥湘之美富，则其功不可没矣"。[③]

---

① 吴铁声:《解放前中华书局琐记》,《回忆中华书局》(上编),中华书局 1987 年版,第 83 页。

② 崔文印:《近代有影响的两部丛书》,《书品》2002 年第 1 期。

③ 定域、慕骞:《对于中华商务两大书局影印珍籍之意见》,《浙江图书馆馆刊》1934 年第 3 卷第 1 期。

人们提及陆费逵，就会想到中华书局；而提及中华书局，就会想到陆费逵。陆费逵与中华书局，成为中国出版的符号，这样说，并不为过。

近代中西冲突，政治的、经济的、文化的，特别是战火不断，人心思变，既是危机，也是机遇。陆费逵出生并生活在这样一个社会中，以自己的奋斗和艰苦努力，做出了不平凡的成就，让后人受其恩泽，直到今天。

我生也晚，不能经历过那个时代，无法亲眼目睹他的音容笑貌，无法感受他的喜怒哀乐。但是，我读他的文章却分明能感觉到，一颗忧国忧民的心，一颗献身文化教育、开启民智的心，一种坚韧、进取、奋斗的精神。我豁然开朗，在我的脑海中，浮现出一位教育家、思想家、出版家、爱国者，分明是集多种角色于一身，从事文化事业的高大形象。他首先是一位好人，他爽直和易，我分明听到了，他朗朗的笑声；分明看到了，他求贤若渴，礼贤下士，平等待人的举止。他果敢敏锐，认准了的事，就努力去做。他自从步入社会，就一生与书业为伴，教书、写书、卖书、出版书。为什么要从事书业？且听他的话：我们希望国家社会进步，不能不希望教育进步；我们希望教育进步，不能不希望书业进步。书业虽然是较小的行业，但是与国家社会的关系，却比任何行业大些。多么掷地有声！他认为，社会好，需要有好的国民；好的国民，需要有好的教育；好的教育，需要多出书、出好书。他以实际行动，无时不在实践着这个诺言。他希望国家强大，民族振兴。所以，他才有无穷的力量。他识人善用，懂得人才为企业的兴盛之本。他在经营管理中，处处以人为本，广揽人才，形成了一种温馨的"陆费"风格。他重视印刷，誓为中华文明放一异彩。有此心，见诸行动。果然，当时的中华书局，印刷技术最为齐全，规模最大，技术先进，雄居亚洲。

这样的形象，离我们是那样的近，那样的亲切。我们可以走进他的内心世界。他虽然死了，但分明还活着！如果说，盖棺未必定论，因为盖了棺，是一个事实；定论却是时人、后人的评说。"有一千个人，会有一千个哈姆雷特。"可见，定论之难、之艰。

但我还是认为，他是一个伟人，著名的出版家。他的一生，是致力于教育的一生，致力于出版的一生。他无愧于他所处的时代，无愧于他深爱着的国家，也无愧于他深爱着的民族！

突然我感到，说什么都是多余的了。干脆让我们来看下面的两段话。

1936年，中华书局成立25周年，同人醵资建碑，纪念陆费逵任总经理25周年，碑文如下：中华书局创业、总经理陆费伯鸿先生任职二十五周年纪念辞：中华书局成立于民国元年元旦，迄今二十五年，上海澳门路新厂同时建成，美轮美奂，气象一新。回溯二十五年中，营业屡经挫折，支持艰巨，危而复安，始终独当其冲者，陆费伯鸿先生也。先生创办中华书局被任命为总经理，迄今亦二十五年，自奉薄，责己厚，知人明，任事专，智察千里而外，虑用百年之远。有大疑难，当机立断，方针既定，萃全力以赴之，必贯彻而后已。今年夏，先生因办公趋听电话，踣地折左臂，卧床二月余，仍力疾指挥不少懈，其精力果有如此者。同人等服务书局有年，书局之进展，先生之劳苦，目睹耳闻，皆所甚审。因于庆祝二十五周年之际，撰辞而镌之碑，留为纪念，便览观焉。中华民国二十五年双十节，中华书局总公司、各分局同人谨识。唐驼书。①

1941年7月9日上午八点三十分，陆费逵病逝于香港。11月，国民政府明令褒扬：国民参政会参政员陆费逵，早岁倾心革命，卓然有所建树。其后从事出版事业，创立书局，编印文史，精勤擘划，对于文化界贡献殊多。近复设厂创造国防工业、教育器材，适应时代需求，裨益抗建，良非浅鲜。自被选任为参政员，远道参列，献替尤殷。兹闻因病溘逝，殊深悼惜！应予明令褒扬，用资矜式。此令。中华民国三十年十一月二十二日。②

周恩来、董必武代表中国共产党发唁电致哀。

---

① 钱炳寰：《中华书局大事纪要》(1912—1954)，中华书局2002年版，第150—151页。

② 钱炳寰：《中华书局大事纪要》(1912—1954)，中华书局2002年版，第180页。

1941 年 8 月 10 日，香港各界及中华书局留港同人，假孔圣堂开追悼会。在这个会上，有下列几个人的发言。

王云五：伯鸿先生的成功，除了少年时期的奋斗以外，他的深远的眼光也是一种要素。……先生的优良品行，在这里也得提出：一、强毅——他在中华书局草创时期遭到不少困难，竟能坚持下去。二、前进——他遇事不甘后人，他独树一帜后，在营业上和商务竞争剧烈。商务本以教科书起家，其后出版范围渐广，伯鸿先生都不肯放过：商务印行《四部丛刊》，中华便辑印《四部备要》；商务编印《辞源》，中华就出版《辞海》。……三、专一——先生三十年来主持中华书局，一心一志，不他务他求，他外间应酬极少。从前外交部请他做官，也被婉谢。

舒新城：弟等十九日下午三时到港，当赴伯鸿先生寓，骤睹遗容，不禁痛哭失声。盖不独为个人痛失知己，为公司痛失领袖，且为国家社会痛失栋梁木也。

先生立身勤俭、处事爽直、待人和易、执业进取之美德与其对于文化教育及国事之贡献，固彰彰在人耳目，足资矜式。

周宪文：伯鸿先生死了！先生不能死，可是先生的确死了。这是一件多么悲痛而出人意料的事！……中华书局像我的家，中华书局的同事还像我的家人。而先生呢，任何方面都不愧我们的家长。这原因在先生不论处事待人，都极爽直和蔼。先生这种爽直和蔼的精神，使一现代企业的中华书局有似和蔼可亲的小家庭。先生虽死了，先生这种精神一定长留在中华书局的同人心中。

庄泽宣：周宪文先生称他是中华的"家长"，我却称他为"大哥"，他也常叫我"小弟弟"。不幸他死的前一天，还自以为可以多活几年，次晨便撒手西去。……幸而民国同寿的中华书局，在伯鸿先生三十年主持之下，已成为中国出版界的巨擘。我虽不是中华同人之一，但是自其诞生以来我便留意它的发展，现届而立之年，将来一定不会辜负了这位创办人的培植。这正是我所馨香祷祝的。

宝轩：陆费先生已于上月死了。他的大名久已深入人们的心目中，任何一本中华书局的书底均可以见到；他的尽瘁于祖国教育文化事业，亦早昭著于世。

金兆梓：就此十余年中所见先生之为人，觉其足系人怀念者有数事：一、见事明。二、处事敏。三、持躬廉。四、谋国忠。……至先生因力肩文化教育事业巨任而经营中华书局，因经营中华书局而三十年所培养之编辑、印刷等技术专门人才，其贻留于国家社会而供之用者尤不可胜计，固无待余之辞费矣。①

在陆费逵时代，出版界并非净土，"有完全以买进卖出为主要业务的木版书商、碑帖商；有各家有各家不同版本，然而都没有著作权的石印书商；有也有版权也没有版权，将新的旧的图书，给它穿上西装的标点书商；有专将杂志上新闻纸上所发表的文稿编纂起来，似乎有著作权而实际却没有著作权的准出版书商；有的纯粹以学校用书或侧重于教科书工具书的教科书商；有各有各的目标与信念各有各的出版路线的新出版商。表面上，都是将白白的纸张印上一行行、一堆堆的黑字而拿出来卖给读者的买卖人，其实骨子里根本不对劲。"②

时至今日，我们所处的时代，出版事业有了很大的发展，取得

---

① 俞筱尧、刘彦捷：《陆费逵与中华书局》，中华书局 2002 年版，第 346—425 页。
② 张静庐：《在出版界二十年》，江苏教育出版社 2005 年版，第 137 页。

了令人欣喜的成就。然而，让我们听一听出版界对于"另一面"的呼声：

董秀玉（生活·读书·新知三联书店原总经理）：出版的本义就是文化的传承和创新。……这个本义，我觉得我们现在需要天天讲，为什么？整个出版业在以市场为中心的导向下，加上网络的发展，整个出版形势和阅读习惯都在改变，这个冲击对出版业非常大。整个文化娱乐化，把文化尊严丢掉了。……很多以市场利益为中心的出版，把文化的尊严全部丢掉了，这是一个很严重的问题。……我现在很有体会，一切以利润为中心，那么，很多原生态文化会很成问题。……现在书是泛滥，跟风、模仿、追风，造成图书品种的泛滥，现在一年是 27 万种书。书多，却找不到我们自己需要的书。……特别是严肃文化、人文出版，面临很大的危机。

陈万雄（香港联合出版集团有限公司副董事长、总裁）：我觉得，近代出版对推动一个国家的文化、文明非常重要。……我受益很多前辈出版人，不是他们给我的管理、技术以及种种，而是感受到他们对出版理念的理解，这点非常重要。我常常说，作为一个 30 年的出版人，一个优秀的、起码是良好的出版人，他虽然不是思想家，但绝对是一个社会文化发展的思考者；一个良好的出版人，虽然不是社会学家，但他对社会的发展，应该是一个非常敏锐的观测者。一个出版人或出版社，背后一定有其文化理念。没有好的出版理念，不可能成为一个好的出版社，成为优秀的出版人。

李昕（生活·读书·新知三联书店副总经理、副总编）：中国出版界这些年发展很快，但实际是什么情况呢？重复出版，粗制滥造。一年出版的新书品种从 22 万种到 23 万种，现在有一种说法，已经到了 27 万种。但是这中间我们要仔细去辨别，有不少是属于文化垃圾的东西。……现在我们图书市场也是劣币驱逐良币。为什么会有这种情况？因为劣币的成本比良币的成本低嘛。……在这种图书泛滥的情况下，好书被淹没在里面，就造成了好书的价值很难凸显。好书因为成本高，竞争不过一些乱七八糟的文化垃圾似的杂书。①

　　这些话，似曾相识，言犹在耳，恰如"古人不见今时月，今月曾经照古人"。所以，陆费逵的行止，古风遗存，惠泽至今。他正在走近我们，看着我们，他的思想，他的品德，他的业绩，为国民开智，为社会教育，为文化发展而出版，值得我们继承与发扬！

---

① 参见王京芳：《圆桌会议纪要》，《出版文化的新世界：香港与上海》，上海人民出版社 2011 年版，第 314—325 页。

陆费逵编辑出版大事年表

1886 年

9 月 17 日，陆费逵出生于陕西汉中。

1890 年　5 岁

由母亲吴幼堂教读。吴氏深懂教导之方，以讲解为主，循循善诱。

1898 年　13 岁

读《四书》、《诗经》、《书经》、《易经》、《左传》、《尚书》、《唐诗三百首》等书，学珠算，阅读《时务报》。

1899 年　14 岁

开始自学，自订课程，阅读新书、古籍，并做笔记。阅读《申报》、《字林沪报》、《中外日报》等报纸，自修算术。

1902 年　17 岁

春，在南昌与友人创办"正蒙学堂"，自任堂长兼教员，因经费无以为继，支撑八个月后停办。

秋，进南昌熊氏英文学塾附设之日文专修科学日文，得到教师吕烈煌（星如）器重。后，吕烈煌赴武昌任中学教员。

1904 年　19 岁

秋，与日文班的同学集资 1500 元，开办新学界书店，任经理，销售《警世钟》、《猛回头》、《革命军》等书籍。

著《岳武穆传》（稿本）、《正则东语教科书》、《恨海花》（稿本）。撰《伯夷论》一文。

1905 年　20 岁

春，参与创办日知会，任评议员，负责起草章程。

夏，辞新学界书店经理，任汉口《楚报》主笔，撰《本报改良祝辞》、《论群蠹》、《论亡加罪魁》、《论改革当从社会始》、《日俄和议告成感书》等时评。三个月后，《楚报》被查封，逃往上海。

秋，应邀任昌明公司上海支店经理兼编辑员。

上海书业商会成立，为发起人之一。任评议员兼书记，起草章程。

发表《论设字母学堂》、《论日本废弃汉字》等文，提倡文字改良，统一语音。

1906 年　21 岁

冬，进文明书局，襄助经理办事并兼编辑员、文明小学堂堂长。

任上海书业商会"学徒补习所"教务长，主编《图书月报》。

发表《著作家之宗旨》、《中国书业发达预算表》、《同业注意》、《论国定教科书》等文。

1907 年　22 岁

编辑"文明教科书",有《国文》、《算术》、《修身》,在教育界享有盛誉。

春,在《南方报》发表《论学部编纂之教科书》一文。

注重经济与教育问题研究。

1908 年　23 岁

秋,入商务印书馆,任国文部编辑员。

1909 年　24 岁

任商务印书馆出版部长兼交通部长、《教育杂志》主编、师范讲义社主任。

参与编辑商务教科书,影响很大。

发表《缩短在学年限》、《改用阳历》、《普通教育当采用俗体字》、《减少授课时间》、《小学堂章程改正私议》、《三种初等小学与高等小学衔接办法》等文。

1910 年　25 岁

发表《论各国教科书制度》、《采用全日二部教授》、《论今日学堂之弊》、《男女共学问题》等文。

1911 年　26 岁

六月,到北京参加学部召开的中央教育会。

参加中国教育会会议,起草章程。当选为中国教育会编辑股股长、调查股股员。

在北京、天津参观学校。

武昌起义爆发后,预料革命必成功,教科书应用大改革,决定另创书局，专营出版事业。与戴克敦、沈颐、陈寅等秘密编撰适应共和政体需要的教科书。

发表《论中央教育会》、《世界教育状况序》、《色欲与教育》、《暑假中教育家之修养》、《京津两月记》等文。

1912 年　27 岁

在上海创办中华书局，于 1 月 1 日宣告成立，任局长，撰《中华书局宣言书》。

一月，受教育总长蔡元培之嘱，与蒋维乔代教育部拟定《普通教育暂行办法十四条》，通令全国施行。

"中华教科书"陆续出版，风行一时。

主持创刊《中华教育界》。

发表《敬告民国教育总长》、《民国普通学制议》、《民国教育方针当采实利主义》、《新学制之要求》、《教科书革命》等文。

1913 年　28 岁

聘范源廉为编辑所所长。

赴北京主持读音统一会，致力于推行国语国音字母和国语统一运动。

赴日本考察出版业务。

发表《新学制之批评》、《论女学校当注重家事科》、《论近日风化之坏及其挽救办法》、《女子教育问题》等文。

1914 年　29 岁

上海书业商会成立十周年纪念大会，被推举为主席。

编辑所迁百老汇路 83 号。

审订《中华大字典》。

创刊《中华小说界》、《中华实业界》、《中华童子界》、《中华儿童画报》等。

发表《论人才教育、职业教育当与国民教育并重》、《我之童子时代》等文。

1915 年　30 岁

创办《大中华杂志》，聘梁启超为主任撰述，签三年契约。

创刊《中华妇女界》、《中华学生界》等。

发表《实业家之修养》、《敬告中等学生》、《〈大中华〉杂志创刊宣言书》、《中华大字典·序》等文。

1916 年　31 岁

出席上海书业商会会议，讨论出版《全国图书总目录》事宜。又出席书业商会临时会议，讨论著作权法、出版法草案。

1917 年　32 岁

与蔡元培、黄炎培等人发起创办中华职业教育社，任议事部议事员。

辞局长职务，暂任司理，凡服务各职司均归管辖。

教育部范源廉邀去教育部任职，汪汉溪请任《新闻报》主笔，外舅高子益邀去外交部任事，不就。

1918 年　33 岁

整顿管理机制，清理债务问题。

股东常会上，以最多票数当选董事。

发表《小学校国语教授问题》、《论学》、《修养论》、《灵魂与教育》、《饮食男女与教育》、《论我国应振兴佛教》、《除国民盗性论》、《"学而时习之"解》、《"父母在，不远游，游必有方"解》、《"格物"解》等文。

1919 年　34 岁

往南京、济南、天津、北京、石家庄、太原等地视察分局，并考察当地之教育状况。

中华书局由局长制改为总经理负责制，经董事会选举，由司理改任总经理。

发表《学界风潮感言》、《教育主义》、《中等教育之三大派别》、《内庭趋侍记》、《小学国语教授问题》等文。

1920 年　35 岁

聘李默非为发行部主任。

赴广东、香港考察。

创立中华书局同人储蓄寿险团，任团长。

发表《论教育本义当定为"培养国民人格，以发展民国精神"》、《欧美之女性研究》、《国民教育的疑问》、《女子教育的急务》、《港粤教育之一瞥》、《中华书局同人姓氏录·序》等文。

1921 年　36 岁

发起创办国语专修学校，积极参与国语运动。

聘黎锦晖进编辑所，旋成立国语部（后改称国语文学部），由黎锦晖主持。

编辑所同人发起组织"同人进德会"，任会长，创刊《进德季刊》。

发表《我对于国音国语的意见》、《国语国音与京语京音》、《整理汉字的意见》、《校印〈四部备要〉缘起》、《增辑〈四部备要〉缘起》等文。

1922 年　37 岁

聘黎明、王人路、吴翰云、金兆梓、朱文叔进编辑所。

设立雕刻课，聘沈逢吉为技师兼主任。

主持召开分局经理营业会议，议定各案三十条。

创刊《小朋友》周刊、《小妹妹》与《小弟弟》旬刊。

发表《我为什么献身书业》、《我国书业之大概》、《教育上一个大问题》、《为什么要勤俭》、《工商界做人的条件》、《德是自利利他的》等文。

1923年　38岁

议定奖励同人参加储蓄寿险办法。

重订分局分派花红办法。

发表《我们为什么要读书》、《最低限度当读之国学书》、《国学入门书》、《万恶惰为首，百善忍为先》、《做人的必备条件》、《忠厚与君子》、《成功之三要素》、《学然后知不足，做然后知不能》、《店员须知》等文。

1924年　39岁

视察长江流域各分局，在九江、芜湖、南京等地与教育界人士谈论普通教育状况。

聘张闻天、潘汉年进编辑所任编辑员。

主持上海书业商会成立20周年庆祝活动。

发表《书业商会二十周年·序》一文。

1925年　40岁

对本局工资及用人等情况，与罢工工人谈话。

派沈逢吉赴日本考察印刷业务。

发表《国民教育之两大问题》、《与舒新城论中国教科书史书》、《经济之元素——在南洋大学经济学院的演讲》、《人生如何》、《弹指二十年》、《两张请帖》等文。

1926 年　41 岁

戴克敦去世，撰写《戴克敦先生诔文》一文，暂兼任编辑所所长。

主持召开分局经理第二次营业大会。

创刊《小朋友画报》半月刊。

设立中华函授学校，设英文、国文、日文、算学、商业等科。

发表《中小学算术教学之一个试验》、《俭德可风》等文。

1927 年　42 岁

参加中华职业教育社成立十周年庆祝活动。

发表《诚乎中而现乎外》一文。

1928 年　43 岁

范源廉去世，撰写《悼友人范源廉》一文。

赴杭州筹划西湖博览会事宜。

工商部在上海举办中华国货展览会，任常务委员兼会务委员。

与舒新城签订合约，邀其主编《辞海》。

1929 年　44 岁

3 月，被上海市政府委任为上海特别市图书馆筹备委员会委员。

6 月，担任浙江省建设厅主办的西湖博览会发起人兼宣传处处长。

创办中华教育用具制造厂。

1930 年　45 岁

聘舒新城为编辑所长兼图书馆长及函授学校校长，定期五年。

聘钱歌川进编辑所。

第二次赴日本考察印刷厂及出版事业，编辑所长舒新城、印刷所长王瑾士及钱歌川等同行。

上海书业商会更名为上海市书业同业公会，被推举为主席。

1931年 46岁

聘沈颐为辞典部主任，负责《辞海》的定稿工作。

创刊《中华书局图书月刊》，撰写《中华书局二十年之回顾》一文。

因"九一八"事变发生，决定停止二十周年局庆活动，捐款助赈。

发表《中国教育建设方针·序》一文。

1932年 47岁

"一·二八"事变爆发后，制定并公布紧缩办法，决定在香港建立分厂。

接受留学德国的王光祈的建议，计划编辑"国防丛书"。

主持召开参加芝加哥博览会第一次筹备会。

赴香港考察建立分厂事宜。

发表《六十年来中国之出版业与印刷业》一文。

1933年 48岁

创刊《新中华》杂志。

为购地建厂事宜，两次赴香港。

主持中华书局发行标准国语国音留声机片。

被上海市政府任命为上海市图书馆、博物馆、体育场等筹备委员会委员。

发表《备战》、《东三省热河早为我国领土考》等文。

1934年 49岁

7月，在上海市书业同业公会由主席改任首席监察委员。

12 月，主持发行基本英语留声片，由赵元任编辑并发音。

发表《我的青年时代》、《〈古今图书集成〉影印缘起》等文。

1935 年　50 岁

7 月，赴青岛、天津。

9 月，设立职员训练所，主要由武佛航负责。

澳门路新厂建成，总办事处、编辑所、印刷所正式迁入。

1936 年　51 岁

重任上海市书业同业公会主席。

中华书局成立二十五周年，同人集资建碑，纪念陆费逵任总经理二十五周年。

发表《〈辞海〉编印缘起》一文。

1937 年　52 岁

创设《少年周报》、《出版月刊》。

携蔡同庆等人去香港，筹设香港办事处，主持总办事处的迁移与香港分厂以及南方各分局的业务。

1938 年　53 岁

与恒丰洋行经理美籍 A.F.沃德生商妥，在美国注册作为掩护，上海总厂改挂"美商永宁公司"招牌。

发表《纪念陈炳谦先生》一文。

1939 年　54 岁

在昆明设立西南办事处，任命郭农山为主任。

向各分局下达"维持现状，渡此难关"的指示方针。

1940 年　55 岁

出席重庆国民参政会第五次会议，提出改良国语案。

应董必武之请，向延安中山图书馆捐赠图书一批，由香港办事处分别在港沪两地配寄。

发表《我青年时代的自修》一文。

1941 年　56 岁

连任第二届国民参政会参政员，赴重庆出席会议。

7 月 9 日上午 8 时 30 分，在香港寓所突然逝世。

香港各界及中华书局留港同人于 8 月 10 日在孔圣堂开追悼会。

11 月 22 日，国民政府明令褒扬。

周恩来、董必武代表中国共产党发唁电致哀，并向家属表示亲切慰问。

12 月灵柩由香港东华义庄移葬至香港华人永远墓场。

参考文献

复旦大学历史系等编：《中华书局与中国近现代文化》，上海人民出版社 2013 年版。

陆费逵：《陆费逵文选》，中华书局 2011 年版。

吕达主编：《陆费逵教育论著选》，人民教育出版社 2000 年版。

《陆费逵与百年"中华"专辑》，《桐乡名人》2012 年第 2 期。

钱炳寰：《中华书局大事纪要》（1912—1954），中华书局 2002 年版。

孙树纲：《陆费逵的生活与思想——一个近代知识人社会角色的变迁》，复旦大学博士论文，2007 年。

桐乡市政协文教卫体与文史委员会编：《陆费逵文选》，中华书局 2011 年版。

汪家镕：《民族魂——教科书变迁》，商务印书馆 2008 年版。

王震、贺越明：《中国十大出版家》，书海出版社 1991 年版。

王建辉：《教育与出版——陆费逵研究》，中华书局 2012 年版。

王建军：《中国近代教科书发展研究》，广东教育出版社 1997 年版。

文明国编：《陆费逵自述》，安徽文艺出版社 2013 年版。

吴永贵：《中华书局与中国近代教育》（1912—1949），武汉大学博士论文，2002 年。

香港城市大学中国文化中心等编：《出版文化的新世界：香港与上海》，上海人民出版社 2011 年版。

俞筱尧、刘彦捷编：《陆费逵与中华书局》，中华书局 2002 年版。

俞筱尧：《书林随缘录》，中华书局 2002 年版。

中华书局编辑部编：《回忆中华书局》，中华书局 2001 年版。

中华书局编辑部编：《我与中华书局》，中华书局 2002 年版。

中华书局编辑部编：《中华书局百年大事记》（1912—2011），中华书局 2012 年版。

中华书局编辑部编：《中华书局收藏现代名人书信手迹》，中华书局 1992 年版。

中华书局编辑部编：《陆费伯鸿先生年谱》，中华书局（台湾）1977 年版。

郑逸梅：《书报话旧》，学林出版社 1983 年版。

张静庐：《在出版界二十年》，江苏教育出版社 2005 年版。

周佳荣主编：《百年传承——香港学者论中华书局》，中华书局（香港）2012 年版。

周其厚：《中华书局与近代文化》，中华书局 2007 年版。

后 记

2001 年，我考入北京师范大学，师从龚书铎先生攻读博士学位，所写毕业论文题为《中华书局与近代文化》，由此，与陆费逵、中华书局结下了不解之缘。

作为一个读书人，我早就知道中华书局，但对于陆费逵的名字，却是在考博士时从《中国近代文化概论》的书上得知他是中华书局的创办人。在商讨博士论文选题时，龚先生说，中华书局成立 90 周年了，这么大的一个出版社，目前没有人做过研究，你先摸一下材料，看是否能做。就这样，我步入了中华书局与近代文化的研究领域，自然，陆费逵是绕不开而且必须重点对待的人物。

博士毕业后，我回到山东工作，在一所大学里教书，仍继续关注陆费逵、中华书局的研究。其间，写作了《也谈〈辞海〉的编纂问题》、《中华书局教科书与日本的纷争》、《陆费逵与商务印书馆》、《陆费逵的优质品质与历史地位》、《陆费逵与中华书局史实辨析》、《走近陆费逵》、《陆费逵与〈论学部编纂之教科书〉》等文章。2008 年，我从山东南下桂林，任职于桂林旅游学院。但对于陆费逵、中华书局的感情，一如既往。这是我的学术情结，这种感情时时激励着我，在学术的道路上不停地追求。陆费逵在中国出版史、文化史和教育史上的影响、地位，值得后人敬仰。陆费逵的品行、思想和行为，值得我们永远学习，并将他的爱国、奋斗与不屈不挠的精神发扬光大。

本书始终围绕着陆费逵出版素养的形成、教育出版、教科书、工具书、古籍文献以及经营管理的风格，尽量挖掘出来。作为一个出版家，要懂书、知书、编辑书，还要懂印刷、发行和教育，而这些，陆费逵都经历过、实践过，由此创办中华书局，终成一代出版家。

关于书稿中的图片，一部分是自己拍摄，另一部分是中华书局编辑俞国林先生提供，再一部分则由陆费逵之女陆费铭琇老师提供，她一直关注对陆费逵的研究，总是不时地提供信息、资料和图片等，在我的写作过程中，提供了许多的帮助，在此向她致谢！

周其厚　谨识

2015 年 11 月 15 日

责任编辑：宰艳红
责任校对：吕　勇
封面设计：肖　辉　孙文君
版式设计：汪　莹

图书在版编目（CIP）数据

中国出版家.陆费逵／周其厚著.—北京：人民出版社，2016.5
（中国出版家丛书／柳斌杰主编）
ISBN 978－7－01－015534－0

I.①中… II.①周… III.①陆费逵（1886~1941）-生平事迹 IV.① K825.42

中国版本图书馆 CIP 数据核字（2015）第 279031 号

中国出版家·陆费逵
ZHONGGUO CHUBANJIA LUFEI KUI

周其厚 著

人民出版社 出版发行
（100706　北京市东城区隆福寺街 99 号）

北京新华印刷有限公司印刷　新华书店经销

2016 年 5 月第 1 版　2016 年 5 月北京第 1 次印刷
开本：710 毫米 ×1000 毫米 1/16　印张：19　插页：8
字数：230 千字

ISBN 978－7－01－015534－0　定价：80.00 元

邮购地址 100706　北京市东城区隆福寺街 99 号
人民东方图书销售中心　电话：（010）65250042　65289539